Fontes Christiani

ORIGENES

HOMILIEN ZUM LUKASEVANGELIUM

I

FONTES CHRISTIANI

Zweisprachige Neuausgabe christlicher Quellentexte aus Altertum und Mittelalter

Herausgegeben von
Norbert Brox, Wilhelm Geerlings, Gisbert Greshake,
Rainer Ilgner, Rudolf Schieffer

Band 4/1

ORIGENES

HOMILIEN ZUM LUKASEVANGELIUM

I

LATEINISCH
GRIECHISCH
DEUTSCH

HERDER

FREIBURG · BASEL · WIEN
BARCELONA · ROM · NEW YORK

ORIGENES

IN LUCAM HOMILIAE

HOMILIEN ZUM LUKASEVANGELIUM

ERSTER TEILBAND

ÜBERSETZT UND EINGELEITET
VON
HERMANN-JOSEF SIEBEN SJ

HERDER

FREIBURG · BASEL · WIEN
BARCELONA · ROM · NEW YORK

Abdruck des von Max Rauer edierten lateinischen und griechischen Textes aus GCS, Band 49, mit freundlicher Genehmigung des Akademie-Verlags, Berlin.

Fontes-Redaktion: Nicolaus Klimek

Die Deutsche Bibliothek – CIP-Einheitsaufnahme

Origenes:
In Lucam homiliae = Homilien zum Lukasevangelium / Origenes. Übers. und eingeleitet von Hermann-Josef Sieben. – Freiburg [im Breisgau] ; Basel ; Wien ; Barcelona ; Rom ; New York : Herder.
(Fontes Christiani ; Bd. 4)
Einheitssacht.: Homiliae super Lucam Evangelistam
NE: Sieben, Hermann-Josef [Übers.]; GT
Teilbd. 1 (1991)
ISBN 3-451-22104-7 kart.
ISBN 3-451-22204-3 Gewebe

Umschlagbild: Marmorplatte eines Lesepults,
Ravenna, S. Apollinare Nuovo, 6. Jh.

Satz: Nicolaus Klimek, Bochum
Herstellung: Freiburger Graphische Betriebe 1991
ISBN 3-451-22104-7 kartoniert
ISBN 3-451-22204-3 gebunden

INHALTSVERZEICHNIS

Erster Teilband

Einleitung

Text und Übersetzung

Zweiter Teilband

Text und Übersetzung

Anhang

EINLEITUNG

I. Zum Leben und Werk des Origenes

Als der Humanist und große Sammler griechischer Väterhandschriften Ambrosius Traversari im Jahre 1432 bei St. Caecilia in Trastevere (Rom) eine Handschrift der hier zum ersten Mal in deutscher Übersetzung vorliegenden Homilien des Origenes zum Lukasevangelium entdeckt hatte, notierte er: „Wir haben die von Hieronymus übersetzten 39 Homilien des Origenes zum Lukasevangelium gefunden. Wir sind von einer so großen Freude darüber erfüllt, daß wir uns jetzt reicher als Krösus vorkommen. Nur noch vom Hörensagen wußte man von ihnen. Ich bin noch niemandem begegnet, der sie gesehen oder gelesen hatte. Ich habe den Fund sofort nach Florenz gemeldet, und dort hat die Nachricht besonders bei meinem eifrigen und besten Freund Niccolò [1] große Freude hervorgerufen." [2] Der bekannte Humanist hatte allen Grund zur Freude, denn der Autor der Homilien, Origenes, ist der bedeutendste Theologe, den die Ostkirche hervorgebracht hat, und im Westen kann sich, wenn wir bei der Alten Kirche bleiben, eigentlich nur ein Augustinus mit ihm messen. Die Homilien selber gehören zwar nicht zu den Hauptwerken des genialen Alexandriners, ihnen kommt aber im Rahmen seines Predigtwerkes eine besondere Bedeutung zu.

Um den genannten Homilien im Gesamtwerk des Origenes ihren Platz zuzuweisen, gehen wir zunächst kurz auf die Hauptdaten der Biographie des großen Theologen ein.

---

[1] Niccolò de' Niccoli (1363–1437), italienischer Humanist, Abschreiber zahlreicher antiker Texte, seine 800 Bände sind der Grundstock der ehemaligen Biblioteca Marciana in Florenz.

[2] Zitiert nach M. Rauer in seiner Ausgabe der genannten Homilien, GCS 49, XXV.

Deren genauere zeitliche Fixierung ist nicht ganz problemlos. Wir verfügen zwar, vor allem aufgrund unserer Hauptquelle, nämlich der „Kirchengeschichte" des Eusebius von Cäsarea, über vergleichsweise zahlreiche Nachrichten über das Leben des Origenes, ihre exakte chronologische Einordnung hängt aber weitgehend von der Zuverlässigkeit der von dem genannten Kirchenhistoriker selber angestellten Berechnungen und Nachforschungen ab. Die Mehrzahl der modernen Forscher nun hielt die von Eusebius mitgeteilten Eckdaten für zuverlässig, Pierre Nautin jedoch stellt sie neuerdings in Frage[3].

1. Origenes in Alexandrien

Origenes wurde als ältestes von 7 Kindern um 185 in Alexandrien in einer eher begüterten christlichen Familie geboren. Von sehr großem Einfluß auf den Heranwachsenden war der Vater Leonides, der nicht nur für eine sehr gründliche Ausbildung des Knaben in den damals üblichen Disziplinen sorgte, sondern diesen schon sehr früh zur Beschäftigung mit der Heiligen Schrift anleitete. Nachhaltiger noch für die weitere Entwicklung des jungen Origenes war dann das Martyrium, das der Vater in der Christenverfolgung der Jahre 202–204 erlitt. Der Verlust des Vaters und die sich daraus ergebende Mittellosigkeit der Familie zwang den Heranwachsenden, sich bis zum Ende seiner eigenen Studien in die Obhut einer reichen Christin zu begeben, in deren Haus er die Bekanntschaft mit einem Sektenangehörigen namens Paulos, vielleicht einem Gnostiker, machte, und im Anschluß daran sich den Lebensunterhalt durch die Eröffnung einer Grammatikschule zu verdienen. Er dürfte damals etwa 20 Jahre alt gewesen sein. Gleichzeitig betrieb er intensive philosophische Studien bei dem bekannten Philosophen Ammonios Sakkas, und

---

[3] Vgl. NAUTIN, *Origène* 363–412.

zwar zusammen mit dem von ihm später bekehrten Freund Heraklas.

Während der Christenverfolgung unter dem ägyptischen Präfekten Aquila (206–210) war der Klerus in den Untergrund gegangen, und es fanden keine regelmäßigen Einführungen in den Glauben mehr statt. Origenes sprang mit eigenen Katechesen ein und führte eine Reihe junger Freunde zum Glauben. Als das Blutzeugnis von ihnen verlangt wurde, stand er ihnen bis zuletzt bei. Nach dem Ende der Verfolgung und der Rückkehr des Bischofs Demetrios und seines Klerus führte Origenes, jetzt mit offizieller Billigung, seine katechetische Arbeit fort. Um diese Zeit ereignete sich auch, was Nautin als Bekehrung des Origenes bezeichnet: er schloß seine Grammatikschule, verkaufte seine Bibliothek und lebte fortan in äußerster Bedürfnislosigkeit und Aszese. In diesen Abschnitt seines Lebens fiel auch eine Handlung, die er später sehr bereut hat, die neuestens in Frage gestellt wurde, aber doch wohl tatsächlich stattgefunden hat, nämlich seine Selbstentmannung.

Um 215 unternahm Origenes eine Reise nach Rom, wo er wohl auch Kenntnis bekam von den dort herrschenden Lehrstreitigkeiten um den sogenannten Sabellianismus. Nach Alexandrien zurückgekehrt, widmete er sich intensiven Bibeltextstudien. Das Endergebnis ist noch heute greifbar in der sogenannten *Hexapla*, einer Ausgabe des Alten Testamentes in sechs nebeneinandergestellten Versionen.

2. Beginn der schriftstellerischen Wirksamkeit

In die Jahre 222–229 fiel die Begegnung mit einem Manne, der für die historische Nachwirkung des Origenes von größter Bedeutung werden sollte. Origenes war es gelungen, den stark von der Gnosis angezogenen reichen Alexandriner Ambrosios für den Glauben der Großkirche zu erhalten, und diesem wiederum gelang es, Origenes nicht

nur überhaupt zum Schreiben zu bringen, sondern ihn zu dem „vielleicht fruchtbarsten Schriftsteller der Antike“ [4] zu machen, indem er ihm die dazu nötigen Mittel, unter anderem Schnellschreiber und Abschreiber, großzügig zur Verfügung stellte. Fortan ging aus diesem von Ambrosios bezahlten Schreibbüro Werk auf Werk hervor. Eine Liste derselben befindet sich in Brief 33 des Hieronymus an Paula [5]. In der Mehrzahl handelt es sich dabei um Kommentare zur Heiligen Schrift, und zwar in drei Grundformen: wissenschaftliche, den gesamten Text entlanggehende Kommentare, ebenfalls wissenschaftliche Auslegungen zu einzelnen Stellen, schließlich für ein größeres Publikum bestimmte Homilien. Von diesem Riesenwerk sind leider nur Teile auf uns gekommen und diese wiederum nur zum Teil im griechischen Original.

Es kam zu freiwilligen und unfreiwilligen Unterbrechungen seiner wissenschaftlichen Arbeiten. Origenes erhielt Einladungen zu Auslandsreisen. Führende politische Persönlichkeiten wollten mit dem inzwischen berühmt gewordenen Theologen diskutieren. Eher unfreiwillig war sein erster Aufenthalt in Cäsarea. Er begab sich eine Zeitlang dorthin, entweder weil er sich der zunehmenden Kritik an seiner Theologie von seiten der offiziellen Kirche (Nautin) oder der über alle Lehrenden in Alexandrien hereingebrochenen Verfolgung durch den Kaiser Caracalla (Crouzel) zu entziehen suchte. Den Konflikt mit seinem Bischof Demetrios, wenn es denn einen solchen schon gab, verschärfte er jedenfalls dadurch, daß er die Einladung der Bischöfe von Cäsarea und Jerusalem annahm, die Heilige Schrift im Rahmen von Gottesdiensten auszulegen, was ihm als Laien an sich nicht erlaubt war.

---

[4] CROUZEL, *Origène (1985)* 64.

[5] HIERONYMUS, *epist.* 33,4 (CSEL 54, 255–259). Vgl. NAUTIN, *Origène* 228 f; CROUZEL, *Origène (1985)* 64–66.

Aber es kam noch nicht zum endgültigen Bruch mit Demetrios, Origenes kehrte noch einmal nach Alexandrien zurück (nach Nautin im Jahre 231), wo er mit der Abfassung seines bedeutendsten Werkes, des Kommentars zum Johannesevangelium, begann. Wiederholt begab er sich in der Folge auf Reisen, bald nach Antiochien, wo ihn die Kaiserinmutter Mamaea zu sehen wünscht, bald nach Athen, um dort mit einem Häretiker zu diskutieren. Endgültig überwarf er sich mit seinem Bischof Demetrios, als er sich auf der Durchreise durch Palästina von seinem Freund, dem Bischof von Cäsarea, Theoktistos, zum Priester hatte weihen lassen. Die Weihe durch einen nicht zuständigen Bischof war damals zwar noch nicht so eindeutig verboten wie später, stellte aber doch wohl einen Affront gegenüber seinem Heimatbischof dar. Die zuständige Synode entzog Origenes die Lehrerlaubnis und veranlaßte ihn, die Stadt zu verlassen. Fortan, das heißt von 233 (Crouzel) oder 234 (Nautin) an bis zu seinem nach 251 (Nautin) erfolgenden, wohl durch die unter Decius erlittenen Torturen verursachten Tod, war nun sein ständiger Wohnsitz Cäsarea.

3. Origenes in Cäsarea

Auch von Cäsarea aus unternahm Origenes mehrere Reisen, aber seine Hauptbeschäftigung galt doch der Heiligen Schrift. Zahlreiche große Kommentarwerke entstanden in dieser Zeit. Aber Origenes arbeitete nicht nur am Schreibtisch, er war auch als theologischer Lehrer tätig. Über diesen Aspekt seiner Aktivität sind wir besonders gut informiert durch die Abschiedsrede, die einer seiner Schüler, nämlich Gregorios Thaumaturgos, im Jahre 245 gehalten hat. Wir erfahren hier zahlreiche äußerst interessante Einzelheiten über das von Origenes seinen Studenten angebotene Studienprogramm.

Die Kurse begannen mit Logik und Dialektik in der Art des Sokrates. Es folgten naturphilosophische Studien mit

einem streng religiösen Ziel: es galt, das Wirken der Vorsehung in der Natur zu erkennen. Danach kam die Ethik, der vorgegebene Rahmen waren die vier Kardinaltugenden. Den Höhepunkt stellte die eigentliche Theologie dar, die aber, bevor sie sich der Heiligen Schrift zuwandte, in intensiven Studien von Philosophen aller Richtungen mit Ausnahme der Atheisten bestand. Offensichtlich kam es Origenes darauf an, seinen Schülern eine größtmögliche Weite des Horizontes zu vermitteln, um sie vor zu großer Enge bei der Auslegung der Schrift zu bewahren. Es handelte sich bei dieser Schule nicht um ein eigentliches Katechumenat; von Taufe oder anderen Sakramenten ist in dem genannten Programm nicht die Rede. „Der Schüler brauchte also wohl auch nach Abschluß der Schule noch kein fertiger Christ im kirchlichen Sinne zu sein, weder getauftes Mitglied noch Katechumene der kirchlichen Gemeinde, sondern lediglich ein gott- und offenbarungsgläubiger ‚Philosoph' der ‚Wahren Philosophie', sozusagen ein akademischer Proselyt des Christentums, der wohl gesinnungs- und wissensmäßig bereits weitgehend im Besitz der christlichen Lebens- und Weltauffassung sein mochte, ohne jedoch regelrecht rituell in die Kirche aufgenommen zu sein."[6] Aus der gleichen Dankesrede erfahren wir auch etwas über die äußere Organisation dieser von Origenes geleiteten Schule von Cäsarea: Schüler und Lehrer lebten in einer Art *vita communis* zusammen[7].

Noch in einem dritten Bereich, neben Studierstube und Hörsaal, entfaltete Origenes in Cäsarea seine Tätigkeit, nämlich im Rahmen des Gottesdienstes in der Kirche. In

---

[6] KNAUBER, *Schule des Origenes* 196. Vgl. die weitgehende Zustimmung zu dieser Charakterisierung der Schule des Origenes zu Cäsarea bei CROUZEL, *L'école d'Origène*. CROUZEL betont gegenüber dem genannten Autor lediglich, daß neben den Heiden wohl auch Christen, die die Philosophie kennenlernen wollten, in diese Schule aufgenommen wurden.

[7] Vgl. CROUZEL, *Origène (1985)* 47–49.

der Tat, vor den dort zum Gottesdienst versammelten Gläubigen legte der große Bibelkenner die Heilige Schrift des Alten und Neuen Testamentes aus. Fast 300 solcher zusammenhängender Bibelauslegungen, einige sogar im griechischen Original, sind auf uns gekommen und geben uns damit einen wichtigen Einblick nicht nur in die konkrete Bibelarbeit des Origenes, sondern auch in die liturgische Praxis einer Ortskirche der ersten Hälfte des dritten Jahrhunderts.

II. Origenes als Homilet

Aus zwei Gründen scheint es angebracht, etwas näher auf Origenes als Homileten einzugehen: der Alexandriner wird einerseits als „Vater der Homilie" bezeichnet[8] und verdient wegen dieser Pionierleistung besondere Beachtung, andererseits ist nun gerade seine Art der Schriftauslegung für modernes Empfinden schwer verständlich und so nicht unmittelbar nachvollziehbar. Der moderne Leser, gerade auch der Lukashomilien, bedarf erklärender Hinweise zu ihrem Verständnis.

1. Die äußeren Umstände der Predigttätigkeit

Pierre Nautin hat in einem seiner Werke[9] ein lebendiges Porträt des Predigers Origenes gezeichnet. Wir fassen im folgenden einige uns näher interessierende Züge desselben zusammen. Wenn wir zunächst nach der Häufigkeit fragen,

---

[8] STINGEDER, *Schriftpredigt* 13: „Das Verdienst, als der erste mit der exegetischen Aufgabe der Predigt Ernst gemacht zu haben, gebührt Origenes. Wie er durch seine Kommentare der Schöpfer der wissenschaftlichen Exegese geworden ist, so hat er als Vater der Homilie die Schriftdeutung zuerst systematisch der homiletischen Erbauung dienstbar gemacht."

[9] NAUTIN, Einleitung zu ORIGENES, *hom. in Ier.* (SCh 232) 100–191.

mit der Origenes vor der Gemeinde als Prediger auftrat, so lautet die Antwort für die Periode, in der er in Cäsarea diesem Dienst oblag: „fast alle Tage". Das jedenfalls behaupten Pamphilus und Eusebius von Cäsarea[10]. Daß es diesen Brauch täglicher gottesdienstlicher Schriftauslegung in der damaligen Kirche gab, bezeugt auch eine alte Kirchenordnung, die *Traditio apostolica*[11]. An mehreren Stellen seiner eigenen Homilien spielt Origenes auf diesen Brauch täglicher Schriftauslegung in der Kirche an[12].

Aus der genannten Kirchenordnung ergibt sich ferner, daß diese Wortgottesdienste morgens stattfanden, bevor die Gläubigen sich zur Arbeit begaben[13]. Wahrscheinlich begann man mit einem Gebet. Es folgte ein Passus aus dem Alten Testament. Man hatte dabei noch nicht wie heute eine für jeden Tag festliegende Perikope, sondern man las die einzelnen Bücher der Reihe nach. Die einzelnen Perikopen konnten dabei, wie ein Blick auf die Origeneshomilien zeigt, eine beträchtliche Länge haben. An den Vortrag des Textes schloß sich die normalerweise von einem Priester vorgenommene Auslegung an. Auf die Homilie folgten, wiederum nach dem Zeugnis der *Traditio apostolica*, ein weiteres Gebet und der Friedenskuß[14], beides von Origenes selber in seinen Homilien bezeugt[15].

Die anwesenden Priester und der Bischof saßen während des Gottesdienstes im Halbkreis um den Altar, der Sitz des Bischofs war schon von dem der Priester unterschieden. Origenes nennt ihn den „bischöflichen Thron"[16]. Die Dia-

---

[10] PAMPHILUS, *apol. Orig.* in der *praefatio* (PG 17, 545B).

[11] *Trad. apost.* 39 (FC 1, 296f).

[12] ORIGENES, *hom. in Gen.* 10,3 (GCS 29, 96,15 und 97,8); *hom. in Ios.* 4,1 (GCS 30, 309,6); *hom. in Num.* 13,1 (GCS 30, 107,18).

[13] Vgl. auch CLEMENS VON ALEXANDRIEN, *paed.* 2,96,2 (GCS 12, 215, 9).

[14] *Trad. apost.* 18 (FC 1, 250–253).

[15] ORIGENES, *hom. in Ier.* 20,9 (GCS 13, 194,17); *comm. in Rom.* 10,33 (PG 14, 1282).

[16] ORIGENES, *comm. in Mt.* 15,26 (GCS 40, 426,18).

kone dagegen befanden sich unter dem Kirchenvolk und sorgten dort für gute Ordnung und den rechten Ablauf der Liturgie[17]. Während der Predigt saßen die Gläubigen, ob auf Bänken oder Teppichen auf dem Boden, wissen wir nicht. Aus gelegentlichen Äußerungen des Origenes ergibt sich, daß wir es wohl kaum mit sehr zahlreichen Anwesenden zu tun haben[18] und daß ihre Aufmerksamkeit, bisweilen zumindest, sehr viel zu wünschen übrig ließ[19].

Soviel zu den näheren Umständen, zum Rahmen der Bibelauslegung des Origenes. Wenden wir uns jetzt dem Prediger selber zu. Wie jeder Redner stand er wohl an einem gut einsehbaren Platz des Kirchenraumes. Den biblischen Text, über den er predigte, hielt er in der Hand. Das geht nicht nur aus direkten Anspielungen hervor, sondern auch aus der Länge der Zitate, die er vortrug und die er kaum auswendig vorgetragen haben kann. Stellenweise sind die uns überlieferten Homilien nur verständlich, wenn wir davon ausgehen, daß Origenes den Text in der Hand hatte, daraus vorlas und immer wieder Erklärungen dazwischenschob.

Wir gehen wohl auch nicht fehl in der Annahme, daß es sich bei dem Text, den er in der Hand hatte, um die von ihm selber revidierte Septuaginta handelte. Jedenfalls weist er hin und wieder in seinen Auslegungen auf Varianten aus den Übersetzungen hin, die er in seinem großen Werk, der *Hexapla*, in Kolumnen nebeneinander angeordnet hatte. Origenes predigte mit dem auszulegenden Text in der Hand, er predigte aber vor allem mit der ganzen Bibel im Kopf. In der Tat, der erstaunlichste Zug seiner Predigten ist die Masse der Zitate aus fast allen Büchern der Heiligen Schrift, die er aus dem Stand, aus dem Gedächtnis, zu zitieren vermochte, um den auszulegenden Text durch Parallelstellen zu erhellen und zu erklären.

---

[17] ORIGENES, *hom. in Ier.* 12,3 (GCS 13, 89,23).

[18] ORIGENES, *hom. in Gen.* 10,1 (GCS 29, 93,7–21).

[19] Ebd.

2. *Der Aufbau der Homilien*

Wenn wir jetzt einen Blick auf die Homilien selber werfen, dann stellen wir fest, daß sie normalerweise aus drei Teilen bestehen: aus einem Prolog, dem eigentlichen Corpus und dem Schluß. Origenes kennt mehrere Formen des Prologs, ihnen allen gemeinsam ist jedoch das Ausgehen von etwas anderem als dem auszulegenden Text. So beginnt er entweder mit einer allgemeinen Idee oder mit einem Zitat aus einem anderen Buch der Heiligen Schrift oder mit der Erzählung eines Beispiels. Nicht selten läßt er den Prolog auch weg.

Das Corpus der Homilie besteht mit ganz wenigen Ausnahmen aus einer Erklärung des Textes Vers für Vers. Diese Erklärung kann dabei mehr oder weniger lang sein. Häufig faßt Origenes beim Übergang vom einen zum anderen Vers seine vorausgegangenen Erklärungen kurz zusammen und trägt damit seiner pädagogisch-didaktischen Zielsetzung Rechnung. Als Schluß verwendet Origenes konstant die Formel aus 1 Petr 4,11: „dem die Herrlichkeit und die Macht ist in alle Ewigkeit". Wenige Sätze, in denen er bisweilen zum Gebet einlädt, genügen ihm, um zu dieser Schlußformel überzuleiten.

Erwähnen wir, um das Bild abzurunden und uns eine lebendige Vorstellung der Predigttätigkeit des Origenes zu vermitteln, noch den Beginn der berühmten Predigt über die Hexe von Endor. Hier nämlich wird deutlich, bis zu welcher Perfektion die Improvisationskunst des Predigers Origenes gelangt ist. In der Tat, die Homilie beginnt mit einem Dialog zwischen dem anwesenden Bischof und Origenes. Origenes war vor Beginn des Gottesdienstes nicht mitgeteilt worden, über welchen Text er seine Homilie halten sollte. Er stellt zunächst fest, daß vier Schrifttexte vorgelesen wurden, er aber nicht über alle vier predigen könne. Der Bischof möge entscheiden, über welche Texte gesprochen werden solle. Darauf nennt der Bischof die von

ihm gewünschte Perikope, und Origenes beginnt ohne Zögern deren theologisch tiefschürfende Auslegung.

3. Die allegorische Auslegungsmethode

Wir kommen nun zur eigentlichen Auslegung des Textes und damit zu dem Punkt, der dem Homileten Origenes in der Vergangenheit meist sehr strenge Zensuren eingebracht hat[20] und der auch heute noch bei den weniger mit der altkirchlichen Bibelpredigt Vertrauten ziemliches Befremden hervorruft. Wir sprechen von der allegorischen Auslegungsmethode. Zu einem angemessenen Urteil über diese Methode gelangen wir nur, wenn wir den Homileten Origenes im Kontext seiner Kultur und Zeit zu verstehen suchen. Zu diesem historischen Kontext gehört auf der einen Seite der jüdische Einfluß auf die altchristliche Predigt, auf der anderen Seite der hellenistische. „Mit dem Synagogenvortrag", schreibt H. M. Müller, „hat die Predigt ihren Charakter als Schriftauslegung und die praktisch-ethische Abzweckung gemeinsam. Die dabei benutzte Auslegungsmethode mutet uns heute fremd an; es darf aber nicht übersehen werden, daß die allegorische Deutung autoritativ verstandener alter Texte vor dem Aufkommen des historisch-kritischen Bewußtseins die einzige Möglichkeit war, solche Texte in gegenwärtiges Verstehen und in Handlungsanweisungen umzusetzen. Diese Methode teilt der Synagogenvortrag mit der populärphilosophischen Diatribe, soweit diese sich mit Textauslegung befaßt."[21]

---

20 So schreibt der oben zitierte STINGEDER, *Schriftpredigt* 15: „Das Verdienst des Origenes um die Heilige Schrift als Predigtquelle wird jedoch bedeutend gemindert durch den gefahrvollen Gebrauch, den er von ihr machte." Origenes, heißt es weiter (17), lasse sich „bei der Schriftauslegung lediglich vom Subjektivismus leiten ..., der trotz aller Vorsicht schließlich zu schrankenloser Willkür führen mußte".

21 MÜLLER, *Homiletik* 528.

Speziell zu Origenes schreibt der genannte Forscher: Origenes „pflegt die schriftauslegende Predigt; eine andere Erkenntnisquelle als die Bibel läßt er für die Predigt nicht gelten. Wenn er dabei den erkenntnistheoretisch dem Neuplatonismus verpflichteten dreifachen Schriftsinn zugrunde legt, so folgt er damit der der hellenistischen Kulturwelt allein angemessenen Hermeneutik. Anders wäre das Evangelium der griechischen Bildungswelt wahrscheinlich kaum zu erschließen gewesen.“[22]

Origenes hat die allegorische Auslegungsmethode nicht nur wie andere praktiziert, sondern gründlich über sie reflektiert und ihrer Rechtfertigung einen ganzen Traktat gewidmet[23]. Grundaxiom ist für ihn, daß die Schrift als Wort Gottes überall eine sinnvolle Aussage für den Gläubigen enthalten muß. Wo der Buchstabe diesen Sinn nicht erkennen läßt, ist sicher ein tieferer oder höherer Sinn jenseits des Buchstabens verborgen; ihn muß der Ausleger entdecken. Eine wichtige Hilfe sind ihm dabei gerade solche Passagen, die, wörtlich genommen, geradezu Ärgernis erregen. Es handelt sich hier um Anstöße, den wörtlichen Sinn auf den höheren Sinn hin aufzubrechen. „Wenn sich aber überall die Nützlichkeit der Gesetzgebung und der glatte, folgerechte Zusammenhang der geschichtlichen Erzählung ohne weiteres deutlich zeigten, dann würden wir nicht glauben, daß man in den Schriften außer dem auf der Hand liegenden Sinn noch einen anderen finden könnte. Deshalb hat der göttliche Logos sozusagen einige ‚Ärgernisse‘, ‚Anstöße‘ und ‚Unmöglichkeiten‘ mitten in das Gesetz und die Geschichtsdarstellungen hineinbringen lassen; denn wir sollten nicht ganz und gar von der ungetrübten Anmut des Wortlautes hingerissen werden und dadurch entweder, weil wir nichts erfahren, was Gottes würdig ist,

---

22 MÜLLER, *Homiletik* 529.

23 ORIGENES, *princ.* 4,2: „Wie man die göttliche Schrift lesen und verstehen soll“ (695–731 GÖRGEMANNS/KARPP).

ganz von den (christlichen) Lehren abfallen oder aber, wenn wir uns nicht vom Buchstaben lösen, nichts Göttlicheres aufnehmen. Man muß aber auch folgendes wissen. Es war ja das erste Ziel, den Zusammenhang des Pneumatischen durch geschehene und durch noch auszuführende Handlungen auszusagen. Wo nun der Logos geschichtliche Ereignisse fand, die sich auf diese Geheimnisse beziehen ließen, da benutzte er sie, wobei er den tieferen Sinn vor der Menge verbarg; wo (diesem) aber bei der Darlegung des Zusammenhangs der geistigen Dinge der bisher niedergeschriebene Ablauf bestimmter Vorgänge nicht entsprach, weil es sich um zu tiefe Geheimnisse handelte, da webte die Schrift in die Geschichtsdarstellung Unwirkliches mit hinein, was teils gar nicht geschehen kann, teils zwar geschehen könnte, aber nicht geschehen ist. Manchmal sind nur wenige Ausdrücke eingefügt, die ‚leiblich' nicht wahr sind, manchmal aber auch mehr. Das Entsprechende muß man auch bei der Gesetzgebung sehen. In ihr kann man öfters finden, was unmittelbar nützlich ist und in die Zeiten der Gesetzgebung paßt; zuweilen ist aber kein nützlicher Sinn zu erkennen. An anderen Stellen wird um der Geübteren und zum Forschen Befähigteren willen sogar Unmögliches im Gesetz geboten, damit sie sich einer besonders sorgfältigen Untersuchung des Textes widmen und dabei die ernsthafte Überzeugung gewinnen, daß man in derartigen Aussagen einen Sinn suchen muß, der Gottes würdig ist."

Im unmittelbaren Anschluß daran geht Origenes noch einen Schritt weiter. Er wendet seine Hermeneutik des doppelten Schriftsinnes nicht nur auf das Alte Testament an — bis hier vermögen wir ihm noch einigermaßen zu folgen, denn der Alexandriner steht hier in tiefer Kontinuität zur Exegese eines Paulus —, er unterscheidet auch im Neuen Testament zwischen einem offenbaren Buchstaben und einem tieferen verborgenen Sinn, den es zu finden gilt: „Aber nicht nur bei den Schriften (aus der Zeit) vor der

Ankunft (Christi) hat der Geist diese Einrichtung getroffen, sondern er hat, weil er derselbe ist und von dem einen Gott stammt, auch bei den Evangelien und bei den Aposteln dasselbe bewirkt. Auch diese enthalten nicht durchgehend die Geschichtserzählung ohne solche Zusätze, die im ‚leiblichen' Sinn gar nicht geschehen sind, und enthalten auch nicht die Gesetzgebung und die Gebote so, daß sie überall von sich aus einen vernünftigen Sinn zeigen." [24]

So befremdlich die in diesen Ausführungen zum Ausdruck kommende Hermeneutik für modernes Bewußtsein ist, so plausibel und vernünftig mußte sie in den Ohren seiner Zeitgenossen klingen. Nicht anders gingen die Griechen mit ihren „heiligen Schriften", den Werken Homers und Hesiods, um, und auch Juden lasen seit dem zweiten Jahrhundert (Pseudo-Aristeas-Brief) ihre Bibel mit dieser Methode. Deren große Repräsentanten sind Aristobul und Philo. Welche Bedeutung die allegorische Schriftauslegung bei dem führenden Theologen der frühesten Christenheit, Paulus, hatte, ist bekannt.

Für diese Hermeneutik gilt also, daß die Schrift jenseits des einfachen Wortsinns einen „mystischen", „göttlichen" Sinn hat, der im Wortsinn verborgen ist. Gott sagt in der Schrift letztlich etwas anderes (Allegorie/ἀλληγορία von ἄλλο ἀγορεύω = ich sage etwas anderes), als der Wortsinn zu besagen scheint. Aufgabe des Auslegers ist es, dieses „Andere" zu finden. Man hat den Anhängern der allegorischen Auslegungsmethode verschiedentlich vorgeworfen, die Historizität der von der Bibel erzählten Ereignisse zu leugnen. In dieser Allgemeinheit ist der genannte Vorwurf sicher nicht berechtigt. Origenes hat auch wiederholt sein Festhalten an der globalen Historizität der biblischen Berichte betont. Nein, die der allegorischen Auslegungsmethode verpflichteten Exegeten leugneten nicht die Historizität der biblischen Erzählungen, sondern ihre Bedeu-

---

[24] ORIGENES, *princ.* 4,2,9 (727–731 GÖRGEMANNS/KARPP).

tung für die gläubigen Christen heute. Sie vermochten in ihnen keinen den Glauben aufbauenden und nährenden Sinn zu entdecken. Sie wußten keine Antwort auf die Frage: Warum wird uns diese Geschichte mitgeteilt, was will uns Gott durch sie sagen? Und so folgerten sie: Weil im Erzählten selbst kein die Seele und das geistliche Leben fördernder Gedanke oder Inhalt erkennbar sind, müssen diese in der Geschichte verborgen sein; denn Gott kann sie uns nicht vergebens in seiner Heiligen Schrift mitgeteilt haben.

Damit hängt ein weiterer Zug dieser Hermeneutik zusammen: Weil sich Gott im Grunde nur im Symbol, nur in „Allegorie", mitteilt, es aber im Wesen symbolischer Sprache liegt, vieldeutig zu sein, gleichzeitig mehrere Botschaften zu enthalten, kann ein und dieselbe Stelle auf verschiedene Weise ausgelegt werden. Es handelt sich jeweils um Versuche, Gottes verborgenen Willen, seine verborgene Kunde zu verstehen. Auf sprachlicher Ebene zeigt sich diese Unsicherheit der Auslegung dadurch an, daß Origenes immer wieder ein „ich denke", „ich glaube", ein „vielleicht" in seine Interpretationen einfließen läßt.

Das bisher Gesagte könnte das Mißverständnis aufkommen lassen, daß die von Origenes praktizierte Auslegung letztlich von purer Willkür beherrscht wird. Daß dem nicht so ist, versuchten in der Vergangenheit immer wieder Verteidiger des großen Alexandriners zu zeigen. So schreibt zum Beispiel Henri de Lubac in seinem großen Buch über die Schriftauslegung des Origenes, daß die Auslegung des Alexandriners, auch wenn sie in Einzelheiten willkürlich erscheint, trotzdem „durch ein paar große Prinzipien gelenkt und auf ein paar Grundgedanken hin ausgerichtet [bleibt], die ihr eine gewisse Objektivität sichern"[25]. Viel

---

[25] LUBAC, *Geist* 162.

weiter geht eine neuere Arbeit[26]. Sie versucht zu zeigen, zunächst durch eine Analyse der Psalterhomilien des Origenes, daß das platonische Aufstiegsschema der Seele den umfassenden Auslegungsrahmen, das Einheitsprinzip der Auslegung darstellt. Die Seele schreitet von der Reinigung und Läuterung zur Einheit mit Gott fort. Der Aufstiegsprozeß, in den der Hörer und Leser der Psalmen hineingenommen wird, ist von dem in der Schrift gegenwärtigen Logos bewirkt. Der Logos ist es, der den Hörer/Leser auf der ersten Stufe des Aufstiegs reinigt, er ist es auch, der auf der zweiten und dritten Stufe Erkenntnis und Vereinigung bewirkt. Daher ist zu beachten, daß der Logos die genannten Funktionen in gleicher Weise gegenüber dem Psalmisten wie gegenüber dem heutigen Leser/Hörer ausübt. Ziel der Auslegung ist somit, die Erfahrung, die der Psalmist mit dem erziehenden Logos gemacht hat, dem „modernen" Leser/Hörer zu vermitteln. Diese Erfahrung aber besteht im Fortschreiten der Seele von der Reinigung zur Vereinigung.

Die an den Psalterhomilien gewonnenen Erkenntnisse lassen sich schließlich auch, mutatis mutandis, auf andere Texte des Alten Testamentes übertragen. Ein wesentlicher Unterschied besteht jedoch zwischen der Auslegung alttestamentlicher und neutestamentlicher Texte. In der Auslegung des Alten Testamentes macht die Seele Fortschritte durch Teilnahme an der vom Logos empfangenen Lehre eines anderen (Psalmist, Braut des Hohenliedes, Israel usw.), bei der Auslegung des Evangeliums dagegen ist die Seele unmittelbar mit dem Logos konfrontiert. Freilich gibt es auch hier eine aufsteigende Bewegung, ein Fortschreiten vom Buchstaben zum Geist, nämlich im Aufsteigen von der Menschheit des Logos zu seiner Gottheit. Das platonische Aufstiegsschema der Seele ist somit der

[26] TORJESEN, *Hermeneutical procedure*.

„objektive" Rahmen der auf den ersten Blick völlig willkürlich erscheinenden Auslegungsmethode des Origenes.

Zum Verständnis der Bibelhomilien des Origenes gehört, wie angedeutet, die Berücksichtigung des kulturgeschichtlichen Kontextes, in dem sie gehalten wurden. Aber es gehört auch dazu, die besondere Situation vor Augen zu haben, in der der Homilet steht. Von ihm wurde nämlich erwartet, daß er jeden biblischen Text, der ja Gottes Wort an die Gemeinde enthält, hic et nunc als Lebensquelle für eben diese Gemeinde aufsprudeln ließ. Oder, um es in einem Bild zu sagen, mit dem Origenes selber diesen seinen Dienst an der Gemeinde umschrieben hat: Der Homilet muß wie Jesus beim Letzten Abendmahl den Brüdern die Füße waschen: „Dazu nehme ich Wasser, das ich aus den Brunnen Israels schöpfe, oder ich drücke es aus jenem mystischen Vlies aus, wovon die Schrift redet, nämlich den Heiligen Schriften, ich fülle damit mein Herz, das ich an Stelle des Beckens im Evangelium gebrauche, und versuche dann nach meinem Vermögen das Gebot zu erfüllen, das ich erhielt: den Brüdern die Füße zu waschen, indem ich sie durch das Wort der Wahrheit, das ich ihnen verkünde, ermahne, ihre Seelen von der Verderbnis der Sünde zu reinigen."[27]

Gewiß, zahlreiche Texte der Heiligen Schrift entsprachen schon in ihrem unmittelbaren Wortsinn dem Ziel, das dem Homileten gestellt war, nämlich die Gemeinde der Gläubigen zu erbauen und zum Halten der Gebote zu ermuntern. Aber es gab auch sehr viele andere Texte: „Wer in der Kirche bei der Lesung die Opferriten, die Beobachtung des Sabbats und ähnliches zu hören bekommt, wird notwendig ärgerlich und fragt: Wozu liest man solche Dinge in der Kirche? Was nützen uns die jüdischen Vorschriften und die Gebräuche eines nunmehr verworfenen Vol-

[27] ORIGENES, *hom. in Idc.* 8,5 (GCS 30, 515,9).

kes? Derlei geht die Juden an; sie mögen sich darum kümmern! Um also diesem Ärgernis der Hörer zuvorzukommen, muß man sich der Wissenschaft des Gesetzes widmen und alles Gelesene nach dem Grundsatz verstehen und erklären, daß das Gesetz geistlich ist. Hüten wir uns davor, daß durch die Schuld der Gelehrten, durch ihre Feigheit und Nachlässigkeit die Schwachen und Unwissenden veranlaßt werden, Moses zu verachten. Kehren wir uns vielmehr dem Herrn zu, damit er von unserem Geist die Hülle des Buchstabens wegziehe ..." [28] In dem hier angedeuteten Sinne kann man sagen: Die Homilien sind aus der Not des Predigers geboren, der unter der schweren Pflicht steht, die Gemeinde zu erbauen anhand eines Textes, der im wörtlichen Sinn oft alles andere als erbaulich ist.

Diese Zielsetzung der Erbauung — das Wort genommen in seiner großen biblischen Bedeutung — dürfte auch der Grund sein, weswegen die Homilien des Origenes über die Jahrhunderte hinweg, trotz ihrer für uns Heutige so befremdenden Auslegungstechnik, ihre Frische bewahrt haben und uns noch unmittelbar anzusprechen vermögen. Zu Recht schreibt Henri de Lubac in seiner Vorstellung des Homileten Origenes: „Urteilen wir nicht voreilig im Abstrakten, im Namen einer erst jüngst ausgebauten Wissenschaft, über eine Deutungsweise, die dem historischen Verständnis der Texte nicht selten im Wege steht. Dann werden wir unfehlbar getroffen werden von einer — viel eher evangelischen als alexandrinischen — Fähigkeit, alles ins Geistliche zu erheben. Wir werden zu spüren beginnen, wie es in diesen scheinbar familiären Gesprächen immerfort lodernd aufblitzt. ‚Ein drängender und sanfter Rhythmus' nimmt uns gefangen, der nichts künstlich Gesuchtes hat (...), sondern unmittelbar von der Seele kommt." [29]

---

[28] ORIGENES, *hom. in Num.* 7,2 (GCS 30, 40,19).
[29] LUBAC, *Geist* 167.

III. Die Lukashomilien des Origenes

Wenden wir uns jetzt den Lukashomilien selber zu. Welches sind hier die Hauptthemen, auf die hin Origenes den Buchstaben der Schrift übersteigt? Welche geistlichen Erfahrungen, welche Glaubensfragen bringt Origenes in ihnen über den Wortsinn hinaus zur Sprache? Nennen wir einige Stichworte. Wir werden sehen, daß es sich um Themen und geistliche Einsichten handelt, die fortan zur spirituellen Tradition nicht nur des Ostens, sondern auch des Westens gehören.

1. Zur Spiritualität der Lukashomilien

Was wohl als erstes dem Leser der Origeneshomilien in die Augen springt, ist die deutlich ausgeprägte Christusfrömmigkeit ihres Autors. Die Gegenwart dieses Christus unter den anwesenden Gläubigen, in den Gläubigen, ist ihm eine Gewißheit (18,3; 6,9; 32,6; 20,3). Diesen Christus gilt es zu suchen (18,2), ihm gilt es nachzufolgen (34,9; 29,7; 19,4). Für ihn hat er eine Fülle von Titeln, die ihn als Heilsbringer bezeichnen. Er ist der Befreier (15,1; 32,4), der Befreier von Sünde (30,4), der Arzt der Seelen (13,2), der gegenwärtige Lehrer der Kirche (32,2), der Friedensbringer (13,3), der „Wächter“ (34,5) usw. Seinen Gehorsam gilt es nachzuahmen (20,5). Im Hinblick auf Christus ist ihm, Origenes, der Name Christ eine Ehrenbezeichnung von tiefer Bedeutung (16,6). Der Name Jesus ist ihm ein „ruhmvoller, jeder Anbetung und Verehrung überaus würdiger“ Name (14,2). Sein Schriftstudium ist nichts anderes als eine Suche nach Jesus (19,5). Jesus sehen (1,4) heißt soviel wie das Heil erlangen. Die Kirche ist dabei der Ort der Gegenwart Jesu (9,5).

Ein weiterer auffallender Zug in diesen Homilien ist die Marienfrömmigkeit des Predigers. Marias Jungfräulichkeit steht für Origenes außer Frage (6,4); er preist ihre Demut (8,4), sieht in ihr eine Prophetin (8,1), spricht von der

Durchbohrung ihres Herzens (17,6), nimmt sie jedoch nicht von denen aus, die der Erlösung durch den Sohn bedürfen. Auch Maria wurde an ihrem Sohn wie alle anderen irre und im Glauben schwach (17,7).

Eine ganz besondere Rolle, nicht nur in der allgemeinen Heilsgeschichte, sondern auch in der besonderen eines jeden Menschen, spielt in den Augen des Origenes Johannes der Täufer. Deswegen kommt er in seinen Homilien immer wieder auf ihn zu sprechen (18,2; 21; 22; 25,3; 27,1 u.ö.). Im Zusammenhang mit Johannes dem Täufer steht ein Thema, das Origenes sehr am Herzen liegt, wir meinen die „Wüste“, „wo die Luft reiner ist und der Himmel offener und Gott näher“ (11,4; vgl. auch 10,6; 21,3; 35,3).

Von großer Bedeutung in der Spiritualität des Origenes sind auch die verschiedenen Gruppen der Engel (3,2; 11,4; 23,7). Von ihrer unsichtbaren Gegenwart im Gottesdienst der Christen ist er fest überzeugt (23,8). Origenes kennt sowohl Schutzengel der einzelnen Christen (11,4; 35,3; 23,8) als auch Engel an der Spitze einer Kirche (13,6), als auch „Völkerengel“ (12,3; 13,1), die auch böse sein können (35,6). Nicht nur gute Engel begleiten den Menschen, sondern auch böse (35,2). Die Bekehrung eines Menschen ist jedenfalls auch ein Werk seines guten Engels (11,6).

Zur Spiritualität gehört nicht nur die Verehrung bestimmter Personen, das Hinschauen auf Vorbilder, sondern auch die Bemühung um entsprechende Haltungen oder Tugenden. Ihnen räumt Origenes in seinen Homilien einen weiten Platz ein. Von der Trias Glaube, Hoffnung und Liebe kommt der Glaube am häufigsten und eindringlichsten zur Sprache. Der Glaube ist die feste Grundlage, das Fundament von allem (1,3), Glaube bedeutet Freiheit von Strafe (35,5) und wirkt sich notwendig auf das Leben aus (22,3). Unglaube macht einen Menschen stumm (9,4). Der Abfall vom Glauben geschieht nicht vom einen Tag auf

den anderen, sondern bereitet sich allmählich vor (26,5). Origenes weiß um die Torheit des Glaubens (7,5). Im Rahmen von Überlegungen über das Maß in der Liebe kommt er auch auf die Gottes- und Christusliebe zu sprechen (25,1.6.8; vgl. auch 22,1.8). Hoffnung ist ihm ein Thema nur im Zusammenhang der Auferstehung des Leibes (17,4).

Die Kardinaltugenden Gerechtigkeit, Maßhalten, Tapferkeit und Klugheit beziehungsweise Weisheit, um die der Christ sich mühen soll (35,9), sieht er in Maria verwirklicht (8,4). Von Wichtigkeit ist auch die Demut (8,4), ebenfalls in Maria vorbildlich realisiert (8,4). Tugend besteht allgemein in einer Angleichung an Christus (8,3). Ziel des geistlichen Lebens ist dabei die Vergöttlichung des Menschen (29,7). Die Reinheit des Herzens ist von zentraler Bedeutung (3,3). Von der Größe des menschlichen Herzens weiß Origenes übrigens schon fast so wie später Augustinus zu reden (21,6).

Geistlicher Fortschritt (9,1; 11,1; 20,7) und geistliches Wachstum (10,1; 11,1.2) sind Begriffe, die aus der Geschichte der Spiritualität nicht mehr wegzudenken sind, genausowenig wie die Unterscheidung der Geister (11,4; 1,1) und der Kampf und die Auseinandersetzung mit den feindlichen Mächten (23,4; 22,2; 36,4). Das Prinzip des geistlichen Fortschritts ist dabei der Heilige Geist (11,1), der den Gläubigen in verschiedenem Maß geschenkt wird (29,1). Was Versuchung ist (26,4), steht dem Christen in der Versuchung Christi vor Augen (6,5; 29,2). Zu den vom Teufel in der Versuchung angewandten Methoden gehört auch der Mißbrauch der Heiligen Schrift (31,2). Worauf es ankommt im geistlichen Leben, ist, ein inneres Auge zu haben (1,4); die Augen des Fleisches genügen nicht (16,8). Das Nichtsehen der geistlichen Dinge (16,7), die Blindheit der geistlichen Augen ist eine Folge der Sünde (16,8).

Natürlich ist die Sünde ein Thema, auf das Origenes unter verschiedenster Rücksicht zu sprechen kommt. So

unterscheidet er schwere und leichte Sünde (35,14), sieht in ihr überhaupt eine Herrschaft (30,3), einen Erfolg des Teufels (35,5). Durch die Sünde verkleinert der Mensch das Abbild Gottes in seiner Seele (8,2), so wie er es umgekehrt durch die Tugend vergrößert.

Soweit ein kurzer Überblick über einige der von Origenes in seinen Lukashomilien angesprochenen geistlichen Themen. Eine Frage ganz anderer Art haben wir bisher noch unbeantwortet gelassen, die der genaueren Datierung der Homilien.

2. *Zur Datierung der Lukashomilien*

Nautin hat in seiner oben erwähnten Studie den umfassenden Versuch gemacht, die uns überlieferten Bibelhomilien des Origenes in eine zeitliche Aufeinanderfolge einzuordnen und sie damit schließlich auch genauer zu datieren, als das bisher der Fall war. Trotz des stark hypothetischen Charakters seiner Ausführungen scheint es uns lohnend, seine Ergebnisse mitzuteilen.

Wir müssen nach Nautin zunächst zwei Grundtypen von Gottesdiensten unterscheiden, den nicht-eucharistischen an den Werktagen und den eucharistischen am Sonntag, Mittwoch und Freitag. In den nicht-eucharistischen Werktagsgottesdiensten wurde ausschließlich über das Alte Testament gepredigt, und zwar wurde in einem Dreijahreszyklus das gesamte Alte Testament ausgelegt. Besucher dieser nicht-eucharistischen Gottesdienste an den Werktagen waren neben den einfachen Gläubigen auch Katechumenen. Für Nautin besteht ein Zusammenhang zwischen deren dreijährigem Katechumenat und dem Dreijahreszyklus der alttestamentlichen Lesungen. Im Unterschied zu den eucharistielosen Werktagsgottesdiensten mit nur einer alttestamentlichen Lesung waren für die sonntäglichen Eucharistiegottesdienste drei Lesungen vorgesehen, eine alttestamentliche, eine aus der Apostelgeschichte oder den Apostelbriefen und eine aus den Evangelien.

Gerade aus der relativen Kürze der uns vorliegenden Homilien zu Lukas nun folgert Nautin, daß alle drei sonntäglichen Lesungen auch in einer Homilie ausgelegt wurden. Für die eucharistischen Gottesdienste vom Mittwoch- und Freitagabend nimmt derselbe Forscher jedoch an, daß hier keine alttestamentliche Lesung mehr vorgetragen wurde, da diese ja schon am Morgen stattgefunden hatte. Aus einer genaueren Analyse, auch wieder der Lukashomilien, glaubt er folgern zu können, daß die an drei Wochentagen, sonntags, mittwochs und freitags, verlesenen Evangelien ebenfalls wie das Alte Testament auf einen Dreijahreszyklus verteilt waren.

Die gewonnenen Ergebnisse hinsichtlich eines doppelten Dreijahreszyklus haben, immer nach Nautin, wichtige Konsequenzen für die Datierung der uns überlieferten Bibelhomilien des Origenes. Da wir keinen Hinweis darauf haben, daß Origenes mehrmals mit dem Amt der gottesdienstlichen Schriftauslegung betraut wurde, ist zunächst davon auszugehen, daß alle seine alttestamentlichen Homilien innerhalb von drei Jahren gehalten wurden. Weiter glaubt Nautin zeigen zu können, daß es keinen schlüssigen Beweis dafür gibt, daß die neutestamentlichen Homilien in einem anderen Jahreszyklus vorgetragen wurden als die alttestamentlichen. Mit anderen Worten, sowohl die alttestamentlichen als auch die neutestamentlichen Bibelhomilien des Origenes wurden im selben Dreijahreszyklus gehalten. Nautin glaubt auch die weitere Frage noch entscheiden zu können, in welchem der a priori möglichen Zyklen — 238/239/240 oder 239/240/241 oder 240/241/242 oder 241/242/243 — das Gesamt der überlieferten Homilien tatsächlich gehalten wurde. Die größere Wahrscheinlichkeit spricht nach ihm für den Zyklus 239–241.

In den genannten Zeitraum fiele dann auch die Abfassung und Veröffentlichung der uns hier speziell interessierenden Homilien zum Lukasevangelium. Da Nautins Datierungsversuch jedoch von sehr hypothetischem Cha-

rakter ist[30], erscheint es uns ratsam, auch auf ältere, wesentlich vorsichtigere Datierungen der genannten Homilien hinzuweisen. Ihr Herausgeber, Max Rauer, folgert zunächst aus der Feststellung des Hieronymus in seinem Brief an Paula und Eustochium (2,6), daß die Homilien nicht zu den *senectutis seria*, sondern zu den *virilia* gehören, ihre Datierung in das Mannesalter des Origenes. Ein *terminus ante quem* ist durch ihre Erwähnung in dem etwa Anfang der vierziger Jahre abgefaßten Johanneskommentar und in dem nach 244 anzusetzenden Matthäuskommentar gegeben. „Sie sind aber sicher bedeutend früher anzusetzen."[31] Nach Eusebius[32] begann Origenes erst in Cäsarea damit, in der Kirche zu predigen. Damit käme entweder der erste Aufenthalt (216) oder der zweite (ab 231 oder 233) in Frage.

Nach François Fournier, dem wir die Einleitung zur französischen Übersetzung der Lukashomilien in den „Sources Chrétiennes" verdanken, sprechen zwei Beobachtungen für den zweiten Aufenthalt in Cäsarea, und zwar für eine Datierung um 233–234: Da der auf 232–233 datierte Kommentar zum Korintherbrief in der 17. Homilie zum Lukasevangelium zitiert wird, ist ein *Terminus ante quem non* gegeben[33]. Andererseits enthält der genannte Kommentar[34], ebenso wie auch das zu Beginn des zweiten

---

[30] Vgl. CROUZEL, *Origène (1985)* 18 allgemein zu NAUTINS Neudatierungsvorschlägen: „... nous le suivons guère ici. Tout en reconnaissant qu'il y a certainement dans ce livre des intuitions interéssantes, nous ne sommes guère d'accord dans bien des cas sur les critiques faites à Eusèbe et à d'autres sources qui nous paraissent souvent artificielles, ni sur les solutions substituées aux leurs, car elles gagneraient à ne pas perdre leur caractère hypothétique et discutable."

[31] RAUER, GCS 49, VIII.

[32] EUSEBIUS VON CÄSAREA, *h. e.* 6, 19,16 (GCS 9/2).

[33] ORIGENES, *hom. in Luc.* 17,11: *memini cum interpretarer illud quod ad Corinthios scribitur.*

[34] Vgl. ORIGENES, *comm. in I Cor.* (JThS 9 [1908] 232,6–8), zu 1 Kor 1,2.

Aufenthaltes in Cäsarea verfaßte 6. Buch des Johanneskommentars[35], eine Formulierung, die vorher so bei Origenes nicht belegt ist und die deswegen auf eine etwa gleichzeitige Abfassung der drei Werke hindeutet. Es handelt sich um die Gegenüberstellung von „Kirche ohne Runzel und Makel“ (Eph 5,27) und denen, „die den Namen des Herrn anrufen“ (1 Kor 1,2).

Aber steht diese Datierung um 233–234 nicht im Widerspruch zu der ausdrücklichen Auskunft des Eusebius, daß Origenes es erst im Alter von mehr als 60 Jahren erlaubt habe, seine Homilien (Dialexeis) mitzuschreiben?[36] Ist damit nicht eine Datierung vor 245 ausgeschlossen? Der Einwand setzt voraus, daß die Homilien zum Lukasevangelium von Schnellschreibern mitgeschrieben wurden und der Text nicht von Origenes selber vor oder nach der Predigt verfaßt wurde. Gerade auf letzteres deutet aber die Eigenart dieser Homilien hin: sie sind erheblich kürzer als die übrigen uns überlieferten Bibelhomilien. Es scheint sich also nicht um von Schnellschreibern angefertigte Mitschriften wirklich gehaltener Predigten, sondern eher um Notizen des Predigers selber zu handeln. Ihre Datierung um 233/234 steht also nicht im Widerspruch zu der oben erwähnten Nachricht des Eusebius.

3. Die Adressaten der Lukashomilien

Wir haben weiter oben die Frage, an wen sich die Homilien zum Lukasevangelium richten, schon gestreift. Wenn Nautins Annahme zutreffend ist, daß die Homilien innerhalb

---

35 ORIGENES, *comm. in Io.* 6,59 (GCS 4,167).

36 EUSEBIUS VON CÄSAREA, *h.e.* 6,36,1: „Während damals, wie natürlich, der Glaube sich immer mehr ausbreitete, ... soll der bereits über sechzig Jahre alte Origenes, der sich durch lange Übung nun größte Fertigkeit erworben hatte, Schnellschreibern gestattet haben, seine vor dem Volke gehaltenen Vorträge aufzuzeichnen, wozu er früher nie die Erlaubnis gegeben hatte.“

eines dreijährigen Evangelienzyklus während des eucharistischen Gottesdienstes sonntags, mittwochs und freitags gehalten wurden, dann waren seine Zuhörer in erster Linie getaufte Christen; denn Katechumenen nahmen bekanntlich an der Feier der Eucharistie nicht teil. Fournier sieht dagegen die Homilien in erster Linie an Katechumenen gerichtet, nicht ausgeschlossen ist freilich auch nach ihm die Teilnahme von Getauften[37].

Tatsächlich richtet sich der Prediger bisweilen ausdrücklich bald an die eine, bald an die andere Kategorie von Christen. In den Homilien 7,8; 21,4 und 22,6 wendet er sich ausdrücklich an die in seinem Auditorium gegenwärtigen Katechumenen[38]. Die Homilien 14, 21, 22 und 24 behandeln ausdrücklich die Taufe beziehungsweise die für dieses Sakrament notwendige Vorbereitung, also Themen, die speziell für die Katechumenen wichtig sind. Die Homilie 33 schließt mit der Aufforderung, die Reinigung des Naaman nachzuvollziehen, die ihrerseits als ein Voraüsbild der christlichen Taufe galt (vgl. 2 Kön 5,8–14). Fournier schließt aus den ausdrücklichen Anreden an die Katechumenen und den genannten Inhalten, daß das eigentliche Publikum, an das sich Origenes richtet, eben Taufbewerber sind. Tatsächlich sieht die letzte Phase des Taufunterrichts nach der Beschäftigung mit dem Alten Testament auch die Einführung in die Evangelien vor. Unsere Lukashomilien stellen konkret diese Phase dar.

---

[37] FOURNIER, Einleitung zu SCh 87, 88f: „Origène, dans son explication de l'Evangile de Luc, voulait d'abord, semble-t-il, instruire des candidats au baptême, ce qui explique la mention des catéchumènes, mais il n'est pas impossible que son auditoire ait comporté des fidèles, attirés sans doute par la réputation du prédicateur."

[38] ORIGENES, *hom. in Luc.* 7,8: *Obsecro vos, o catechumeni;* 21,4: *venite, catechumeni, agite paenitentiam;* 22,6: *ad vos, catechumeni et catechumenae, qui disponitis venire ad baptismum.*

Aber unsere Homilien wenden sich ebenso ausdrücklich wie an die Katechumenen auch an getaufte Christen. In Homilie 32 werden als anwesend aufgezählt Katechumenen und getaufte Christen[39]. Die inneren Kriterien genügen offensichtlich nicht zur Entscheidung der Frage, an welches Publikum sich Origenes primär richtet, an Katechumenen oder bereits getaufte Christen. Wir können lediglich feststellen, daß er sich an beide ausdrücklich wendet. Ließe sich mit größerer Wahrscheinlichkeit, als das bei Nautin der Fall ist, ausmachen, ob die Homilien im Zusammenhang eines eucharistischen Gottesdienstes gehalten wurden oder nicht, könnte auch die Frage nach der Zuhörerschaft entschieden werden, an die sich Origenes in erster Linie wendet. Denn Katechumenen nahmen an sich nicht an eucharistischen Gottesdiensten teil. Aber gerade darüber, ob die Homilien im Rahmen eines eucharistischen Gottesdienstes stattfanden oder nicht, geben uns die Homilien selber keine Auskunft.

IV. Zur Übersetzung des Hieronymus

Origenes war schon zu seinen Lebzeiten ein umstrittener Theologe, aber erst nach seinem Tode wurde er regelrecht zu einem „Zeichen, dem widersprochen wird". Zu Beginn des 4. Jahrhunderts sahen sich seine Freunde zur Verteidigung genötigt. Pamphilus und Eusebius verfaßten eine Verteidigungsschrift in sechs Bänden, die leider nur zu einem Teil erhalten ist. Zu noch schärferen Angriffen gegen ihn kam es am Ende des 4. Jahrhunderts; er galt inzwischen für manchen orthodoxen Theologen als Vater des Arianis-

[39] ORIGENES, *hom. in Luc.* 32,6: *Quam vellem istum coetum simile habere testimonium, ut omnium oculi, et catechumenorum et fidelium ... aspicerent Iesum.*

mus. Eine neue, noch schärfere Ablehnung seiner Theologie ist im 6. Jahrhundert zu beobachten. Kaiser Justinian verbietet seine Werke, das fünfte allgemeine Konzil verurteilt ihn formell als Häretiker. Die ihm vorgeworfenen Irrlehren stammen zwar weitgehend aus den Werken von Schülern, die sich auf ihn berufen. Die Folgen dieser formellen Verurteilung sind für die Überlieferung seines Werkes jedenfalls verheerend: es ist der Vernichtung preisgegeben.

Nur ein Jahr vor Ausbruch des bisher schärfsten Streites um Origenes, nämlich der Kontroverse zwischen Epiphanius von Salamis und Johannes von Jerusalem im Jahre 393, übersetzte Hieronymus die Homilien des Origenes zum Lukasevangelium vom Griechischen ins Lateinische. Der genannte Kirchenvater wurde dann selber in den Streit um Origenes hineingezogen und verwandelte sich im Verlauf desselben von einem begeisterten Anhänger in einen erbitterten Gegner des großen Alexandriners. Über die näheren Umstände der Übersetzung, ihre Datierung und das Motiv, das den Hieronymus bewegte, gibt neben anderen Quellen vor allem ein Brief des Kirchenvaters an Paula und Eustochium, der den besten Handschriften der Homiliensammlung beigegeben ist, Auskunft.

1. Motiv und Datierung der Übersetzung

Hieronymus hatte im August des Jahres 385 Rom verlassen, wohl aus Verärgerung darüber, daß nicht er, sondern Siricius zum neuen Papst gewählt worden war. Milde formuliert, sehr verstimmt war er auch über Ambrosius, der nichts zu seiner Verteidigung unternommen hatte[40]. Wie

[40] Zum Verhältnis zwischen HIERONYMUS und AMBROSIUS vgl. u.a. PAREDI, *Girolamo*, speziell zum Wechsel von großer Hochachtung zu einer Haltung, die als „at best cool, at worst savagely hostile" beschrieben wird, vgl. KELLY, *Jerome* 144. Zum Grund des Wechsels der Haltung schreibt KELLY: „The most plausible explanation so far suggested, and one that is in itself very plausible, is that instead of siding with Jerome

wir gleich sehen werden, hat dieser Umstand unmittelbar etwas mit der Übersetzung der Lukashomilien des Origenes zu tun.

Im Jahr 386 läßt sich Hieronymus nach verschiedenen Reisen endgültig in Betlehem nieder. Zu den dort angefertigten Übersetzungen gehört auch die im folgenden Jahr abgeschlossene Version von *De spiritu sancto* des Didymus. Ziel dieser Übersetzung ist es, den an diesem Autor begangenen geistlichen Diebstahl des Ambrosius in dessen gleichnamigem Werk aufzudecken. Um diese Absicht nicht allzu deutlich werden zu lassen, erklärt er in seinem Vorwort, den Auftrag für diese Übertragung von Papst Damasus erhalten zu haben. Das gleiche Motiv, nämlich sich an Ambrosius zu rächen, dürfte Hieronymus zur Abfassung der Übersetzung der Lukashomilien bestimmt haben. Auch hier wählt er eine ähnliche Tarnung seiner wahren Absicht. In dem schon genannten Brief an Paula und Eustochium nennt er die beiden Damen als Auftraggeberinnen der Arbeit.

In Wirklichkeit hat es sich wohl so verhalten: Ambrosius hatte 391 seine eigenen Homilien zum Lukasevangelium veröffentlicht[41]. Wir dürfen davon ausgehen, daß Hieronymus sehr bald eine Kopie dieser stark von Origenes abhängenden Predigten in die Hände bekam. Wieder bot sich ihm die Gelegenheit, den Plagiator bloßzustellen, freilich ohne ihn offen mit Namen zu nennen. Aber jeder Kundige dürfte die folgende Anspielung im Brief an Paula und Eustochium in diesem Sinne verstanden haben: „So habe ich denn für eine Weile die ‚Bücher über die Hebräischen Untersuchungen' zur Seite gelegt, um die Übersetzung eines Werkes zu diktieren, das Eurer Meinung nach nütz-

---

(as he perhaps expected) during his ordeal at Rome, Ambrose had given his approval to the sentence of expulsion passed by the ‚senate of Pharisees'" (ebd.).

[41] AMBROSIUS, *in Luc.* (CSEL 32/4).

lich ist, aber wie immer es um seinen Wert bestellt sein mag, jedenfalls nicht von mir, sondern von einem andern stammt. Ich betone dies, weil ich zu meiner Linken einen unheilverkündenden Raben krächzen höre, der, selber pechschwarz, sich mit der Farbenpracht aller anderen Vögel schmückt."[42] Schon vorher hatte Hieronymus in dem genannten Brief auf die Predigten des Ambrosius angespielt: „Ihr habt also, wie Ihr mir sagt, vor einigen Tagen Kommentare zu Matthäus und Lukas gelesen; der eine[43] sei inhaltlich und sprachlich schwach, der andere sprachlich verspielt und dem Gehalt nach langweilig."[44] Mit dem letzteren Kommentar sind die Homilien des Ambrosius zum Lukasevangelium gemeint.

Soviel zum Motiv der Hieronymus-Übersetzung der Lukashomilien des Origenes. Die Datierung der Version ergibt sich, wie vorstehend schon angedeutet, aus der Bezugnahme auf die genannten Homilien des Ambrosius. Fournier hatte für diese Homilien die Jahre 387/388 angesetzt, entsprechend die Übersetzung des Hieronymus auf 389/390. Nach neueren Erkenntnissen muß aber als Datum der Abfassung der Homilien des Ambrosius ein späterer Termin angenommen werden, nämlich 391, da Ambrosius in denselben auf ein Werk verweist, das unmittelbar im Anschluß an das im April oder Mai 390 stattgehabte Massaker von Thessaloniki entstanden ist, nämlich sein *De apologia prophetae David*[45]. Damit ergibt sich, unter der Voraussetzung, daß Hieronymus die genannten Homilien des Ambrosius kennt, auch ein späterer Termin für seine Übersetzung der Lukashomilien, etwa, wie oben vorgeschlagen, das Jahr 392. Ein späterer Termin ist wiederum

---

42 Siehe unten die Vorrede mit Anm. 10.

43 Gemeint ist höchstwahrscheinlich der Kommentar des FORTUNATIANUS VON AQUILEIA, vgl. Anm. 2 der Vorrede.

44 Siehe unten die Vorrede mit Anm. 3.

45 AMBROSIUS, *in Luc.* 3,38 (CSEL 32,4, 127,5).

wegen des im Jahre 393 ausgebrochenen Streites um Origenes, in den Hieronymus zutiefst verwickelt ist, ausgeschlossen[46].

2. *Die Qualität der Übersetzung*

Was ist von der Qualität der Übersetzung zu halten? Als Übersetzer war Hieronymus schon zu Lebzeiten nicht unumstritten. Sein ehemaliger Freund, jetziger Feind, Rufin von Aquileia, machte ihm den Vorwurf, Texte inhaltlich bei seinen Übersetzungen zu verändern. Als Beleg führt er nun gerade zwei Stellen aus den Lukashomilien an[47]. Diese und ähnliche kritische Stellungnahmen Rufins dürften eher als genaue Textvergleiche bei so manchem pauschalen Urteil im Hintergrund stehen, das in der jüngeren Vergangenheit über des Hieronymus Übersetzungskunst gefällt wurde. Große Wirkung hatte vor allem E. Klostermann mit seinem Verdikt: „... begegnet man doch auf Schritt und Tritt neben solchen Umschreibungen, Verkürzungen und Einschüben, die dem Leser das Verständnis erleichtern sollen, auch den Spuren seiner bekannten Neigung zur Steigerung und Übertreibung des Ausdrucks, zur Ausmalung der Bilder, zur eleganten Vertuschung von Schwierigkeiten und zu Zusätzen aus Manier, Eitelkeit und gelehrter Pedanterie." [48] An anderen Stellen urteilt der glei-

---

[46] Zur Datierung vgl. außer FOURNIER in der Einleitung von SCh 87, 78–79, NAUTIN, *L'activité littéraire* 252–253. 258–259; vgl. auch KELLY, *Jerome* 143–144.

[47] RUFIN, *apol. adv. Hier.* 2,31 (CCL 20, 106,22): *... in homeliis secundum Lucae evangelium ... ubi de filio dei in Graeco non recte inveneras, praeterieris in illo loco ubi dicit: Magnificat anima mea Dominum* (Anspielung auf *hom. in Luc.* 8,1) *et in illo loco: ... exultavit infans in utero meo, ubi dicis, quod non erat hoc principium substantiae eius, de tuo addidisti „atque naturae"* (Anspielung auf *hom. in Luc.* 4,4). *Haec et mille alia his similia in interpretationibus tuis, sive in his ipsis homeliis sive in Ieremia vel in Isaia, maxime autem in Ezechiele non subtraxisti.*

[48] KLOSTERMANN, Einleitung zu ORIGENES, *hom. in Ier.* (GCS 6), XIX.

che Forscher freilich viel vorsichtiger. Leider wurden Aussagen wie die folgende jedoch weniger beachtet: Es darf nicht „verschwiegen werden, daß direkte Fehler nicht so sehr häufig vorkommen und daß eigenmächtiges Retouchieren, wie solches Rufin dem Hieronymus auch gerade mit Bezug auf die Jeremiahomilien vorgeworfen hatte (Apol. II,27) ... mit Sicherheit nirgends zu konstatieren ist.“[49]

In neuerer Zeit wird denn auch die Übersetzungstreue des Hieronymus zunehmend positiver beurteilt. Schon 1922 schrieb ein Kenner des Hieronymus wie F. Cavallera: „Nur ausnahmsweise verändert Hieronymus den Stil des Origenes durch eine rhetorischere Formulierung oder einen farbigeren Ausdruck. Er läßt jedenfalls die einfache Eleganz dieser Homilien unangetastet, die zusammen mit dem reichen Inhalt ihre Lektüre so anziehend macht. Was wichtiger ist, er übersetzt, so weit immer möglich, mit der Zuverlässigkeit, die man von einem Übersetzer erwartet ... Ein Vergleich des erhaltenen griechischen Textes mit der Version des Hieronymus zeigt, daß sich der Interpret, alles in allem, seiner Aufgabe sehr ordentlich entledigt hat und daß er den Origenes, mit Ausnahme einiger normalerweise unwichtiger Kleinigkeiten, den Ohren der lateinisch sprechenden Welt tatsächlich nahegebracht hat.“[50] Ähnlich positiv urteilt, diesmal im Blick auf die uns interessierenden Lukashomilien selber und den von Rufin erhobenen Vorwurf, ihr Herausgeber, Max Rauer, 1959: „Was wir so an Willkürlichkeiten dem Hieronymus nachweisen können, ist allerdings nicht sehr viel. Und gerade der Vorwurf eines so kleinen Einschubes wie des *et naturae* beweist, daß Rufin, so gern er auch wollte, an der Übersetzung seines Gegners nicht viel auszusetzen fand (das *mille alia his similia* ist kaum ernst zu nehmen) — ein erzwungenes

---

49 KLOSTERMANN, GCS 6, XXII.

50 CAVALLERA, *Saint Jérôme* 70 (Übers. vom Verf.).

Eingeständnis, das aber darum nur um so mehr wiegt. Andere Zusätze sind als solche ohne weiteres erkennbar wie die Glossen, in denen er einen griechischen Ausdruck lateinisch erklärt, oder die textkritisch interessante Notiz in der 7. Homilie über die Hss, die das Magnificat der Elisabeth zuschreiben."[51]

Rauer warnt vor allem auch vor Fehlschlüssen aus dem Vergleich mit den uns vorliegenden griechischen Fragmenten. Wenn dieselben kürzer sind als der Text des Hieronymus, ist das nie ein Kriterium gegen die Echtheit des lateinischen Textes. Denn es ist damit zu rechnen, daß die Katenenexzerptoren Kürzungen am Text vorgenommen haben. Dies gilt besonders auch für zitierte Bibelstellen.

Brisant ist vor allem die Frage, ob Hieronymus zu seiner Zeit theologisch anstößige Stellen korrigierend übersetzt hat. Dazu schreibt wiederum Rauer: „Wir wissen natürlich nicht, wieweit sich Hieronymus veranlaßt fühlte, dogmatische Korrekturen am Texte des Origenes vorzunehmen. Immerhin hat er aber eine Anzahl der orthodoxen Kirche sicher anstößige Ausführungen und Lehren des Alexandriners wörtlich übernommen und übersetzt. Man denke nur an die Origenes-Ausführungen über die Verwandlung der Seligen in Engel, über Präexistenz, Sündenfall und Einkerkerung der Seelen in die Leiber, das endliche Aufhören der Höllenstrafen und die Erlösung der gefallenen Engel. Ebenso mußten des Origenes Ansichten über Maria, die der Reinigung von der Sünde bedurfte wie alle anderen Frauen und die im Glauben an Jesus zeitweilig wankend wurde, oder über Jesus, der der Reinigung bedurfte, dem Hieronymus ebenfalls als Heterodoxien erscheinen."[52] Der genannte Herausgeber faßt sein Urteil über die Zuverlässigkeit der Übersetzung folgendermaßen zusammen: „Im übrigen zeigt der Vergleich mit den erhaltenen griechi-

---

51 Rauer, GCS 49, XIV. 52 Ebd. XV.

schen Texten, daß wir der Übersetzung des Hieronymus Vertrauen schenken können. Sie zeigt den flüssigen geschmeidigen Stil des erfahrenen Interpreten und ist wort- und sinngetreu."[53] Ähnlich bewertet F. Fournier in der Einleitung der „Sources Chrétiennes" die uns vorliegende Übersetzung der Lukashomilien[54]. Diesem Urteil schließt sich neuerdings auch ein Forscher an, der sich ausdrücklich mit der Übersetzungstheorie und -praxis des Hieronymus befaßt hat[55].

Hieronymus hat, was er übersetzte, wort- und sinngetreu übersetzt. Hat er aber alles übersetzt, was er vorfand, oder stellt seine Übersetzung eine Auswahl aus einer größeren Sammlung von Homilien dar? Tatsache ist, daß die Homilien sich nicht über das ganze Evangelium erstrecken. Fortlaufend erklärt werden in den Homilien 1–33 nur die Kapitel 1–4,27, und auch dort gibt es noch Lücken. Es fehlt die Auslegung von Lk 1,32–38; 2,3–7 und 2,17–20. Die Homilien 34–39 behandeln dann nur noch ausgewählte Textstücke, nämlich Lk 10,25–37; 12,58f; 17,33.20.21; 19, 29–40; 19,41–45; 20,27–40.21–26.

Griechische Fragmente für die Lücken innerhalb des fortlaufenden Textes von Lk 1–4,27 scheinen nun darauf hinzudeuten, daß Origenes auch über diese Perikopen gepredigt hat. Daß Origenes über einen theologisch so wichtigen Text wie Lk 1,32–38 nicht gepredigt haben sollte, er-

---

53 RAUER, GCS 49, XV.

54 FOURNIER, SCh 87,87: „... après avoir minutieusement comparé le grec et le latin, nous n'avons découvert aucun fondement aux critiques ... il faut admettre que le texte de Jérôme exprime bien les idées du maître d'Alexandrie."

55 WINKELMANN, *Übersetzungstheorie* 542. Ebd. 538, Anm. 27, bietet eine Zusammenstellung der Stellen, an denen sich HIERONYMUS ausdrücklich mit der Übersetzungstheorie befaßt. Zu dem diesbezüglich wichtigen Brief 57 ist inzwischen eine kommentierte Ausgabe erschienen: BARTELINK, *Hieronymus*, Mn.Suppl. 61. Vgl. auch MARTI, *Übersetzer der Augustin-Zeit*.

scheint besonders unwahrscheinlich. Wir können nicht ganz ausschließen, daß Hieronymus hier eine ihm vorliegende Homilie absichtlich nicht übersetzt hat, und zwar deswegen nicht, weil er mit ihrem Inhalt nicht einverstanden war. Vergleichen wir den Kommentar des Ambrosius zur betreffenden Perikope, so fällt dessen Insistieren auf dem Glauben Marias auf. Könnte er zu dieser Betonung des Glaubens Marias nicht durch die ihm noch vorliegende Homilie des Origenes veranlaßt worden sein, der ja auch an anderen Stellen mit einem mangelnden Glauben Marias rechnet?[56]

Die Tatsache, daß ab Lk 4,27 nur noch Homilien zu einigen ausgewählten Perikopen vorliegen, gab in der Vergangenheit zu der Hypothese Anlaß, daß Hieronymus die Geduld ausgegangen sei und er nur noch Homilien zu einigen besonders wichtigen Schrifttexten übersetzt habe[57]. Was ist von diesen Hypothesen zu halten? Beide, sowohl die Unterstellung, daß Hieronymus ihm nicht orthodox erscheinende einzelne Homilien bei seiner Übersetzung weggelassen habe, als auch die andere, daß ihm die Geduld ausgegangen sei, stehen im Widerspruch zu der ausdrücklich an ihn herangetragenen Bitte, „die 39 Homilien der griechischen Vorlage" zu übersetzen[58]. Wir verfügen über keinerlei positiven Beweis, daß Hieronymus tatsächlich nur einen Teil der ihm vorliegenden Homilien übersetzt hat. Wir haben deswegen davon auszugehen, daß er dem an ihn herangetragenen Wunsch, die 39 Homilien seiner Vorlage zu übersetzen, tatsächlich auch entsprochen hat.

Auf einem ganz anderen Blatt steht freilich die Frage, ob die Hieronymus vorliegende Sammlung nicht schon ihrerseits eine Auswahl aus einem größeren Dossier von Lukas-

---

56 Vgl. ORIGENES, *hom. in Luc.* 17,6 mit Anmerkung und 20,4 mit Anmerkung.

57 GRÜTZMACHER, *Hieronymus* Bd. 2, 81.

58 Praefatio: ... *Petistis, ut ... triginta et novem Adamantii nostri in Lucam omelias, sicut in Graeco habentur, interpreter ...*

homilien des Origenes darstellt. Darauf, daß vor Hieronymus schon ein Rezensent am Werk gewesen sein und eine Auswahl unter den vorliegenden Homilien getroffen haben könnte, deuten nicht nur die Lücken in dem sonst kontinuierlich ausgelegten Text Lk 1–4, 27 hin, von denen weiter oben die Rede war, sondern auch das ausdrückliche Zeugnis des Origenes selber. In der Tat, der Alexandriner erwähnt mindestens zwei Homilien, die sich nicht im Corpus der 39 von Hieronymus übersetzten befinden, eine Homilie über Lk 15, 3–7 und eine solche über Lk 14, 12 bis 14[59]. Zur Hypothese eines von anderer Hand zusammengestellten größeren Dossiers von Lukashomilien des Origenes schreibt der Herausgeber Rauer: „Diese 39 Homilien scheinen ... zur Zeit des Kirchenvaters (*sc.* Hieronymus) ein Corpus gebildet zu haben. Wer die Auswahl getroffen hat und unter welchen Gesichtspunkten, ist unbekannt. Kaum ist es erst Hieronymus selbst gewesen, sonst hätte er sich in seinem Briefe anders ausgedrückt.“ [60]

Eine letzte Frage zum Verhältnis der uns vorliegenden lateinischen Version zu ihrer griechischen, von Hieronymus benutzten Vorlage: Ist das *sicut in Graeco habentur, interpreter* so wörtlich zu verstehen, daß damit gelegentliche Kürzungen der einen oder anderen der 39 Homilien ausgeschlossen sind? Dem ist nicht so, man muß vielmehr davon ausgehen, daß Hieronymus an einigen Stellen den ihm vorliegenden Text gekürzt hat. Diese Kürzungen ergeben sich für Rauer aus dem Vergleich mit den Lukashomilien des Ambrosius. Eine Reihe griechischer Fragmente hat hier eine lateinische Entsprechung. „Es ist sehr unwahrscheinlich, daß er (*sc.* Ambrosius) zur selben Zeit eine ausführlichere Rezension des Origenes besessen und seinem Kommentar zugrunde gelegt haben sollte, während

---

59 ORIGENES, *comm. in Mt.* 13, 29 (GCS 40, 261) und *comm. in Io.* 32, 2 (GCS 13/4, 426).
60 RAUER, GCS 49, XII.

Hieronymus eben nur 39 in der von ihm überlieferten Form kennt. Es ist anzunehmen, daß diese Stellen so auch dem Hieronymus vorlagen, aber von ihm ausgelassen wurden."[61]

3. *Die Adressaten der Übersetzung*

Wer die Adressaten der von Hieronymus erstellten Übersetzung der Lukashomilien des Origenes sind, sagt uns die der Sammlung vorangestellte *Praefatio* mit aller wünschenswerten Deutlichkeit. Es sind Paula und Eustochium, an die sich Hieronymus im genannten Vorwort wendet und die ihm, wie er behauptet, den Auftrag zu dieser Übertragung gegeben haben, und mit ihnen natürlich der ganze Personenkreis, dem diese beiden Damen angehörten.

Was zunächst Paula angeht, so war sie eine der vornehmen römischen Damen, die Hieronymus geistlich betreute. Durch Hieronymus selber sind wir bestens über sie informiert, denn er verfaßte bei ihrem Tod eine Art Leichenrede mit ausführlicher Lebensbeschreibung[62]. Paula wurde 347 in Rom geboren. Ihre Mutter betrachtete die Scipionen und die Gracchen als ihre Vorfahren, ihr Vater stammte aus einer griechischen Familie, die sich ihrerseits von Agamemnon herleitete. Sie heiratete 15jährig den heidnischen Senator Toxotius aus der familia Iulia. Ihm gebar sie fünf Kinder, darunter die oben genannte Eustochium. Mit 31 Jahren verlor sie ihren Mann. Darauf schloß sie sich dem Kreis um Marcella an, die in ihrem Haus auf dem Aventin fromme Witwen und junge Mädchen der stadtrömischen Aristokratie zu einem intensiven christlichen und kulturellen Leben anleitete[63]. Während der römischen Synode von 382 wohnte Epiphanius von Salamis in ihrem Hause, und Paulinus von Antiochien ging dort ein und aus. Der Kon-

---

[61] RAUER, GCS 49, XVII. Vgl. auch ders., *Die lateinische Form* 34–39.

[62] HIERONYMUS, *epist.* 108 (CSEL 55, 306–351).

[63] Zum östlichen Hintergrund dieses römischen Monastizismus vgl. GORDINI, *Origine*; LORENZ, *Die Anfänge* 3–8.

takt mit diesen beiden Aszeten verstärkte in ihr noch weiter ihre ohnehin schon starke Tendenz zu einer aszetischen Lebensform.

Wichtiger vielleicht noch für ihr weiteres Leben war, daß sie durch die beiden Bischöfe mit Hieronymus bekannt wurde. Er war es denn auch, der ihr zusammen mit ihrer Tochter die Liebe zur Heiligen Schrift eingab. Regelmäßig nahm sie an seinen Vorlesungen im Palast der Marcella teil. Nach dem Tod ihrer Tochter Blaesilla (384) entschloß sie sich endgültig zum mönchischen Leben. Sie verteilte nicht nur ihr eigenes, sondern auch das Vermögen ihrer Kinder an die Armen, verließ 385 Rom, besuchte Epiphanius auf Zypern, traf sich mit Hieronymus in Antiochia, reiste dann mit diesem zusammen über den Libanon nach Palästina, um sich schließlich im Herbst 386 in Betlehem niederzulassen. Dort wohnte sie zunächst zusammen mit ihrer Tochter in einer Hütte, bis das Kloster und das Pilgerhospiz fertiggestellt waren. Außer einem Nonnenkonvent in drei Abteilungen (für Adlige, Freie und Sklaven) gründete sie auch ein Kloster für Männer, in dem Hieronymus und dessen Freunde wohnten. Ihre schon in Rom begonnenen Schriftstudien setzte sie natürlich in Betlehem unter Leitung des Hieronymus fort. Sie hatte aufgrund der Familie ihres Vaters ausgezeichnete Griechischkenntnisse und war auch in der Lage, die Psalmen auf hebräisch zu singen. Sie stand in ständigem Briefkontakt mit Hieronymus, wie dieser selber im Katalog seiner Schriften bezeugt[64]. Einer seiner Briefe an sie[65] enthält den weiter oben erwähnten Katalog der Schriften des Origenes, mit dem Hieronymus die den berühmten Heiden Varro bei weitem übertreffende Produktivität des zu diesem Zeitpunkt von

[64] HIERONYMUS, *vir. ill.* 135: *Epistolarum ad Paulam et Eustochium, quia cottidie scribuntur, incertus est numerus.*
[65] HIERONYMUS, *epist.* 33 (CSEL 54, 253–259).

ihm noch abgöttisch bewunderten Alexandriners unter Beweis stellen will.

Der genannte Brief bezeugt wohl auch, daß Hieronymus selber es war, der Paulas Interesse für Origenes geweckt hat. Ihr Hang zur Wohltätigkeit war so groß, daß sie ihre Tochter Eustochium mit einem Berg Schulden zurückließ. Ermahnungen des Hieronymus zur Zurückhaltung fruchteten nicht. Bei ihrem Tod, der auch eine Folge maßloser Aszese war, versammelten sich die Bischöfe der ganzen Gegend. Paula ist in der Nähe der Geburtsgrotte in Betlehem beigesetzt[66].

Ihre Tochter Eustochium führte, bevor sie Hieronymus nach Betlehem begleitete, zunächst im Palast ihrer Mutter auf dem Aventin ein religiöses Leben. Eustochium ist die eigentliche geistliche Tochter des Hieronymus. An sie ist auch der berühmte Brief 22 gerichtet, der Traktat des Hieronymus über das innere Leben der gottgeweihten Jungfrauen. Ihrem Onkel Hymettius und dessen Frau Praetextata gelang es nicht, sie für das weltliche Leben und Treiben der römischen Aristokratie zu gewinnen, Eustochium legte vielmehr als erste Römerin das Gelübde ewiger Jungfräulichkeit ab. Ähnlich sprachbegabt wie ihre Mutter Paula sprach auch sie fließend griechisch, vermochte auch sie die Psalmen auf hebräisch zu singen. Nach dem Tod ihrer Mutter (404) übernahm sie die Leitung des Frauenklosters in Betlehem, sie starb ebenda 418. Auch mit ihr tauschte Hieronymus eine Unzahl von Briefen aus, deren Gegenstand oft Probleme der Heiligen Schrift waren, deren Lösung sie von ihrem geistlichen Führer erwartete[67].

---

[66] Vgl. *A Dictionary of Christian Biography* IV, London 1887, 218.

[67] Vgl. *A Dictionary of Christian Biography* II, London 1918, 392. Zu des HIERONYMUS Verhältnis zu dem hier genannten Kreis von Frauen vgl. das sehr aufschlußreiche Kapitel „Marcella, Paula, Eustochium" bei KELLY, *Jerome* 91–115.

Um die geistlichen Bedürfnisse dieser beiden Frauen, Paula und ihrer Tochter Eustochium, natürlich auch aller ihrer Mitbewohner des Betlehemer Klosters, zu befriedigen, machte sich also Hieronymus an die Übersetzung der Lukashomilien des Origenes. Natürlich rechnete er auch mit anderen Lesern als diesem Kreis frommer Frauen in Betlehem. Männer und Frauen mit ähnlich gerichteten geistlichen Interessen gab es inzwischen ja nicht nur in Rom und Betlehem, sondern weit darüber hinaus, wie ein anderer geistlicher Bestseller dieser Jahre, die *Vita Antonii* des Athanasius von Alexandrien, bezeugt. Wir haben weiter oben einige der geistlichen Themen genannt, auf die Origenes in seinen Homilien zu sprechen kommt. Es ist kein Zufall, daß Paula und Eustochium den Hieronymus um die Übersetzung gerade dieser Homilien des Origenes bitten. Es entsprechen sich hier, wenn man so sagen kann, Angebot und Nachfrage. Was diese beiden Frauen als Nahrung ihres Geistes suchen, ist genau der Geist, in dem Origenes eineinhalb Jahrhunderte früher über das Lukasevangelium meditiert hat.

V. Die Überlieferung der Lukashomilien

Wir halten uns im folgenden eng an die Einleitung, die M. Rauer seiner Edition vorausgeschickt hat[68]. Was die handschriftliche Überlieferung der Homilien angeht, so ist zwischen der lateinischen Übersetzung und den Fragmenten des griechischen Originals zu unterscheiden. Werfen wir zunächst einen Blick auf die Überlieferung der lateinischen Übersetzung.

---

[68] Vgl. Rauer, GCS 49, XX–LXII.

1. Die lateinische Übersetzung

In den ältesten und besten Handschriften sind die 39 Homilien jeweils vollzählig enthalten. In einer Gruppe von Handschriften fehlen die Homilien 24, 38 und 39. Die Homilie 24 ist dort vielleicht wegen ihrer extremen Kürze weggelassen worden. Homilie 38 und 39 könnte man aus Papiermangel ausgelassen haben. Rauer hat seiner Edition insgesamt 13 Handschriften zugrunde gelegt und sie in zwei Gruppen eingeteilt, eine erste, die alle 39 Homilien vollständig enthält, und eine zweite, in denen die oben genannten Homilien fehlen. Die älteste Handschrift der ersten Gruppe aus dem Corpus Christi College in Cambridge stammt aus dem 8./9. Jahrhundert. An folgenden Orten befinden sich weitere Handschriften der ersten Gruppe: Orléans (Bibliothèque municipale, 13. Jh.), Florenz (Biblioteca Laurenziana S. Marco, 8./9. Jh.), Kassel (Landesbibliothek, 9.–13. Jh.), Admont (Stiftsbibliothek, 12. Jh.), Rom (Biblioteca Vaticana, 12. Jh.), Rom (Biblioteca Vaticana, 15. Jh.), Florenz (Biblioteca Laurenziana, 15. Jh.), Avignon (Bibliothèque du Musée Calvet, 15. Jh.).

Handschriften der zweiten Gruppe, in denen also die Homilien 24, 38 und 39 fehlen, befinden sich an folgenden Orten: Douai (Bibliothèque municipale, 12. Jh.), Cambrai (Bibliothèque municipale, 12. Jh.), Erfurt (Amplonianische Bibliothek, 15. Jh.). Eine Sonderstellung schließlich nimmt eine Handschrift aus dem 12. Jahrhundert aus der Bibliothèque municipale von Troyes ein. Die Handschrift, die sehr viele Eigenarten aufwies, ist von einem Revisor stark überarbeitet und so dem Normaltyp wieder angeglichen worden.

Aus dieser Zusammenstellung ergibt sich nach Rauer, daß die lateinische Übersetzung der Lukashomilien des Origenes das Schicksal anderer Origenesschriften teilt, nämlich „nur auf schmaler Basis auf uns gekommen zu sein“ [69]. Die Suche

---

[69] RAUER, GCS 49, XXIX.

nach der Herkunft der uns erhaltenen Codices führt, so Rauer, einesteils nach Fulda, andernteils nach Nordfrankreich. Das aber bedeutet, daß „die Überlieferung der lateinischen Lukashomilien ... seit dem 8. Jahrhundert von einem insularen Mittelpunkt aus erfolgt oder wenigstens zu einem großen Teil durch irisch-angelsächsische Hss hindurchgegangen" ist[70]. Zu dieser Feststellung paßt, daß auch Bobbio, ebenfalls eine irische Gründung, eine heute verschollene Handschrift der genannten Homilien besaß.

2. *Die griechische Vorlage*

Ambrosius und Hieronymus lag, wie wir oben mit Rauer vermutet haben, noch eine gleichlautende, aus 39 Homilien bestehende griechische Version der Lukashomilien des Origenes vor. Weder diese noch irgendeine andere ist auf uns gekommen. Aus dem griechischen Original sind ausschließlich Fragmente aus Kommentaren und Katenen überliefert.

Es handelt sich im wesentlichen um folgende Kommentare beziehungsweise Katenen:

Der sog. *Ps.-Titus-Kommentar* stellt den ältesten (6. Jh.) und bekanntesten Typ einer patristischen Kommentarkompilation zu den Evangelien dar. Da der erste Abschnitt Titus von Bozra zugeschrieben wird, galt dieser Kommentar lange Zeit als die Lukaserklärung des Bischofs von Bozra. Titus von Bozra ist aber in Wirklichkeit nur einer der benutzten Autoren. Neben ihm werden Cyrill von Alexandrien, Origenes und Chrysostomus zu einem fortlaufenden Kommentar, ohne Autorenangaben, verarbeitet. Der zitierte Text des Origenes ist, immer nach Rauer, „gut und zuverlässig, wenn auch z.T. mit anderen Texten vermischt, gekürzt und bearbeitet; er findet sich hauptsächlich

---

70 P. LEHMANN, Philologische Wochenschrift 50 (1930) 1478, zitiert bei RAUER, GCS 49, XXXII.

zu den ersten 4 Kapiteln des Lukas"[71]. Nur das erste Scholion ist dabei als origenisch ausgewiesen, die übrigen Texte können nur durch Vergleich identifiziert werden.

Eine Erweiterung des Ps.-Titus-Kommentars ist die wohl um 700 entstandene sog. *Cramer-Katene*. Dem Kompilator geht es um eine Vervollständigung des Ps.-Titus-Kommentars an den Stellen, die ohne Auslegung geblieben sind. Diesmal sind die Autorennamen meistens hinzugefügt. Die Katene enthält 20 Origenesscholien, die jedoch nicht einem Originaltext, sondern einer Sammlung entnommen zu sein scheinen.

Unter dem Namen des *Petrus von Laodizea* ist ein zweiter, weitverbreiteter Kommentartyp überliefert, dessen Handschriften bis ins 10. Jahrhundert zurückgehen. Die Handschriften bezeugen eine Lang- und eine Kurzform. Die ältere ist die Langform. Besonders für die ersten Kapitel werden von diesem Kommentar die Lukashomilien des Origenes stark benutzt. Nur eine einzige Handschrift dieses Typs enthält Autorenangaben und ist daher für die Origenesscholien besonders wichtig.

Von den bisher genannten Kommentaren unterscheidet sich die *Katene des Niketas* aus der zweiten Hälfte des 11. Jahrhunderts durch ihre Selbständigkeit. In der Tat, während die vorausgehend angezeigten Kommentarwerke hinsichtlich des verarbeiteten Materials alle miteinander verwandt sind „und letzten Endes wohl auf irgendeine gemeinsame Quelle zurückgehen"[72], geht die Katene des Niketas für ihre Hauptzeugen auf Originaltexte zurück. „Bei seinen Origenesfragmenten bietet sich allerdings kein klares Bild. Während er die Homilien als Quelle ziemlich vernachlässigt und Scholien daraus meist nur im selben Umfange bringt wie die vorher besprochenen Typen, sind seine Fragmente aus dem Kommentar zahlreich und oft

---

[71] RAUER, GCS 49, XXXVI. [72] Ebd. XLVI.

original.“[73] Die Bedeutung der genannten Katene des Niketas erhellt nicht zuletzt daraus, daß die *Catena aurea* des Thomas von Aquin, deren Lukasteil zwischen 1264 und 1272 entstanden ist, dieselbe zur Grundlage hat[74].

Keine leichte Aufgabe ist es nun, herauszufinden, welche der in diesen Katenen und Kommentaren dem Origenes ausdrücklich zugeschriebenen Fragmente tatsächlich aus seiner Feder stammen, und nicht weniger schwierig ist es, die ihm tatsächlich zugehörenden, aber nicht mit seinem Namen kenntlich gemachten Textstücke ausfindig zu machen. Soweit sich namentlich gekennzeichnete oder anonyme Fragmente mit Textstücken der Übersetzung des Hieronymus decken, ist natürlich der Echtheitsbeweis geliefert. „Sobald aber der entsprechende lateinische Text fehlt, tauchen in jedem Falle Echtheitsfragen auf. Innere Kriterien allein geben selten den Ausschlag, wenn es auch Fälle gibt, in denen Parallelen aus anderen Werken des Origenes mit gedanklicher, wenn auch nicht wörtlicher Übereinstimmung, gleicher Behandlung der Bibelzitate oder unverkennbarer alexandrinischer Allegorese die Frage mit einiger Sicherheit entscheiden können. Sonst aber kommt es auf die Zuverlässigkeit der Bezeugung an. Hier beginnen die Schwierigkeiten. Die Hss sind in der Hinzufügung der Autorangaben oft sehr nachlässig, setzen sie zu falschen Zeilen vor oder nach dem Scholienbeginn, lassen sie oft ganz weg oder setzen sogar falsche Namen ... Im allgemeinen kommt es wohl selten vor, daß dem Origenes ein ihm fremdes Scholion zugeschrieben wird. Die Entwicklung geht vielmehr nach der anderen Richtung: man verschweigt

---

[73] RAUER, GCS 49, XLVI.

[74] Unser Überblick erwähnt nicht weitere, von RAUER bei seiner Edition der Fragmente berücksichtigte Handschriften von Katenen, „die mit keiner der vorhergehenden Typen übereinstimmen und uns z.T. ganz neues, wertvolles Material schenken“, ebd. LII.

den Namen des großen Alexandriners, um nicht mit der rechtgläubigen Kirche in Konflikt zu geraten."[75]

Weil die Zuweisung eines Scholions nur in seltenen Fällen außer dem Namen Origenes auch noch das exzerpierte Werk vermerkt, kann ein solches Fragment, falls keine Entsprechung in der lateinischen Version vorhanden ist, entweder ein von Hieronymus ausgelassenes Textstück einer sonst von ihm übersetzten Homilie sein, oder aus einer ganz verlorengegangenen Homilie über Lukas oder aus dem Lukaskommentar oder sogar aus irgendeiner anderen Schrift des Origenes entnommen sein.

Den besten Beweis für die Schwierigkeit einer gesicherten Zuschreibung der Fragmente hat Rauer selber geliefert. In der zweiten Ausgabe seines Werkes hat er die Zahl der Fragmente erheblich reduziert und von den in der ersten Ausgabe dem Origenes zugeschriebenen Textstücken nur noch 257 zurückbehalten. Von dieser Sammlung meint F. Fournier, daß immer noch zu viele zweifelhafte Fragmente aufgenommen seien[76]. Für die seiner Übersetzung beigegebene Fragmentensammlung von 91 Stücken hat nun der französische Autor ein anderes Auswahlkriterium angewandt. Er hat die Textstücke nicht wie Rauer unter Rücksicht auf ihre Echtheit ausgewählt, sondern danach, ob sie im Vergleich zur Übersetzung des Hieronymus zusätzliche Nuancen bringen und ob sie exegetisch interessant und für Origenes typisch sind[77]. Diese 91 Fragmente stellen also keineswegs eine vollständige Sammlung der Origenes heute zugeschriebenen Textstücke aus seinen Lukashomilien dar, sondern lediglich eine ganz bestimmte Auswahl aus denselben. Wir bringen im Anschluß an die Übersetzung der lateinisch überlieferten Homilien diese Auswahl der griechischen Fragmente zusammen mit einer deutschen Übersetzung.

---

75 RAUER, GCS 49, LVIII.

76 Vgl. FOURNIER, SCh 87, 461.

77 Ebd. 462.

3. *Textausgaben*

Zur Überlieferung der Lukashomilien gehören neben den Handschriften die verschiedenen Druckausgaben. Wir weisen zunächst auf einige im Druck erschienene Ausgaben der Hieronymusübersetzung des Corpus der 39 Homilien hin. Als erster edierte der auch als erster Herausgeber einer Konziliensammlung bekannte Pariser Theologe Jakob Merlin 1512 dieses Corpus im Rahmen einer mehrbändigen, auch mit einer Apologie des Alexandriners versehenen Ausgabe[78]. Eine bekannte Edition ist auch die des Mauriners Charles de la Rue, wiederum im Rahmen einer Gesamtausgabe der Werke des Alexandriners[79]. Diese Ausgabe ist wiederabgedruckt bei Migne[80]. Die vorletzte Ausgabe ist die des Wittenberger Professors Carl Heinrich Eduard Lommatzsch[81], die letzte die im Rahmen des Berliner Corpus der Kirchenväter erschienene Ausgabe von Max Rauer, erste Auflage 1931 (zweite Auflage 1959) mit gewaltig erweiterter Fragmentensammlung. Da die lateinische Übersetzung ein Werk des Hieronymus darstellt, wurden die Lukashomilien des Origenes auch in mehreren Opera omnia des Hieronymus abgedruckt. Nach Rauer[82] ist die beste Edition hier die des italienischen Patrologen und Archäologen Domenico Vallarsi[83].

Wie Rauer in seiner Einleitung berichtet, stellen alle Ausgaben vor seiner eigenen, durch mehr oder minder gute Konjekturen verbesserte, Wiederabdrucke der Merlinschen Edition dar. Der Franzose hatte seinerseits seiner Ausgabe nur eine einzige Handschrift, nämlich den aus

---

[78] *Tertius tomus operum Origenis Adamantii qui complectitur post apologiam signantius explicanda*, Paris 1512, fol. 93–115.

[79] *Origenis opera omnia*, Paris 1740, III, 932–979, im Anhang, 979–983 griechische Fragmente.

[80] *Patrologia Graeca* 13, 1799–1902.

[81] *Opera omnia* 5, 85–236, 237–244, Anhang griechischer Fragmente.

[82] Vgl. RAUER, GCS 49, LX.

[83] *Opera omnia* VII, 1, 245–366, Venedig 2. Aufl. 1769.

dem 12. Jahrhundert stammenden Codex 390 der Bibliothèque municipale von Troyes zugrunde gelegt. Rauer selber verwendete für seine eigene Edition die weiter oben aufgeführten 13 Handschriften.

Die griechischen Fragmente der Lukashomilien sind schließlich in zwei Formen im Druck erschienen, einmal im Zusammenhang der Katenen und Kommentare, denen sie angehören[84], zweitens aus denselben herausgelöst, als Anhang von Druckausgaben der genannten Homilien. Zum ersten Mal gedruckt wurde die aus dem oben genannten Ps.-Titus-Kommentar und der Niketas-Katene hergestellte Sammlung von Fragmenten aus den Homilien zum Lukasevangelium im dritten Band der von de la Rue besorgten Ausgabe der Opera omnia des Alexandriners[85]. Die Übernahme dieses Druckes in späteren Opera omnia wurde weiter oben schon angezeigt.

Die heute maßgebende Sammlung der Fragmente ist die von Rauer im Rahmen der „Griechischen christlichen Schriftsteller" herausgegebene. Der deutsche Gelehrte hat die von ihm herausgegebenen Fragmente in zwei Gruppen eingeteilt. Fragmente, die eine wörtliche Entsprechung in der lateinischen Version des Hieronymus haben, sind in Parallele zu diesem Text abgedruckt. „Alle übrigen mit Wahrscheinlichkeit den Lukaserklärungen des Origenes [zu]zuzählenden Scholien und Stücke" sind in einem eigenen Teil des Werkes zusammengetragen und dort ediert[86].

---

[84] Vgl. hierzu RAUER, GCS 49, XXXIV–LX. [85] Vgl. Anm. 79.
[86] RAUER, GCS 49, LXI, vgl. 227–336.

IN LUCAM HOMILIAE

HOMILIEN ZUM LUKASEVANGELIUM

Incipit praefatio beati Hieronymi presbyteri in Omelias Origenis super Lucam evangelistam.

Hieronymus Paulae et Eustochio

Ante paucos dies quorundam in Matthaeum et Lucam commentarios vos legisse dixistis, e quibus alter et sensibus hebes esset et verbis, alter in verbis luderet, in sententiis dormitaret. Quamobrem petistis, ut contemptis istiusmodi nugis saltem triginta et novem Adamantii nostri in Lucam omelias, sicut in graeco habentur, interpreter — molestam rem et tormento similem alieno, ut ait Tullius, stomacho et non suo scribere; quam tamen idcirco nunc faciam, quia sublimiora non poscitis. Siquidem illud quod olim Romae sancta Blaesilla efflagitaverat, ut viginti sex tomos illius in Matthaeum et quinque alios in Lucam et triginta duos in Iohannem nostrae linguae traderem, nec virium mearum nec otii nec laboris esse perspicitis. En quantum apud me et auctoritas vestra et voluntas valet! Praetermisi paululum Hebraicarum Quaestionum libros, ut ad arbitrium vestrum lucrativi operis haec, qualiacunque sunt, non mea, sed aliena dictarem, praesertim cum a sinistro oscinem corvum

---

[1] Zu diesen beiden Frauen vgl. die Einleitung, 43–46.

[2] Gemeint ist höchstwahrscheinlich der Kommentar des FORTUNATIANUS VON AQUILEIA († 361); Näheres zu Person und Werk bei BARDENHEWER, *Geschichte der altkirchlichen Literatur* Bd. 3, 486, einige Fragmente veröffentlicht bei WILMART, *Deux expositions*.

[3] Gemeint sind die Lukashomilien des AMBROSIUS (CSEL 32/4).

[4] Zu Umfang und Vollständigkeit der Homilien des Origenes zum Lukasevangelium vgl. die Einleitung, 40–43.

[5] Beiname für Origenes.

[6] CICERO, *epist.* 7,1.

[7] Hervorragend gebildete Römerin, älteste Tochter der PAULA, Schwester der EUSTOCHIUM, nach dem frühen Tod ihres Mannes von HIERONYMUS in das aszetische Leben eingeführt; vgl. u. a. HIERONYMUS, *epist.* 38 u. 39 (CSEL 54, 289–293 u. 293–308).

Anfang der Vorrede des seligen Hieronymus, Priesters, zu den Homilien des Origenes über das Lukasevangelium.

HIERONYMUS AN PAULA UND EUSTOCHIUM

Ihr[1] habt also, wie Ihr mir sagt, vor einigen Tagen Kommentare zu Matthäus und Lukas gelesen; der eine[2] sei inhaltlich und sprachlich schwach, der andere[3] sprachlich verspielt und dem Gehalt nach langweilig. Weil Ihr mit beiden nichts anfangen könnt, seid Ihr mit der Bitte an mich herangetreten, wenigstens die 39 auf griechisch vorliegenden Homilien[4] unseres Adamantius[5] über das Lukasevangelium zu übertragen, was allerdings keine angenehme Aufgabe ist, eher eine Art Marter; denn es gilt, nicht nach seinem eigenen, sondern, wie Cicero[6] sagt, nach fremdem Geschmack zu schreiben. Dennoch will ich sogleich an die Arbeit gehen, weil Ihr nichts verlangt, was über mein Vermögen ginge. Denn was einst zu Rom die heilige Blesilla[7] gefordert hatte, nämlich daß ich des Origenes 26 Bände[8] zu Matthäus, seine fünf weiteren zu Lukas und seine 32 zu Johannes in unsere Sprache übersetze, das geht, wie Ihr begreift, über meine Kräfte, Zeit und Arbeitsmöglichkeiten. Ihr seht also, was Euer Ansehen und Euer Wille bei mir vermag! So habe ich denn für eine Weile die „Bücher über die Hebräischen Untersuchungen"[9] zur Seite gelegt, um die Übersetzung eines Werkes zu diktieren, das Eurer Meinung nach nützlich ist, aber wie immer es um seinen Wert bestellt sein mag, jedenfalls nicht von mir, sondern von einem andern stammt. Ich betone dies, weil ich zu meiner Linken einen unheilverkündenden Raben

---

[8] Im Katalog der Werke des Origenes erwähnt HIERONYMUS, *epist.* 33,4 (CSEL 54, 255–259), nur 25 Bände, diese Zahl ist auch sonst belegt; vgl. NAUTIN, *Origène* 253.

[9] HIERONYMUS, *quaest. hebr. in Gen.*

audiam crocitantem, et mirum in modum de cunctarum avium ridere coloribus, cum totus ipse | tenebrosus sit. Fateor itaque, antequam ille obiciat, in his Origenem tractatibus quasi puerum talis ludere. Alia sunt virilia eius et senectutis seria; quae si libuerit, si potuero, si Dominus, ut in latinum sermonem vertam, dederit commeatum et praetermissum prius opus explevero, tunc videre poteritis, immo per vos Romana lingua cognoscet, quantum boni et ante nescierit et scire nunc coeperit. Praeterea commentarios viri eloquentissimi Hilarii et beati martyris Victorini, quos in Matthaeo diverso sermone, sed una gratia Spiritus ediderunt, post paucos dies ad vos mittere disposui, ne ignoretis, quantum in nostris quoque hominibus sanctarum scripturarum quondam studium fuerit. 2

Explicit praefatio. Incipiunt omeliae Origenis in Lucam numero triginta novem ab Eusebio Hieronymo in latinum versae, dictae in diebus dominicis.

Incipit omelia prima.

krächzen höre, der, selber pechschwarz, sich mit der Farbenpracht aller andern Vögel schmückt[10]. Noch bevor er zu mäkeln anfängt, gebe ich offen zu, daß Origenes in diesen Homilien noch wie ein Knabe beim Würfelspiel ist. In der Tat, was er als reifer Mann und im Alter geschrieben hat, ist von anderem Ernst. Ich will diese Werke, wenn ich Zustimmung finde, die Kraft dazu habe, der Herr mir die Frist noch schenkt und ich zuvor das unterbrochene Werk vollendet habe, ins Lateinische übertragen. Dann werdet Ihr sehen, nein, durch Euch wird die römische Sprache erkennen, welch großen Reichtum sie bis dahin nicht gekannt und nun zu entdecken begonnen hat. Außerdem habe ich vor, Euch in ein paar Tagen Kommentare des Hilarius[11], eines höchst ausdrucksgewandten Mannes, und des seligen Märtyrers Victorinus[12] über das Matthäusevangelium zu schicken; mögen sie sich in der Sprache unterscheiden, sie gehen auf den gleichen Geist zurück. Ihr werdet deutlich sehen, wie eifrig früher auch bei den Unsrigen[13] die Heilige Schrift studiert wurde.

Ende der Vorrede. Anfang der 39 Homilien des Origenes über das Lukasevangelium, ins Lateinische übertragen von Eusebius Hieronymus. Sie wurden sonntags gehalten[14].

Anfang der ersten Homilie.

---

[10] Hiermit spielt HIERONYMUS nach STEINMANN, *Hieronymus* 180, auf RUFIN an. Andere Autoren sehen darin einen versteckten Hinweis auf AMBROSIUS, zu dem HIERONYMUS kein gutes Verhältnis hatte. Die Entscheidung für die eine oder andere Position bedingt auch die Übersetzung von *ridere* („sich schmücken" oder „sich lustig machen über").

[11] Vgl. HILARIUS, *comm. in Mt.*

[12] VICTORINUS VON PETAU war der erste lateinisch schreibende Exeget. Sein Kommentar zum Matthäusevangelium ist nicht erhalten.

[13] Gemeint sind lateinisch sprechende Christen.

[14] Bemerkung eines Kopisten. Zur Leseordnung in Alexandrien vgl. NAUTIN, *Origène* 394–401.

Homilia I [3]

In exordium Lucae usque ad eum locum, ubi ait: „scribere tibi, optime Theophile“.

1. Sicut olim in populo Iudaeorum multi prophetiam pollicebantur, et quidam erant pseudoprophetae — e quibus unus fuit Ananias, filius Azor —, alii vero veri prophetae, et erat gratia in populo discernendorum spirituum, per quam alii inter prophetas recipiebantur, nonnulli quasi ab „exercitatissimis trapezitis“ reprobabantur, ita et nunc in novo instrumento „multi conati sunt“ scribere evangelia, sed non omnes recepti. Et ut sciatis non solum quatuor evangelia, sed plurima esse conscripta, e quibus haec, quae habemus, electa sunt et tradita ecclesiis, ex ipso prooemio | [4] Lucae, quod ita contexitur, cognoscamus: „Quoniam quidem multi conati sunt ordinare narrationem“. Hoc quod ait: „conati sunt“, latentem habet accusationem eorum, qui absque gratia Spiritus sancti ad scribenda evangelia prosiluerunt. Matthaeus quippe et Marcus et Ioannes et Lucas non sunt „conati“ scribere, sed Spiritu sancto pleni scripserunt evangelia. „Multi“ igitur „conati sunt ordinare narrationem de his rebus, quae manifestissime cognitae sunt in nobis“.

---

[1] Zur vorliegenden Homilie vgl. NAZZARO, *Il prologo*.

[2] Häufig von den Vätern zitiertes Agraphon, d. h. nicht in der Hl. Schrift überliefertes Jesuswort. Agraphon 87 (112–128 RESCH) wird oft im Zusammenhang der Unterscheidung der Geister, aber auch in dogmatischem Kontext gebraucht.

[3] Vgl. hierzu VOGT, *Kirchenverständnis* 109f.

[4] Im Hintergrund der Unterscheidung zwischen den „vielen“ und den „vier“ steht die Gegenüberstellung der antiken Protreptik zwischen den „vielen“ und den „wenigen“. Auf Grund ihrer Natur gelangen nur die

Homilie 1

Über den Beginn des Lukasevangeliums bis dorthin, wo es heißt: „für dich aufzuschreiben, bester Theophilus“ (Lk 1,1–3)[1].

1. So wie viele im Volke der Juden sich prophetischer Rede anheischig machten und etliche Lügenpropheten waren — einer von ihnen war Hananja, der Sohn des Asur (vgl. Jer 28,1–17) —, andere aber wirkliche Propheten und es im Volke eine Gabe der Geisterunterscheidung gab (vgl. 1 Kor 12,10), durch die die einen unter die Propheten aufgenommen, andere wie von „aufs beste geübten Geldwechslern“[2] verworfen wurden, so haben auch jetzt im Neuen Bund „viele versucht“, Evangelien zu schreiben, aber nicht alle wurden angenommen (vgl. 2 Petr 2,1)[3]. Unser Wissen darum, daß nicht nur vier Evangelien verfaßt worden sind, sondern viele[4], aus denen jene, die wir besitzen, ausgewählt und den Kirchen überliefert wurden, stammt aus dem Vorwort des Lukasevangeliums, wo es heißt: „weil zwar viele versucht haben, der Reihe nach zu berichten“ (Lk 1,1). Mit der Formulierung „sie haben versucht“ kritisiert Lukas diejenigen, die, ohne vom Heiligen Geist dazu angeleitet zu sein, sich erkühnt haben, Evangelien zu schreiben. Matthäus freilich, Markus, Johannes und Lukas haben nicht „versucht“ zu schreiben, sondern schrieben voll des Heiligen Geistes Evangelien. „Viele“ also „haben versucht, der Reihe nach von den Ereignissen zu berichten, über die wir ganz klare Erkenntnis erlangt haben“ (Lk 1,1)[5].

„wenigen“ zu vollkommenen Handlungen. Die Pseudopropheten gehören zur Kategorie der „vielen“, die den Logos nicht in sich haben; vgl. Lomiento, *L'esegesi* 39f.

[5] Origenes verfehlt hier zwar den Sinn des lukanischen ἐπεχείρησαν, zeigt aber deutlich, daß für ihn die Heilige Schrift aus zwei Momenten konstituiert wird, aus der Inspiration durch den Heiligen Geist und der Annahme durch die Kirche.

2. Ecclesia quatuor habet evangelia, haeresis plurima, e quibus quoddam scribitur secundum Aegyptios, aliud iuxta Duodecim Apo|stolos. Ausus fuit et Basilides scribere | 5
evangelium et suo illud nomine titulare. „Multi conati sunt" scribere, sed quatuor tantum evangelia sunt probata, e quibus super persona Domini et Salvatoris nostri proferenda sunt dogmata. Scio quoddam evangelium, quod appellatur secundum Thomam, et iuxta Mathiam; et alia plura legimus, ne quid ignorare videremur propter eos, qui se putant aliquid scire, si ista cognoverint. Sed in his omnibus nihil aliud probamus nisi quod ecclesia, id est quatuor tantum evangelia recipienda. Haec idcirco, quia in principio lectum est: „multi conati sunt ordinare narrationem de his rebus, quae confirmatae sunt in nobis". Illi tentaverunt atque „conati sunt" de his rebus scribere, quae nobis manifestissime sunt compertae.

3. Affectum suum Lucas indicat ex sermone, quo ait: „in nobis mani|festissime sunt ostensae", id est πεπληροφορη- | 6
μένων, quod uno verbo latinus sermo non explicat. Certa enim fide et ratione cognoverat neque in aliquo fluctuabat, utrum ita esset an aliter. Hoc autem illis evenit, qui fidelissime crediderunt et id, quod propheta obsecrat, consecuti sunt et dicunt: „confirma me in sermonibus tuis". Unde et Apostolus de his, qui erant firmi atque robusti, ait: „ut sitis radicati et fundati in fide". Si quis enim radicatus in fide est atque fundatus, licet tempestas fuerit exorta, licet venti flaverint, licet se imber effuderit, non convelletur, non

---

[6] Origenes versteht unter Häresie meistens die Gnosis. Einzelheiten zu seinem Häresiebegriff bei LE BOULLUEC, *La notion d'hérésie* 439–545.

[7] Vgl. SCHNEEMELCHER, *Apokryphen* 174–179.

[8] Ebd. 300. [9] Ebd. 317f.

[10] Ebd. 93–113. [11] Ebd. 306–309.

2. Die Kirche kennt vier Evangelien, die Häresie [6] noch mehr. Eines von ihnen ist „nach den Ägyptern“ [7] überschrieben, ein anderes „nach den zwölf Aposteln“ [8]. Auch Basilides hat es gewagt, ein Evangelium zu schreiben und ihm seinen Namen zu geben [9]. „Viele haben versucht zu schreiben“, aber nur vier Evangelien wurden anerkannt, denen wir die Lehre über unseren Herrn und Heiland entnehmen müssen. Ich kenne auch ein Evangelium, das „nach Thomas“ [10] benannt ist, und eines „nach Matthias“ [11]. Und noch mehrere andere habe ich gelesen, um nicht wegen denen, die sich einbilden, sie wüßten etwas, wenn sie diese Evangelien kennen, im Verdacht zu stehen, wir nähmen etwas nicht zur Kenntnis. Aber unter all diesen Evangelien lassen wir lediglich die von der Kirche anerkannten gelten, das heißt: Es dürfen nur vier Evangelien angenommen werden. Ich sage dies, weil wir zu Beginn gelesen haben: „Viele haben versucht, der Reihe nach von den Ereignissen zu berichten, von denen feststeht, daß sie sich unter uns zugetragen haben“ (Lk 1,1). Jene haben sich darum gemüht und „haben es versucht“, von Ereignissen zu schreiben, über die wir mit aller Deutlichkeit unterrichtet sind.

3. Seine innerste Überzeugung bringt Lukas zum Ausdruck, wenn er schreibt: „es hat sich mit aller Deutlichkeit unter uns gezeigt“ (Lk 1,1), das heißt πεπληροφορημένων, was man im Lateinischen nicht mit einem Wort wiedergeben kann. Mit Glaube und Vernunft hatte er sicher erkannt und schwankte nicht, ob es so sei oder anders. So aber ergeht es denen, die aus ganzem Herzen glauben und sich die Bitte des Propheten zu eigen gemacht haben: „Bestärke mich in deinem Wort!“ (Ps 119,28). Deshalb sagt auch der Apostel mit Blick auf jene, die fest standen und stark waren: „damit ihr im Glauben tiefgewurzelt und festgegründet dasteht“ (Eph 3,17; Kol 1,23; 2,7). Wenn jemand nämlich im Glauben tiefgewurzelt und festgegründet dasteht, mag sich ein Sturm erheben, mögen Winde blasen, mag Regen sich ergießen, er wird nicht erschüttert werden,

corruet, quia „super petram“ aedificium solida mole fundatum est. Nec putemus oculis istis carnalibus firmitatem fidei dari, quam mens et ratio tribuit. Infideles quique credant signis atque portentis, quae humana acies contuetur. Fidelis vero et prudens atque robustus rationem sequatur et verbum et sic diiudicet, quid verum quidve falsum sit. | | 7

4. „Sicut tradiderunt nobis, qui ab initio ipsi viderunt et ministri fuerunt sermonis“. In Exodo scriptum est: „populus videbat vocem Domini“. Et certe vox auditur potius quam videtur, sed propterea ita scriptum est, ut ostenderetur nobis aliis oculis „videre vocem Dei“, quibus illi adspiciunt, qui merentur. Porro in evangelio non vox cernitur, sed sermo, qui voce praestantior est. Unde nunc dicitur: „sicut tradiderunt nobis, qui a principio ipsi viderunt et ministri fuerunt sermonis“. Igitur apostoli ipsi viderunt sermonem, non quia adspexerant corpus Domini Salvatoris, sed quia Verbum viderant. Si enim iuxta corpus vidisse Iesum hoc est: Dei vidisse sermonem, ergo et Pilatus, qui condemnavit Iesum, sermonem Dei vidit et Iudas proditor
et omnes, | qui clamaverunt: „crucifige, crucifige eum, tolle | 8
de terra talem“, Dei viderunt sermonem. Sed absit, ut

---

[12] Die entsprechenden griechischen Begriffe sind hier νοῦς und λόγος. Νοῦς bezeichnet dabei den höheren Teil der Seele, der in der gefallenen ψυχή verblieben ist und der, vom Leib befreit, wieder zum ursprünglichen νοῦς wird. Mit λόγος bezeichnet Origenes die Teilnahme der Seele am göttlichen λόγος. Weitere Einzelheiten zu den genannten und weiteren mit ihnen im Zusammenhang stehenden Begriffen bei CROUZEL, *Anthropologie*; DUPUIS, *L'Esprit*.

[13] *ratio* und *verbum* geben hier und an den folgenden Stellen den griechischen Begriff λόγος wieder.

[14] Der Gegensatz zwischen φωνή und λόγος stellt einen Gemeinplatz

er wird nicht fallen, denn sein Haus ist „auf einen Felsen" als festem Grund erbaut (vgl. Mt 7,25; Lk 6,48). Doch hüten wir uns zu meinen, die Festigkeit des Glaubens, die Geist und Vernunft[12] gewähren, werde diesen fleischlichen Augen hier gegeben. Ungläubige mögen Vorzeichen und Mirakeln, deren das Menschenauge gewahr wird, Glauben schenken, Gläubige, die klug und stark sind, müssen der Vernunft und dem Wort[13] folgen und so unterscheiden, was wahr und was falsch ist.

4. „Wie jene uns überliefert haben, die von Anfang an Augenzeugen und Diener des Wortes gewesen sind" (Lk 1,2). Im Buch Exodus heißt es: „Das Volk sah die Stimme des Herrn" (Ex 20,18). Eine Stimme wird zwar eher gehört als gesehen, aber das steht hier deshalb so, damit uns gezeigt wird, daß jene, die Gottes Stimme zu sehen verdienen, es mit anderen Augen tun. Weiter: Im Evangelium wird nicht die Stimme wahrgenommen, sondern das Wort[14], das höher steht als die Stimme. Daher heißt es: „wie jene uns überliefert haben, die von Anfang an Augenzeugen und Diener des Wortes sind" (Lk 1,2). Die Apostel sahen also das Wort[15], nicht weil sie den Leib des Herrn und Heilandes geschaut, sondern weil sie das Wort gesehen hatten. Denn wenn Jesus dem Leibe nach gesehen zu haben bedeutete, das Wort Gottes gesehen zu haben, dann hätte Pilatus, der Jesus verurteilt hat, das Wort Gottes gesehen, und dann hätten auch Judas, der Verräter, und alle, die schrien: „Kreuzige, kreuzige ihn, hinweg mit ihm!" (Joh 19,15), das Wort Gottes gesehen. Aber fern sei, daß ein

---

der hellenistischen Philosophie dar; vgl. u. a. *Corpus Hermeticum* 1, 4–5; 12, 13 (NOCK/FESTUGIÈRE 1, 7f. 179). Ähnliche Gegenüberstellungen von *vox* und *sermo* bei ORIGENES, *hom. in Ex.* 13,2 (GCS 29, 271); *comm. in Io.* 2,32 (GCS 10, 89f).

[15] Sowohl *sermo* als auch *verbum* geben in unserem Zusammenhang das gleiche griechische Wort λόγος wieder. Weitere Parallelen bei CROUZEL, *Théologie* 5–83.

quisquam incredulus sermonem Dei videat. Videre sermonem Dei tale est, quale Salvator ait: „Qui vidit me, vidit et Patrem, qui misit me".

5. „Sicut tradiderunt nobis, qui a principio ipsi viderunt et ministri fuerunt sermonis". Clam Lucae sermonibus edocemur, quod cuiusdam doctrinae finis sit ipsa doctrina, alterius vero doctrinae finis in opere computetur. Verbi gratia: scientia geometriae finem habet ipsam tantum scientiam atque doctrinam. Alia vero scientia est, cuius finis opus exigit, velut medicina. Oportet me rationem et dogmata scire medicinae, non ut tantummodo noverim, quid debeam facere, sed ut faciam, id est, ut secem vulnera, victum moderatum castigatumque disponam, aestus febrium in pulsu venarum sentiam, ut curationibus cyclicis humorum | [9] abundantiam siccem, temperem atque restringam. Quae si quis tantum scierit et non opere fuerit subsecutus, cassa erit eius scientia. Simile quid scientiae medicinae et operi etiam in notitia ministerioque sermonis est. Unde scribitur: „sicut tradiderunt nobis, qui a principio ipsi viderunt et ministri fuerunt sermonis", ut ex eo, quod dixit: „ipsi viderunt", doctrinam et scientiam significari, ex eo vero, quod ait: „ministri fuerunt", demonstrari opera cognoscamus.

6. „Visum est et mihi subsecuto ab initio". Inculcat ac replicat, quoniam ea, quae scripturus est, non rumore cognoverit, sed ab initio ipse fuerit consecutus. Unde et ab Apostolo merito collaudatur dicente: „cuius laus in evangelio per omnes ecclesias". Hoc enim de nullo alio dicitur, nisi de Luca dictum traditur.

---

[16] Vergleiche aus dem Bereich der Medizin waren bei den Kirchenvätern sehr beliebt. Vgl. die Hinweise bei SPANNEUT, *Stoïcisme* 197–203; HARNACK, *Medicinisches*.

[17] *Doctrina/scientia* und *opera* stehen für das griechische θεωρία und πρᾶξις. Vgl. die bei SIEBEN, *Voces* s.v. angeführte Literatur.

[18] Anders als Kol 4,14, 2Tim 4,11 und Phlm 24 wird Lukas in 2Kor 8,18 nicht mit Namen genannt.

Ungläubiger das Wort Gottes sähe! Das Wort Gottes sehen, das ist von der Art, wie der Heiland sagt: „Wer mich sieht, sieht auch den Vater, der mich gesandt hat" (Joh 14,9).

5. „Wie jene überliefert haben, die von Anfang an Augenzeugen und Diener des Wortes gewesen sind" (Lk 1,2). Mittelbar lehren uns die Worte des Lukas, daß bei bestimmten Lehren das Ziel in ihnen selber zu sehen sei, bei anderen in einem Tun. So hat zum Beispiel die Geometrie als Ziel sich selbst und dieses Wissen. Aber es gibt auch ein Wissen, dessen Ziel ein Tun verlangt, zum Beispiel die Medizin. Ich soll die Wissenschaft und die Lehren der Medizin kennen, nicht nur damit ich weiß, was ich tun soll, sondern damit ich sie praktiziere, das heißt, um Wunden auszuschneiden, eine maßvolle und gezügelte Lebensweise zu verordnen, Fieberhitze am Schlag der Pulsadern festzustellen und in regelmäßiger Behandlung einen Überschuß an Blut zu entfernen, zu regulieren und einzudämmen. Wenn es hier beim bloßen Wissen bleibt und kein Tun folgt, ist alles Wissen umsonst. Ähnlich wie Wissen und Tun in der Medizin verhalten sich Kenntnis und Dienst des Wortes zueinander[16]. „Wie jene uns überliefert haben, die von Anfang an Augenzeugen und Diener des Wortes gewesen sind" (Lk 1,2), heißt es deswegen, damit wir in dem „sie sind Augenzeugen gewesen" die Lehre und das Wissen bezeichnet sehen, in dem „sie sind Diener gewesen" das Tun[17].

6. „Auch ich habe mich entschlossen, von Anfang an nachzuforschen" (Lk 1,3). Er sagt mit Nachdruck und wiederholt es, daß er, was er zu schreiben sich anschickt, nicht auf Grund von Gerüchten weiß, sondern daß er den Dingen von Anfang an nachgegangen ist. Darum lobt ihn auch der Apostel zu Recht, wenn er sagt: „Er genießt in allen Gemeinden wegen seines Evangeliums Achtung" (2 Kor 8,18)[18]. Über keinen anderen, nur über Lukas, ist ein solches Wort überliefert.

„Visum est et mihi assecuto a principio omnia diligenter
ex ordine tibi scribere, optime | Theophile“. Putet aliquis, | 10
quod ad Theophilum quempiam evangelium scripserit.
Omnes qui nos auditis loquentes, si tales fueritis, ut diliga-
mini a Deo, et vos theophili estis et ad vos evangelium
scribitur. Si quis „theophilus“ est, iste et „optimus“ et
„fortissimus“ est, hoc quippe significantius graeco sermo-
ne dicitur: κράτιστος. Nemo „theophilus“ infirmus est. Et
quomodo scriptum est de populo Israhel, quando | egredie- | 11
batur ex Aegypto, quod „non fuerit in tribubus eorum
infirmus“: sic audacter loquar, quod omnis, qui „theophi-
lus“ est, sit robustus, habens fortitudinem et robur tam a
Deo quam a sermone eius, ut cognoscere possit eorum
„verborum, quibus eruditus est, veritatem“, intellegens
sermonem evangelii in Christo: „cui est gloria et imperium
in saecula saeculorum. Amen.“

„Auch ich habe mich entschlossen, allem von Anfang an sorgfältig nachzuforschen und es in richtiger Reihenfolge für dich aufzuschreiben, bester Theophilus“ (Lk 1,3). Vielleicht meint jemand von euch, Lukas habe sein Evangelium für einen bestimmten „Freund Gottes“ (*sc.* Theophilus) geschrieben. Ihr alle jedoch, die ihr uns reden hört, seid „Freunde Gottes“, wenn ihr so seid, daß ihr von Gott geliebt werdet. Und wenn jemand „Freund Gottes“ ist, dann ist er auch „sehr gut“ und „sehr stark“, was im Griechischen treffender mit dem einen Wort κράτιστος gesagt wird. In der Tat, ein „Freund Gottes“ ist nie schwach. Und wie vom Volk Israel, als es aus Ägypten herauszog, geschrieben steht, es „sei in seinen Stämmen kein Schwächling gewesen“ (Ps 105,37), so behaupte ich jetzt kühn: Jeder „Freund Gottes“ ist stark; denn er hat von Gott und seinem Wort Kraft und Stärke, die „Wahrheit der Worte, mit denen er unterwiesen worden ist“[19], zu erkennen, indem er das Wort des Evangeliums in Christus begreift, „dem die Herrlichkeit und die Macht ist in alle Ewigkeit. Amen“ (1 Petr 4,11)[20].

---

[19] Vgl. hierzu VOGT, *Kirchenverständnis* 278 f.

[20] Origenes beschließt alle seine Homilien zum Lukasevangelium mit der gleichen aus 1 Petr 4,11 entnommenen Formel. Er bringt damit seine Absicht zum Ausdruck, durch seine Predigt Christus zu verherrlichen. Ausführliche Analyse der Schlußformeln seiner Predigten bei CROUZEL, *Les doxologies*.

Homilia II 12

De eo, quod scriptum est: „Erant autem iusti ambo in conspectu Dei, ambulantes in omnibus mandatis et iustificationibus Domini sine querela“.

1. Qui volunt peccatis suis obtendere aliquam excusationem, aestimant nullum esse absque peccato et utuntur testimonio, quod in Iob scriptum est: „nemo mundus a sorde, nec si unius quidem diei fuerit vita eius super terram; numerabiles autem menses eius“. Cuius sonum tantummodo proferunt, interpretationem penitus ignorant.

Adversus quos breviter respondebimus, quoniam absque peccato esse in scripturis dupliciter intellegatur, ut sit alterum nunquam omnino peccasse, alterum peccare desisse. Si igitur aiunt eum absque peccato dici, qui nunquam peccaverit, et nos assentimus nullum esse absque peccato, quia omnes homines aliquando peccavimus, licet postea virtutem secuti simus. Si vero sic intellegunt hominem non esse absque peccato, ut negent quempiam post vitia ita se ad virtutes referre, ut nunquam | omnino peccet, falsa | 13
eorum sententia est. Potest enim fieri, ut, qui ante peccavit, peccare desinens sine peccato esse dicatur.

2. Sic et Dominus noster Iesus Christus „exhibuit sibi gloriosam ecclesiam, non habentem maculam“, non quia ecclesiasticus vir nunquam habuerit maculam, sed quia

---

[1] Origenes war nach Teichtweier, *Sündenlehre* 99, „die Lehre von der Erbschuld aus der Geschlechterfolge Adams nicht bekannt“. Unsere Stelle bezieht sich vielmehr auf den präexistenten Sündenfall der einzelnen Seelen, Näheres ebd. 96–102.

[2] Zur Frage der Sündenlosigkeit der Gerechten vgl. Völker, *Vollkommenheitsideal* 162–168.

[3] Zum Kirchenbegriff des Origenes vgl. Vogt, *Kirchenverständnis* 81 bis 99, und differenzierter Rius-Camps, *Dinamismo trinitario* 458–466.

[4] *Vir ecclesiasticus* ist ein von Origenes und anderen Kirchenvätern relativ häufig verwendeter Begriff, um die Zugehörigkeit zur Kirche und

Homilie 2

Über die Stelle: „Es waren aber beide gerecht vor dem Angesichte Gottes und wandelten in allen Geboten und Satzungen des Herrn ohne Tadel“ (Lk 1,6).

1. Die ihre Sünden hinter einer Entschuldigung verbergen wollen, vertreten die Ansicht, keiner sei ohne Sünde, und führen als Beweis dafür an, was im Buch Ijob steht: „Keiner ist rein von Schmutz, nicht einmal dann, wenn sein Leben nur einen einzigen Tag gedauert hätte auf der Erde; seine Monate aber sind leicht zu zählen“ (Ijob 14,4 f). Von diesem Wort legen sie jedoch nichts als den äußeren Schall vor, seine wirkliche Auslegung kennen sie ganz und gar nicht.

Wir wollen ihnen kurz erwidern: „Ohne Sünde sein“ wird in der Heiligen Schrift auf zweierlei Art und Weise verstanden, zum einen als „überhaupt niemals gesündigt haben“, zum andern als „aufgehört haben zu sündigen“. Wenn sie also sagen, derjenige werde ohne Sünde genannt, der niemals gesündigt habe, so stimmen auch wir zu, daß keiner ohne Sünde sei; denn wir Menschen haben alle einmal gesündigt[1], mögen wir auch später der Tugend gefolgt sein. Wenn sie aber das Wort, daß kein Mensch ohne Sünde sei, so verstehen, daß sie leugnen, es könne einer nach Fehltritten derart wieder zu einem tugendhaften Leben zurückkehren, daß er nun überhaupt niemals mehr sündige, dann ist ihre Ansicht falsch[2]. Es kann nämlich vorkommen, daß einer, der vorher gesündigt hat, aufhört zu sündigen und man nun von ihm sagt, er sei ohne Sünde.

2. In diesem Sinne hat auch unser Herr Jesus Christus „sich eine Kirche voller Herrlichkeit bereitet, die keinen Makel hat“ (Eph 5,27)[3], nicht als ob die Glieder der Kirche[4] niemals einen Makel getragen hätten, sondern weil sie sich

---

die Gegnerschaft zur Häresie zum Ausdruck zu bringen.

nequaquam ultra maculetur; „non habentem rugam“, non quod ruga „veteris hominis“ in eo aliquando non fuerit, sed quod eam habere desierit. In hunc modum et illud, quod sequitur, est intellegendum: „ut sit sancta et immaculata“, non quod a principio „immaculata“ fuerit — hoc enim ne suspicari quidem de homine potest, quod anima eius maculosa non fuerit — sed quod reputetur pura atque sincera, quae maculari ultra desierit. Haec idcirco dicimus, ut doceremus posse hominem ob id, quod peccare desivit, vocari absque peccato et immaculatum. Unde et manifestissime de Zacharia et Elisabeth scribitur: „erant iusti ambo in conspectu Dei ambulantes in omnibus mandatis et | iustifica- 14
tionibus Domini sine querela“.

3. Diligentius laudes Zachariae et Elisabeth, quas sanctus Lucas in sua scribit historia, contemplemur, non tantum ut sciamus illos fuisse laudabiles, sed ut sanctum zelum assumentes etiam ipsi laude digni efficiamur. Potuerat simpliciter scribere: „erant iusti ambo, ambulantes in omnibus mandatis“, nunc autem necessario additur: „erant iusti ambo in conspectu Dei“. Potest quippe fieri, ut sit aliquis iustus in conspectu hominum, sed „in conspectu Dei“ non sit. Verbi gratia: quando non habet homo, quod de me mali loquatur, et in me universa considerans nihil, cui detrahat, reperit, iustus sum „in conspectu“ hominum. Finge omnes de me aequalem habere sententiam et quaerere, quid detrahant, et tamen invenire non posse, sed consono me ore laudare, iustus sum „in conspectu“ hominum plurimorum.

fernerhin in keiner Weise mehr beflecken; „ohne Runzel“ nicht darum, weil ihnen die „Runzeln“ des „alten Menschen“ (vgl. Eph 4,22; Kol 3,9) niemals angehaftet hätten, sondern weil sie aufgehört haben, solche Runzeln zu haben. So ist auch, was nun folgt, zu verstehen: „damit sie heilig und makellos sei“ (Eph 5,27), nicht darum, weil sie von Anfang an makellos gewesen wäre — daß seine Seele nie befleckt gewesen sei, kann man von einem Menschen nicht einmal vermutungsweise annehmen —, sondern weil für rein und unversehrt gilt, was aufgehört hat, sich fernerhin zu beschmutzen. Dies sagen wir, um darzutun, daß ein Mensch darum, weil er aufgehört hat zu sündigen, „ohne Sünde“ und „makellos“ genannt werden kann. Darum heißt es auch in aller Deutlichkeit von Zacharias und Elisabet: „Sie waren beide gerecht vor dem Angesichte Gottes und wandelten in allen Geboten und Satzungen des Herrn ohne Tadel“ (Lk 1,6).

3. Laßt uns noch sorgfältiger das hohe Lob betrachten, mit dem der heilige Lukas Zacharias und Elisabet in seiner Geschichte bedenkt, nicht nur damit wir wissen, daß sie tatsächlich Lob verdienten, sondern damit wir heiligen Eifer anziehen und auch selber lobenswürdig werden. Er hätte einfach schreiben können: „Sie waren beide gerecht und wandelten in allen Geboten“ (Lk 1,6), nun aber fügt er im Zusammenhang hinzu: „Sie waren beide gerecht vor dem Angesichte Gottes“ (Lk 1,6). Denn es kann ja einer gerecht sein vor dem Angesicht der Menschen, aber nicht „vor dem Angesichte Gottes“. Wenn zum Beispiel kein Mensch etwas Schlechtes über mich sagen kann, und obgleich alles, was gegen mich sprechen könnte, genau in Augenschein genommen und nichts Tadelnswürdiges gefunden wird, so bin ich gerecht „vor dem Angesichte der Menschen“. Stell dir vor, alle haben die gleiche Meinung von mir, suchen zwar, was sie tadeln könnten, und vermögen dennoch nichts zu finden, sondern loben mich übereinstimmend, so bin ich gerecht „vor dem Angesichte sehr

Verum hominum non est certum iudicium; nesciunt enim, utrum in abscon|dito cordis mei aliquando peccaverim, | 15 utrum viderim mulierem ad concupiscendum eam, et adulterium mihi in corde sit natum.

4. Ignorant homines, cum me viderint secundum vires meas eleemosynam facere, utrum propter mandatum Dei fecerim an hominum laudem favoremque quaesierim. Difficilis res est „in conspectu Dei“ iustum esse, ut non ob aliam causam quid boni facias, nisi propter ipsum bonum, et Deum tantum quaeras boni operis retributorem. Tale quid et Apostolus loquitur: „quorum laus non ex hominibus, sed ex Deo“. Beatus qui „in conspectu Dei“ iustus est atque laudabilis. Homines enim, quamvis certum iudicium habere videantur, tamen non possunt ad liquidum pronuntiare. Evenit quippe interdum, ut laudent eum, qui non est laudabilis, et ei detrahant, qui minime detractione dignus est. Solus Deus et in laude et in vituperatione iustus est iudex. | | 16

5. Unde digne et nunc additur in laude iustorum: „erant iusti ambo in conspectu Dei“. Ad tale quid et Salomon nos in Proverbiis cohortatur, dicens: „provide bona in conspectu Dei et hominum“.

Sequitur Zachariae et Elisabeth alia laudatio: „ambulantes in omnibus mandatis et iustificationibus Domini“. Quando bene et recte de aliquibus iudicamus, „in iustificationibus Domini“ gradimur; quando hoc aut illud facimus, „in mandatis“ illius ambulamus. Unde puto et sanctum Lucam, volentem eos praedicare laude perfecta, dixisse:

---

[5] Vgl. hierzu VOGT, *Kirchenverständnis* 251, Anm. 78: „Es wäre sehr seltsam, sollte Origenes bei solchen Ausführungen nicht an das Bußgericht der Kirche gedacht haben.“

[6] *Justificatio*, δικαίωμα bezeichnet bei Origenes von den *mandata* unterschiedene Vorschriften des jüdischen Gesetzes. Zur Unterscheidung von „Geboten“ *(mandata)* und „Satzungen“ *(iustificationes)* vgl. u.a. ORIGENES, *hom. in Num.* 11,1 (GCS 30, 75f).

vieler Menschen". Aber die Menschen haben kein sicheres Urteil[5]; denn sie wissen nicht, ob ich nicht doch in der Verborgenheit meines Herzens gesündigt habe, ob ich nicht eine Frau angesehen habe, um sie zu begehren, und ob ich einen Ehebruch in meinem Herzen begangen habe (vgl. Mt 5,28).

4. Die Menschen wissen nicht, wenn sie mich nach meinen Kräften Almosen geben sehen, ob ich das tue wegen des Gebotes Gottes oder ob ich die Anerkennung und den Beifall der Menschen suche (vgl. Mt 6,2–4). Keine leichte Sache ist es, „vor dem Angesichte Gottes" gerecht zu sein, daß man also aus keinem andern Grund etwas Gutes tut als wegen des Guten selbst und allein Gott sucht, der das gute Werk vergilt. So sagt auch der Apostel: „deren Ruhm nicht bei den Menschen ist, sondern bei Gott" (Röm 2,29). Selig, wer „vor dem Angesichte Gottes" gerecht und lobenswürdig ist. Obgleich die Menschen ein sicheres Urteil zu haben scheinen, vermögen sie dennoch nicht mit Gewißheit zu urteilen. Und es kommt bisweilen vor, daß sie den loben, der nicht lobenswürdig ist, und den tadeln, der ganz und gar keinen Tadel verdient. Gott allein ist in Lob wie in Tadel ein gerechter Richter.

5. Daher wird jetzt auch beim Lob der beiden Gerechten Zacharias und Elisabet hinzugefügt: „Sie waren beide gerecht vor dem Angesichte Gottes" (Lk 1,6). Zu einer solchen Haltung ermuntert uns auch Salomo im Buch der Sprichwörter, wenn er sagt: „Trage Sorge um das, was gut ist vor dem Angesichte Gottes und der Menschen!" (Spr 3,4).

Es folgt noch ein anderes lobendes Wort über Zacharias und Elisabet: „Sie wandelten in allen Geboten und Satzungen des Herrn" (Lk 1,6). Wenn wir über etwas gut und richtig urteilen, bewegen wir uns „in den Satzungen[6] des Herrn"; wenn wir dieses oder jenes tun, dann wandeln wir „in seinen Geboten". Daher, glaube ich, hat auch der heilige Lukas, da er ihnen vollkommenes Lob spenden wollte,

„erant iusti ambo, ambulantes in omnibus mandatis et iustificationibus Domini".

6. Dicat mihi quispiam: si laus ista perfecta est, quid sibi
vult hoc, quod dicitur: „sine querela"? Sufficiebat enim
dicere: „ambulantes in omnibus viis et iustificationibus
Do|mini", nisi posset fieri, ut ambulet quis in omnibus | 17
mandatis Dei, et tamen „sine querela" non ambulet. Et
quomodo potest evenire, ut „in omnibus mandatis et iusti-
ficationibus Dei" ambulans sub querela sit? Cui breviter
dicam: nisi hoc ita esset, nunquam in alio loco nosceremus
scriptum referri: „iuste id, quod iustum est, sequere". Nisi
enim esset iustum aliquid, quod non iuste sequeremur,
nequaquam nobis praeciperetur, ut iuste id, quod iustum
est, sequeremur.

7. Quando enim facimus mandatum Dei et in conscientia
nostra vanae gloriae sorde respergimur, ut pla|ceamus ho- | 18
minibus, aut alia, quaecunque non placet Deo, boni operis
causa praecedit, quamvis faciamus praeceptum Dei, tamen
illud „absque querela" non facimus et iniuste id, quod
iustum est, sequimur. Difficile ergo est ambulare „in omnibus mandatis et iustificationibus Domini sine querela", secundum testimonium et laudem Dei in Christo Iesu, quae reddenda est in die iudicii ab eo, cui „omnes nos manifestari oportet ante tribunal eius, ut recipiat unusquisque, quae per corpus gessit, sive bona, sive mala". „Omnes enim stabimus ante tribunal Dei", ut recipiamus, quod meremur in Christo Iesu: „cui est gloria et imperium in saecula saeculorum. Amen."

[7] Vgl. zu dieser Stelle ausführlicher ORIGENES, *comm. in Io.* 28,13 (GCS 10, 405).

gesagt: „Sie waren beide gerecht und wandelten in allen Geboten und Satzungen des Herrn“ (Lk 1,6).

6. Nun aber sagt vielleicht einer: Wenn dieses Lob vollkommen ist, wozu dann noch der Zusatz „ohne Tadel“? Denn tatsächlich hätte es genügt zu sagen: „Sie wandelten in allen Wegen und Satzungen des Herrn“ (Lk 1,6), wenn es nicht den Fall geben könnte, daß einer zwar „in allen Geboten Gottes wandelt“, aber dennoch nicht „ohne Tadel“. Wie soll das möglich sein, daß einer in „allen Geboten und Satzungen des Herrn“ wandelt und dennoch tadelnswert ist? Darauf will ich kurz antworten: Wenn es diesen Fall nicht geben könnte, würden wir niemals an anderer Stelle geschrieben finden: „Strebe auf rechte Weise nach dem, was recht ist“ (Dtn 16,20)[7]. Denn gäbe es gar nichts Rechtes, wonach wir auf unrechte Weise streben könnten, so würde uns durchaus nicht geboten, wir sollten auf rechte Weise nach dem streben, was recht ist.

7. Wenn wir nämlich das Gebot Gottes erfüllen, uns in unserem Gewissen aber mit dem Schmutz des eitlen Ruhmes besudeln, weil wir den Menschen gefallen wollen, oder irgendein anderer Grund, der Gott nicht gefällt, uns zu dem guten Werk bewegt, dann tun wir, obwohl wir das Gebot Gottes erfüllen, dies dennoch nicht „ohne Tadel“ und streben auf unrechte Weise nach dem, was recht ist. Schwierig also ist es zu wandeln „in allen Geboten und Satzungen des Herrn ohne Tadel“, gemäß dem Zeugnis und dem Lobe Gottes in Christus Jesus; dieses Lob erstattet am Tage des Gerichtes der, vor „dessen Richterstuhl wir alle offenbar werden müssen, damit ein jeder für das empfange, was er im Leibe getan hat, Gutes oder Böses“ (2 Kor 5,10). „Denn alle werden wir vor dem Richterstuhle Gottes stehen“ (Röm 14,10), um zu empfangen, was wir verdienen in Christus Jesus, „dem die Herrlichkeit und die Macht ist in alle Ewigkeit. Amen“ (1 Petr 4,11).

Homilia III 19

De eo, quod scriptum est: „apparuit ei angelus Domini, stans a dextris altaris incensi".

1. Quae corporalia sunt et sensu carent, ut videantur ab alio, ipsa nihil efficiunt, sed tantummodo oculus alterius intentus in ea, sive voluerint illa sive noluerint, videt, quo aciem contemplationemque direxerit. Quid enim potest homo aut alia res, quae crasso circumdatur corpore, cum in praesenti fuerit, facere, ne cernatur? E contrario ea, quae superna sunt et divina, etiam cum in praesenti fuerint, non videntur, nisi ipsa voluerint; et in voluntate eorum est videri vel non videri. Gratia Dei fuit, ut appareret Abrahae vel ceteris prophetis, non quod oculus tantum cordis Abraham in causa fuerit, ut cerneret Deum, sed quod gratia Dei ultro se adspiciendam praebuerit viro iusto.

2. Hoc autem non solum super Deo Patre intellegas, sed etiam super | Domino Salvatore et super Spiritu sancto et, | 20
ut ad minora perveniam, super Cherubim et Seraphim. Fieri enim potest, ut et nunc loquentibus nobis assistat angelus, et tamen, quia non meremur, eum videre nequeamus. Quamvis enim oculus sive corporis sive animae nostrae se ad contemplandum intendat, nisi sponte apparuerit angelus et se videndum praebuerit, ille, qui videre desiderat, non videbit. Itaque ubicunque scriptum fuerit: „apparuit Deus" illi vel illi, et ut nunc: „apparuit ei angelus Domini, stans a dextris altaris incensi", ita ut dixi intellege.

---

[1] *Oculus cordis* gibt das griechische ἡγεμονικόν wieder; vgl. Crouzel, *Anthropologie*.

[2] Zur Engellehre des Origenes vgl. Blanc, *Angélologie*.

Homilie 3

Über die Stelle: „Es erschien ihm ein Engel des Herrn; der stand auf der rechten Seite des Rauchopferaltars“ (Lk 1,11).

1. Um von anderen wahrgenommen zu werden, tun die körperlichen und sinnenlosen Dinge selber nichts, sondern, ob sie es wollen oder nicht, sobald andere nur ihre Augen auf sie richten, so sehen sie, worauf sie Blick und Betrachtung gewandt haben. Denn was könnte der Mensch oder ein anderes Wesen, das von einem groben Körper eingeschlossen ist, tun, um nicht deutlich gesehen zu werden, wenn er nun einmal gegenwärtig ist? Höhere und göttliche Wesen können im Gegensatz dazu nicht gesehen werden, auch wenn sie gegenwärtig sind, es sei denn, sie wollen es selbst; und es liegt in ihrem Willen, sich sehen zu lassen oder nicht. Daß Gott dem Abraham und den übrigen Propheten erschien, geschah aus Gnade und nicht etwa, weil das Herzensauge [1] Abrahams allein in der Lage gewesen wäre, Gott wahrzunehmen, nein, die Gnade Gottes bot sich aus freien Stücken dem gerechten Mann zum Anblick dar.

2. Das aber gilt nicht nur für Gott den Vater, sondern auch für unseren Herrn und Heiland und für den Heiligen Geist und, um zu geringeren Wesen zu kommen, für Kerubim und Serafim. Es wäre nämlich möglich, daß auch uns, die wir gerade sprechen, ein Engel zur Seite steht [2] und wir ihn dennoch nicht sehen können, weil wir es nicht verdienen. Denn obgleich das Auge unseres Leibes oder unserer Seele mit aller Anstrengung hinblickt, unser Verlangen zu sehen wird nicht erfüllt, es sei denn, der Engel erscheint aus eigenem Willen und gibt sich zu sehen. Wo immer deshalb geschrieben steht: „Gott erschien diesem oder jenem“, so wie es jetzt heißt: „Es erschien ihm ein Engel des Herrn; der stand an der rechten Seite des Rauchopferaltars“ (Lk 1,11), fasse es so auf, wie ich es erklärt habe. Ob nun dem Abraham oder dem Zacharias Gott oder ein Engel nicht

Sive Deus sive angelus Abrahae vel Zachariae, cum noluerit vel voluerit, aut non videbitur aut videbitur.

3. Et hoc non tantum in „praesenti saeculo“ dicimus, sed etiam in futuro, cum migraverimus e mundo, quod non omnibus vel Deus vel angeli appareant, quo scilicet et angelos et Spiritum sanctum et Dominum Salvatorem et ipsum Deum Patrem is, qui de corpore exierit, | statim 21 mereatur videre; sed ille tantum videbit, qui mundum habuerit cor et talem se praebuerit, ut Dei sit dignus adspectu. Et quamvis in eodem loco sint, qui mundo corde est, et is, qui adhuc aliqua sorde respergitur, unus locus nec nocere quem poterit nec iuvare, quia, qui mundum cor habuerit, Deum videbit, qui autem non talis fuerit, id quod alii cernitur non videbit.

Tale quid mihi intellegendum et de Christo, quando in corpore videbatur, quod non, quicunque eum videbant, poterant videre.

4. Videbant quippe tantum corpus illius, secundum vero quod Christus erat, eum videre non poterant. Porro discipuli eum videbant et magnitudinem divinitatis illius contemplabantur. Propter quod puto et ad Philippum, deprecantem atque dicentem: „ostende nobis Patrem, et sufficit nobis“, respondisse Salvatorem: „tanto tempore vobiscum sum, et non cognovistis me? Philippe, qui videt me, videt et Patrem“. Neque enim Pilatus, qui | videbat Iesum, intue- 22 batur Patrem nec proditor Iudas, quia nec ipse Pilatus nec Iudas Christum secundum hoc quod erat Christus videbant, nec multitudo, quae coartabat eum. Illi tantum videbant Iesum, quos adspectu suo dignos arbitrabatur.

---

[3] Zur Läuterung der Seele nach dem Tode vgl. ORIGENES, *princ.* 2, 11,6f und 3, 6,9 (451–457. 665–667 GÖRGEMANNS/KARPP) und CROUZEL, *Connaissance* 465–469.

[4] Besondere Bedeutung kommt in diesem Zusammenhang der Perikope von der Verklärung Christi zu; vgl. ORIGENES, *comm. in Mt.* 12,36f

erscheint oder erscheint, hängt vom Nichtwollen oder Wollen Gottes oder des Engels ab.

3. Und das behaupten wir nicht nur für die „gegenwärtige Welt“ (Gal 1,4), sondern auch für die künftige[3], wenn wir aus dieser Welt ausgezogen sein werden: Gott und die Engel werden nicht allen erscheinen, so als ob derjenige, der aus dem Leibe ausgegangen ist, sogleich ganz selbstverständlich einen Anspruch darauf hätte, die Engel, den Heiligen Geist, unseren Herrn und Heiland und Gott den Vater selbst zu sehen; sehen wird vielmehr nur der, der ein reines Herz hat und sich der Schau Gottes würdig erweist. Mögen sie an demselben Ort weilen, der, dessen Herz rein ist, und der, der noch immer von Schmutz befleckt ist, der Aufenthalt an einem und demselben Ort wird keinen Nachteil oder Vorteil bringen; denn wer ein reines Herz hat, wird Gott schauen, wer aber nicht, wird, was der andere klar erkennt, nicht sehen.

Etwas Ähnliches dürfte auch für Christus, als er in seinem Leib sichtbar war, anzunehmen sein: nicht alle, die ihn sahen, konnten ihn wirklich sehen[4].

4. Sie sahen zwar wohl seinen Leib; sie vermochten ihn aber nicht insofern zu sehen, als er Christus war. Die Jünger dagegen sahen ihn wirklich und schauten die Größe seiner Gottheit. Deshalb, glaube ich, hat der Heiland auch dem Philippus, als er darum bat: „Zeig uns den Vater, und es genügt uns!“ (Joh 14,8), zur Antwort gegeben: „So lange Zeit bin ich bei euch, und ihr habt mich nicht erkannt? Philippus, wer mich sieht, sieht auch den Vater“ (Joh 14,9). Ja, weder Pilatus, der Jesus äußerlich wahrnahm, sah den Vater, noch Judas, der Verräter, denn weder Pilatus noch Judas sahen Christus insofern, als er Christus war, noch tat es die Menge, die ihn umdrängte. Nur die sahen Jesus, die er seines Anblicks für würdig hielt.

(GCS 40, 151–153); vgl. dazu EICHINGER, *Verklärung Christi.*

Laboremus ergo et nos, ut et impraesentiarum nobis Deus appareat — sanctus quippe scripturarum sermo promisit: „quoniam inveniatur ab his, qui non tentant eum, appareat autem his, qui non sunt increduli in eum“ — et in futuro saeculo non abscondatur a nobis, sed videamus eum „facie ad faciem“ et habeamus fiduciam bonae vitae fruamurque conspectu omnipotentis Dei in Christo Iesu et Spiritu sancto: „cui est gloria et imperium in saecula saeculorum. Amen.“

Geben wir uns also Mühe, daß Gott sich uns jetzt schon offenbare — denn das Wort der Heiligen Schrift verspricht: „Gott will sich finden lassen von denen, die ihn nicht versuchen, und erscheinen denen, die ihm nicht mißtrauen" (Weish 1,2) —, daß Gott sich in der künftigen Welt vor uns nicht verberge, sondern wir ihn sehen „von Angesicht zu Angesicht" (1 Kor 13,12) und Zuversicht haben auf das selige Leben und uns erfreuen an der Schau des allmächtigen Gottes in Christus Jesus und dem Heiligen Geist, „dem die Herrlichkeit und die Macht ist in alle Ewigkeit. Amen" (1 Petr 4,11).

HOMILIA IV 23

De eo, quod scriptum est: „Ne timeas, Zacharia“, usque ad eum locum, ubi ait de Ioanne: „praecedet coram ipso in spiritu et virtute Heliae“.

1. Zacharias, cum angelum vidisset, expavit. Nova quippe facies humanis obtutibus se praebens turbat mentem animumque consternat. Unde angelus, sciens hanc humanam esse naturam, primum perturbationi medetur dicens: „noli timere, Zacharia“, et trepidantem refocillat novoque laetificat nuntio inferens: „exaudita est oratio tua, et uxor tua Elisabeth pariet filium, et vocabis nomen eius Ioannem; et erit tibi gaudium et exsultatio“. Quando iustus quis oritur in mundo et stadium huius vitae ingreditur, ministri nativitatis eius laetantur et se in sublime efferunt. Quando vero ille nascitur, qui malae vitae praeparatus est et quasi ob poenas in ergastulum relegatus, minister consternatur et concidit.

2. Vis exemplum accipere sancti viri, cuius | omnis fruc- 24
tus in laude sit? Vide Iacob duodecim genuisse mares, qui omnes populi Dei et partis illius patriarchae et principes exstiterunt: in his omnibus Iacob laetabatur pater, sicut et nunc de Ioannis nativitate cunctis gaudium nuntiatur; et qui semel ob utilitatem aliorum ad liberorum opera descenderit et se voluerit huic ministerio mancipare, obsecret Deum, ut talis ei filius ingrediatur saeculum, super cuius

---

[1] Aus dem größeren Kontext des eindeutigen Eintretens des Origenes für die Willensfreiheit des Menschen darf die vorliegende Stelle nicht im Sinne einer Prädestination des menschlichen Lebens durch Gott verstanden werden. Zur Lehre des Origenes über die menschliche Willensfreiheit vgl. ORIGENES, *princ.* 3,1 (463–561 GÖRGEMANNS/KARPP) und KOCH, *Pronoia* 280–291; HOLZ, *Begriff des Willens.*

[2] Vgl. Dtn 32,9. ORIGENES, *hom. in Num.* 11,7 (GCS 30,88f), wird die symbolische Bedeutung männlicher Nachkommen im Gegensatz zu weiblichen entfaltet.

[3] Zur Einstellung des Origenes gegenüber Ehe und Ehelosigkeit vgl.

Homilie 4

Über die Stelle: „Fürchte dich nicht, Zacharias" bis dorthin, wo es von Johannes heißt: „Er wird ihm im Geiste und in der Kraft des Elija vorausgehen" (Lk 1,13–17).

1. Als Zacharias den Engel sah, erschrak er. Eine fremde Gestalt, die sich menschlichen Blicken zeigt, verwirrt nämlich den Geist und versetzt ihn in Bestürzung. Daher hilft der Engel, der die Natur des Menschen kennt, zuerst der Verwirrung ab mit den Worten: „Fürchte dich nicht, Zacharias" (Lk 1,13), bringt den Zitternden wieder zu sich und erfreut ihn mit einer neuen Botschaft, indem er sagt: „Dein Gebet ist erhört worden; deine Frau Elisabet wird einen Sohn gebären, und du sollst ihm den Namen Johannes geben; und Freude und Jubel werden dich erfüllen" (Lk 1,13f). Wenn ein Gerechter auf diese Welt kommt und die Bahn dieses Lebens betritt, freut sich, wer bei seiner Geburt geholfen hat, und jubelt auf. Wird aber jemand geboren, der für ein schlimmes Leben vorgesehen und der Strafe halber wie in ein Gefängnis eingeliefert wird [1], dann ist der Helfer bedrückt und ohne Mut.

2. Willst du ein Beispiel für einen heiligen Mann, dessen gesamte Nachkommenschaft Ruhm genießt? Siehe, Jakob hat zwölf männliche Nachkommen gezeugt [2], die allesamt zu Patriarchen und Führern des Volkes Gottes und seines Erbes geworden sind. Über sie alle freute sich ihr Vater Jakob, so wie auch jetzt mit der Geburt des Johannes allen eine Freude verkündet wird. Und wer sich einmal um des Nutzens willen, den andere davon haben, zum Zeugen von Kindern entschließt und sich diesem Dienst verschreiben will [3], der flehe Gott an, es möge ihm ein Sohn geboren werden, über dessen Geburt er sich herzlich freuen kann.

---

die Zusammenstellung von Texten bei MUNIER, *Ehe und Ehelosigkeit* 108–147, und ebd. XLII-XLV die Zusammenfassung über Origenes. Grundlegendes zum Thema bietet CROUZEL, *Virginité*.

nativitate laetior sit. Scribitur ergo de Ioanne: „erit magnus in conspectu Domini“. Hoc, quod dicitur: „erit magnus in conspectu Domini“, magnitudinem animae Ioannis ostendit, quae oculis Dei pateat. Est aliquid minus, quod proprie in animae virtute conspicitur.

3. Ego ita intellego et illud, quod in evangelio dicitur: „nolite contemnere unum de minimis istis“, qui in ecclesia sunt. „Minimus“ ibi ad distinctionem maioris intellegitur. Non mihi praecipitur, ut eum, qui grandis est, non contem|nam, quia non potest contemni ille, qui grandis est, sed | 25
dicitur mihi: „ne contemnas unum ex minimis“. Ut autem scias, quod „minimus“ et „parvus“ non fortuito dicatur, sed cum ea ratione, quam posuimus, scriptum est: „quicunque scandalizaverit unum de minimis istis“. „Minimus“ scandalizatur, grandis scandalum non potest sustinere.

4. Sequitur de Ioanne: „et Spiritu sancto replebitur adhuc de utero matris suae“. Et nativitas Ioannis plena miraculo est. Quomodo enim Domini nostri et Salvatoris adventum Archangelus nuntiavit, ita et Ioannis ortum Archangelus nuntiat. „Spiritu sancto replebitur adhuc de utero matris suae“. Populus Iudaeorum facientem Dominum nostrum „signa atque portenta“ et curantem infirmitates | eorum nequaquam videbat; Ioannes vero adhuc in | 26
matris utero constitutus exsultat et teneri non potest, et ad adventum matris Iesu de utero gestit erumpere. „Ecce enim“, ait Elisabeth, „ut facta est salutatio tua in aures meas, exsultavit in gaudio infans in utero meo“. Adhuc in utero matris erat Ioannes et iam Spiritum sanctum accepe-

---

[4] Die „Geringsten“ sind Christen, die noch nicht zu einer vollkommenen Erkenntnis Gottes gelangt sind; vgl. ORIGENES, *comm. in Mt.* 13,14–19 (GCS 40, 213–233).

Es heißt also von Johannes: „Er wird groß sein vor dem Angesichte des Herrn“ (Lk 1,15). Dieses Wort „Er wird groß sein vor dem Angesichte des Herrn“ (Lk 1,15) weist hin auf die Seelengröße des Johannes, die offenliegt vor den Augen Gottes. Es kommt nämlich auch vor, daß Seelen geringer sind, gemeint ist: an Tugend.

3. Ich für meine Person verstehe so auch das Wort des Evangeliums: „Verachtet nicht einen von diesen Geringsten“, die in der Kirche sind (Mt 18,10). „Geringster“ bezieht sich hier auf den Unterschied zum „Größeren“. Mir wird hier nicht geboten, den, der groß ist, nicht zu verachten; denn wer groß ist, kann gar nicht verachtet werden; sondern es wird mir gesagt: „Verachte nicht einen von den Geringsten!“ (Mt 18,10). Damit du aber siehst, daß es nicht von ungefähr „Geringster“ oder „Kleiner“ heißt, sondern aus dem Grund, den wir angeführt haben, steht geschrieben: „Wer immer einen von diesen Geringsten zum Bösen verführt“ (Mt 18,6). Ein „Geringster“ wird zum Bösen verführt, ein Großer kann gar nicht zum Bösen verführt werden[4].

4. Weiter wird von Johannes gesagt: „Und er wird vom Heiligen Geist erfüllt sein schon vom Mutterschoß an“ (Lk 1,15). Auch die Geburt des Johannes ist begleitet von Wundern. Wie nämlich ein Erzengel die Ankunft unseres Herrn und Heilandes angezeigt hat, so verkündet auch die Geburt des Johannes ein Erzengel: „Er wird vom Heiligen Geist erfüllt sein schon vom Mutterschoß an“ (Lk 1,15). Das Volk der Juden sah nicht, wie unser Herr „Zeichen und Wunder“ (vgl. Joh 4,48) wirkte und ihre Krankheiten heilte (vgl. Lk 5,15), Johannes aber, gerade erst im Mutterschoß gebildet, jubelt auf, kann nicht an sich halten und verlangt bei der Ankunft der Mutter Jesu heftig danach, aus dem Schoße herauszustürmen. „Denn siehe“, sagt Elisabet, „als dein Gruß mir ans Ohr drang, bewegte sich vor Freude das Kind in meinem Schoße“ (Lk 1,44). Gerade erst war Johannes im Schoße seiner Mutter, und schon hat er den Heiligen

rat. Non enim illud principium erat substantiae eius atque naturae.

5. Deinde scriptura loquitur, quod „plurimos filiorum Israhel convertet ad Dominum Deum ipsorum". Ioannes „plurimos" convertit, Dominus autem non plures, sed omnes. Hoc opus illius est, ut | omnes convertat ad Deum | 27
Patrem. „Et praecedet coram Christo in spiritu et virtute Heliae". Non ait: in anima Heliae, sed: „in spiritu et virtute Heliae". Fuit in Helia virtus et spiritus, sicut in omnibus prophetis, et secundum dispensationem corporis in ipso quoque Domino Salvatore, de quo post paululum ad Mariam dicitur: „Spiritus sanctus superveniet in te et virtus Altissimi obumbrabit tibi". Spiritus ergo, qui fuerat in Helia, venit in Ioannem, et virtus, quae in illo erat, in hoc quoque apparuit. Ille translatus est, hic vero praecursor Domini fuit et mortuus est ante | eum, ut et ad inferna | 28
descendens illius praedicaret adventum.

6. Ego puto, quod sacramentum Ioannis usque hodie expleatur in mundo. Quicunque crediturus est in Christum Iesum, ante spiritus et virtus Ioannis ad animam illius venit et „praeparat Domino populum perfectum", et in cordis asperitatibus planas facit vias et dirigit semitas. Non illo tantum tempore praeparatae sunt viae et directae semitae, sed usque hodie adventum Domini Salvatoris spiritus Io-

---

[5] Der Satz ist gegen die Gnostiker, zumal die Valentinianer, gerichtet und leugnet die Gleichwesentlichkeit Johannes' des Täufers bzw. des Pneumatikers mit dem göttlichen Geist. Der Pneumatiker im kirchlichen Sinn ist nicht unmittelbar aus dem Heiligen Geist geboren, sondern er empfängt diesen Geist erst später hinzu. — RUFIN hat die Stelle zum Anlaß genommen, HIERONYMUS allzu große Freiheit beim Übersetzen vorzuwerfen; vgl. RUFIN VON AQUILEIA, *apol. adv. Hier.* 2,31 (CCL 20,106): *... dicis quod non erat hoc principium substantiae eius, et de tuo addidisti: „atque naturae"*. Die Stelle spricht aber eher für die Zuverlässigkeit des HIERONYMUS als Übersetzer.

[6] Mit der betonten Unterscheidung zwischen *spiritus* und *anima* grenzt sich Origenes gegen die auch sonst von ihm abgelehnte Lehre von der Metempsychose, der Seelenwanderung, ab: Johannes tritt nicht „in der

Geist empfangen. In der Tat, dieser war nicht der Ursprung seiner Existenz und seiner Natur[5].

5. Weiterhin sagt die Schrift, er werde „sehr viele von den Söhnen Israels zum Herrn, ihrem Gott, bekehren" (Lk 1,16). Johannes bekehrt „sehr viele", der Herr aber nicht etwa eine größere Zahl, sondern alle. Das ist die Aufgabe des Herrn, alle zu Gott, dem Vater, zu bekehren. „Und er wird Christus vorausgehen im Geiste und in der Kraft des Elija" (Lk 1,17). Es heißt nicht „in der Seele des Elija", sondern „im Geiste[6] und in der Kraft des Elija" (Lk 1,17). Es wohnten in Elija Kraft und Geist wie in allen Propheten und wie auch in unserem Herrn und Heiland, als er Fleisch wurde[7], über den wenig später zu Maria gesagt wird: „Der Heilige Geist wird über dich kommen und die Kraft des Höchsten wird dich überschatten" (Lk 1,35). Der Geist also, der in Elija gewesen war, kam auf Johannes, und die Kraft, die in jenem war, erschien auch in diesem. Jener wurde entrückt, dieser aber wurde der Vorläufer des Herrn und starb vor ihm, um auch noch ins Reich der Toten hinabzusteigen und seine Ankunft anzukündigen.

6. Ich für meine Person halte dafür, daß das Geheimnis des Johannes[8] sich bis heute in der Welt vollzieht. Wer immer an Christus Jesus glauben wird, in dessen Seele kommt zunächst „der Geist und die Kraft" des Johannes „und bereitet dem Herrn ein vollendetes Volk" (Lk 1,17) und macht in den Unebenheiten des Herzens eben die Wege und gerade die Pfade (vgl. Lk 3,4). Nicht zu jener Zeit allein wurden die Wege bereitet und die Pfade gerade gemacht, sondern bis heute geht „der Geist und die Kraft"

Seele", sondern „im Geist des Elija" auf. Vgl. zur Frage der Seelenwanderung bei Origenes u. a. BIANCI, *Soul*.

[7] Das im Lateinischen hier vorkommende Wort *dispensatio* gibt das griechische οἰκονομία wieder; vgl. hierzu die bei SIEBEN, *Voces* s.v. angegebene Literatur.

[8] Zum „Geheimnis des Johannes" vgl. DANIÉLOU, *Origène* 243–247.

annis virtusque praecedit. O magna mysteria Domini et dispensationis eius! Angeli praecurrunt Iesum, angeli cotidie aut adscendunt aut descendunt super salutem hominum in Christo Iesu: „cui est gloria et imperium in saecula saeculorum. Amen.“

des Johannes der Ankunft unseres Herrn und Heilandes voraus. O große Geheimnisse des Herrn und seiner Heilsordnung! Engel sind Vorläufer Jesu, Engel steigen täglich auf und ab über dem Heil der Menschen in Christus Jesus (vgl. Joh 1,51), „dem die Herrlichkeit und die Macht ist in alle Ewigkeit. Amen" (1 Petr 4,11).

Homilia V 29

De eo, quod Zacharias obmutuit.

1. Zacharias sacerdos, cum in templo offert incensum, silentio condemnatur et reticet, immo tantum nutibus loquitur, et mutus usque ad ortum Ioannis filii perseverat.

Quo haec tendit historia? Silentium Zachariae silentium prophetarum est in populo Israhel. Nequaquam loquitur eis Deus, et „sermo, qui a principio erat apud Patrem Deus“, ad nos transiit, nobisque non tacet Christus, apud illos usque hodie silet: quamobrem et Zacharias propheta tacuit. Manifestissime etenim ex sermonibus ipsius comprobatur, quod et propheta fuerit et sacerdos. Quid sibi vult autem hoc, quod sequitur: „annuebat eis“ et damnum vocis | nutibus compensabat? Ego puto talia esse opera, 30 quae absque sermone atque ratione nihil nutibus differunt. Ubi vero ratio et sermo praecesserit et ita opus fuerit subsecutum, non debent existimari simplices nutus, qui ornantur sermone atque ratione.

2. Si igitur videris conversationem Iudaeorum sine ratione atque sermone, ita ut non queant eorum, quae agunt, rationem reddere, intellege id, quod tunc in Zacharia processit in imagine, in illis hucusque compleri.

Circumcisio eorum nutibus similis est. Nisi enim circumcisionis ratio reddatur, nutus est circumcisio et opus mutum. Pascha et aliae sollemnitates nutus magis sunt quam veritas. Usque hodie populus Israhel surdus et mutus

---

[1] Zum Verhältnis des Origenes zu den Juden und Israel vgl. SGHERRI, *Chiesa e sinagoga*.

[2] *Ratio* und *sermo* stehen wiederum für das griechische λόγος. Origenes hat mehrmals die jüdischen Festvorschriften kommentiert, vgl. u.a. ORIGENES, *hom. in Num.* 23 (GCS 30, 210–223); *comm. in Io.* 10, 15–18 (GCS 10, 185–189).

[3] *Veritas* ist hier als Gegenbegriff zu *typus*, d.h. Vorausbild, zu verstehen: Seit die Wahrheit mit Christus gekommen ist, haben die Vorausbilder keinen Sinn mehr in sich selbst.

Homilie 5

Über die Stummheit des Zacharias (Lk 1,18–23).

1. Als der Priester Zacharias das Rauchopfer im Tempel darbringt, wird er zum Schweigen verurteilt, und er verstummt, genauer gesagt, er spricht nur noch mit Hilfe von Gesten. Er bleibt stumm bis zur Geburt seines Sohnes Johannes.

Worauf will diese Geschichte hinaus? Das Schweigen des Zacharias bedeutet das Schweigen der Propheten im Volke Israel[1]. Gott spricht zu ihnen auf keinerlei Weise mehr, zu uns dagegen kam „das Wort, das beim Vater von Anfang an Gott war" (Joh 1,1). Uns gegenüber schweigt Christus nicht, unter ihnen aber ist er bis heute stumm geblieben. Deswegen fing Zacharias, der Prophet, an zu schweigen. Daß er Prophet genauso wie Priester war, geht nämlich aus seinen eigenen Worten aufs klarste hervor. Was aber soll das folgende heißen: „Er gab ihnen Zeichen" und ersetzte die fehlende Stimme durch Gesten? Meiner Meinung nach gibt es Handlungen, die, weil das Wort und die Vernunft[2] fehlen, sich in nichts von (leeren) Gesten unterscheiden. Wo jedoch Handlungen erfolgen, denen die Vernunft und das Wort vorausgegangen sind, da dürfen sie, ausgestattet mit dem Wort und der Vernunft wie sie sind, nicht als leere Gesten betrachtet werden.

2. Wenn du also siehst, wie die Juden ohne die Vernunft und das Wort (nach dem Gesetz) wandeln und ihr Tun nicht rechtfertigen können, dann begreife, daß das, was damals bei Zacharias sich im Vorausbild ereignete, bei ihnen bis heute in Erfüllung geht.

Ihre Beschneidung ähnelt (leeren) Gesten. Wenn man nämlich den Sinn der Beschneidung nicht angibt, dann ist sie eine leere Geste und eine stumme Verrichtung. Das Pascha und die anderen Feste sind eher leere Gesten als Wahrheit[3]. Bis zum heutigen Tag ist das Volk Israel taub

est; neque enim poterat fieri, ut non surdus esset et mutus, qui a se sermonem abiecerat.

3. Et olim quidem Moyses | loquebatur: „ego autem I 31
ἄλογος sum" — quod licet aliter latinus expresserit, tamen proprie transferri potest: „absque sermone sive ratione" —, et postquam hoc ait, accepit rationem sive sermonem, quem confessus fuerat se antea non habere. Populus autem Israhel in Aegypto, priusquam legem acciperet, absque sermone et ratione quodammodo mutus erat; deinde accepit sermonem, cuius imago fuit Moyses. Iste igitur non confitetur modo, quod tunc confessus est Moyses, eo quod sit mutus et ἄλογος, sed nutibus et silentio indicat se non habere sermonem et non habere rationem. Nonne tibi videtur confessio esse stultitiae, quando nullus eorum potest legalium praeceptorum et prophetici vaticinii rationem reddere?

4. Cessavit esse Christus in eis, reliquit eos sermo, completum est illud, quod in Isaia scribitur: „relinquetur filia Sion sicut tabernaculum in vinea, et ut custodia in cucumerario, ut civitas, quae expugnatur". Quibus relictis salus translata est ad nationes, ut illi concitentur ad zelum.

Intuentes ergo dispensationem et arcanum Dei, quomodo Israhel abiectus sit in salutem nostram, cavere debemus, ne forte et illi nostri causa eiecti sint et nos maiori supplicio digni simus, propter quos et alii derelicti sunt, et nos nihil dignum adoptione Dei et eius clementia fecerimus, qua adoptavit nos et in suos filios reputavit in Christo Iesu: „cui est gloria et imperium in saecula saeculorum. Amen."

---

[4] Vgl. hierzu ORIGENES, *hom. in Ex.* 3,1 (GCS 29,161f).

[5] Im Hintergrund steht hier Röm 9–11; vgl. hierzu SGHERRI, *Chiesa e sinagoga* 433–444.

und stumm. Unmöglich konnte es nicht taub und stumm sein, wo es doch das Wort abgewiesen hatte.

3. Mose hatte vordem gesagt: „ich aber bin ein ἄλογος" (Ex 4,10)[4] — auf Latein muß man das zwar etwas anders wiedergeben, aber es kann wörtlich übertragen werden mit „ohne Wort oder Vernunft" —, und nachdem er das gesagt hatte, empfing er die Vernunft oder das Wort, die ihm, wie er bekannt hatte, vordem fehlten. Das Volk Israel war in Ägypten, bevor es das Gesetz empfangen hatte, ohne Wort und Vernunft gewissermaßen stumm. Dann empfing es das Wort, dessen Vorausbild Mose war. Das Volk bekennt aber heute nicht, was damals Mose bekannt hatte, nämlich daß es stumm und ἄλογος ist, sondern zeigt durch seine leeren Gesten und sein Schweigen an, daß es das Wort nicht hat und auch nicht die Vernunft. Oder scheint es dir nicht ein Eingeständnis von Unvernunft zu sein, wenn keiner von ihnen den Sinn der Gesetzesvorschriften und der prophetischen Weissagungen angeben kann?

4. Christus hörte auf, bei ihnen zu sein, das Wort hat sie verlassen, und es ging in Erfüllung, was bei Jesaja steht: „Wie ein Zelt im Weinberg, wie ein Häuschen im Gurkenfeld, wie eine Stadt, die man bezwingt, so wird man verlassen die Tochter Zion" (Jes 1,8). Sie wurden verlassen, das Heil aber ging an die Völker über, damit die Juden zum Eifer angestachelt würden[5].

Wenn wir also den geheimnisvollen Heilsplan Gottes betrachten, wie Israel zu unserem Heil verworfen wurde, dann müssen wir selber auf der Hut sein, daß nicht jene unseretwegen der Verwerfung verfielen, wir selbst uns aber, deretwegen die andern doch verworfen wurden, eine noch härtere Strafe zuziehen. (Wir müssen schauen), daß wir Taten vollbringen, die seiner Milde und der Sohnesannahme, mit der Gott uns in Christus Jesus zu seinen Söhnen machte, würdig sind, ihm, „dem die Herrlichkeit und die Macht ist in alle Ewigkeit. Amen" (1 Petr 4,11).

Homilia VI 32

De eo, quod scriptum est: „Cum autem concepisset Elisabeth, abscondebat se“, usque ad eum locum, ubi ait: „Hic erit magnus“.

1. Quando concepit Elisabeth, „abscondebat se mensibus quinque, dicens: quia sic mihi fecit Dominus in diebus, quibus respexit auferre opprobrium meum in hominibus“. Quaero quam ob causam, postquam intellexit se esse praegnantem, publicum declinarit? Nisi fallor, haec est: Etiam hi, qui nuptiis copulati sunt, non omne tempus coitus liberum inter se habent, sed est tempus, quando recedunt ab opere nuptiarum. Si enim vir senex fuerit et mulier anus, pudoris est maximi servire eos libidini, servire coniugio, quae carie corporis et senecta et Dei videntur voluntate sublata. Haec autem, quia ad sermonem angeli et dispensationem Dei rursum viro fuerat copulata, erubescebat, quod anus et pene decrepita ad opus iuvenum rever|tisset. | 33

2. Unde et „abscondebat se mensibus quinque“, non usque ad nonum mensem, donec partus ingrueret, sed usque quo conciperet et Maria. Quando enim illa concepit et venit ad eam et „facta est salutatio in aures“ eius, „exsultavit in gaudio infans in utero“ Elisabeth, et <Elisabeth> prophetavit et „Spiritu sancto“ plena ea locuta est, quae evangelicus sermo describit. Et diffamata sunt „per omnem montanam verba haec“. Quando enim in populo rumor egressus est habere eam in utero prophetam et maius esse homine, quod gestabat, tunc non absconditur, sed tota

---

1 Vgl. die zu *hom. in Luc.* 4,2 angegebene Literatur.

Homilie 6

Über die Stelle: „Nachdem aber Elisabet empfangen hatte, verbarg sie sich" bis dorthin, wo es heißt: „Dieser wird groß sein" (Lk 1,24–32).

1. Als Elisabet empfangen hatte, „verbarg sie sich fünf Monate lang, indem sie sagte: So handelte an mir der Herr in den Tagen, in denen er darauf schaute, von mir zu nehmen die Schande in den Augen der Menschen" (Lk 1,24f). Ich frage mich, warum sie die Öffentlichkeit mied, als ihr klar war, daß sie schwanger war. Wenn ich mich nicht täusche, hat es damit folgende Bewandtnis: Selbst solchen, die durch die Ehe miteinander verbunden sind, steht ja nicht alle Zeit für den ehelichen Verkehr zu Gebote, sondern es gibt eine Zeit, wo sie vom ehelichen Verkehr Abstand nehmen. Ist nämlich der Mann bejahrt und die Frau alt geworden, dann schämt man sich zu sehr, der geschlechtlichen Lust nachzugehen und die Ehe miteinander zu vollziehen; dies alles ist vorbei wegen des welken Leibes, des Alters und des Willens Gottes. Elisabet hatte sich gemäß dem Wort des Engels und dem Heilsplan Gottes mit ihrem Manne vereinigt und errötete jetzt, weil sie als alte und am Ende ihrer Tage stehende Frau zu solchem Tun ihrer jungen Jahre zurückgekehrt war[1].

2. Deshalb „verbarg sie sich fünf Monate lang"; allerdings nicht bis zum neunten Monat, bis zur Zeit ihrer Niederkunft, sondern bis zu dem Zeitpunkt, da auch Maria empfing. Als diese nämlich empfing und zu ihr kam und ihr „Gruß an ihr Ohr drang", „da jubelte das Kind voll Freude im Schoße" (Lk 1,44) der Elisabet, und [Elisabet] begann prophetisch zu reden. Und voll des Heiligen Geistes sprach sie, was das Wort des Evangeliums berichtet. Und es verbreiteten sich „diese Worte durch das ganze Gebirge" (Lk 1,65). Als nämlich unter dem Volk das Gerücht aufkam, sie trage in ihrem Schoß einen Propheten und Größeres als einen Menschen, da verbirgt sie sich nicht

libertate se prodit et exsultat habere se in utero praecursorem Salvatoris. | | 34

3. Deinde scriptura commemorat, quod „mense sexto“ conceptus Elisabeth „missus“ sit „angelus Gabriel a Deo in civitatem Galilaeae, cuius nomen Nazareth, ad virginem desponsatam viro, cui nomen Ioseph de domo David; et nomen virginis Maria“. Rursum in mea mente volvens quaero, quare Deus, cum semel Salvatorem iudicaret nasci ex „virgine“, non elegerit puellam absque sponso, sed eam potissimum, quae iam fuerat „desponsata“. Et nisi fallor, haec causa est: Debuit de ea virgine nasci, quae non solum sponsum haberet, sed, ut Matthaeus scribit, iam viro tradita fuerat, licet eam vir necdum nosset, ne turpitudinem virginis habitus ipse monstraret, si virgo videretur utero tumenti.

4. Unde eleganter in cuiusdam martyris epistola scriptum repperi, Ignatium dico, episcopum Antiochiae post Petrum secundum, qui in persecutione Romae | pugnavit | 35 ad bestias: „principem saeculi huius latuit virginitas Mariae“; latuit propter Ioseph, latuit propter nuptias, latuit quia habere virum putabatur. Si enim non habuisset sponsum et, ut putabatur, virum, nequaquam potuisset „principi mundi huius“ abscondi. Statim enim cogitatio diabolo tacita subrepsisset: quomodo ista, quae non concubuit cum viro, praegnans est? debet iste conceptus esse divinus, debet aliquid humana natura esse sublimius. E contrario

---

[2] Vgl. hierzu CAMPENHAUSEN, *Jungfrauengeburt*, ebd. 44–48 über Origenes.

[3] IGNATIUS VON ANTIOCHIEN, *Eph.* 19, 1. Vgl. SCHLIER, *Religionsgeschichtliche Untersuchungen* 5–32 (gnostische Parallelen zum verborgenen *descensus* des Erlösers); PAULSEN, *Briefe des Ignatius* 43f.

[4] Im Zusammenhang handelt es sich um das Motiv des getäuschten Teufels; vgl. ANDRESEN, *Erlösung* 196f; vgl. auch RIVIÈRE, *Le droit* 113.139; AULÉN, *Christus Victor* 67–90. Christus hatte eine legitime Rechtsforderung des Teufels abzugelten, wobei dieser allerdings getäuscht wurde. Auf die Spitze getrieben wurde dieser Gedanke durch

mehr, sondern zeigt sich in aller Freiheit und jubelt darüber, in ihrem Schoß den Vorläufer des Heilandes zu tragen.

3. Daraufhin erwähnt die Schrift, daß „im sechsten Monat“ der Schwangerschaft Elisabets „der Engel Gabriel von Gott in eine Stadt Galiläas gesandt wurde, die Nazaret hieß, zu einer Jungfrau, die verlobt war mit einem Manne, der Josef hieß und dem Haus Davids entstammte; und der Name der Jungfrau war Maria“ (Lk 1,26f). Indem ich auch dies in meinem Geist hin und her wende, frage ich mich, warum Gott wohl, wo er doch schon beschlossen hatte, daß der Heiland aus einer Jungfrau geboren werden sollte[2], nicht ein unverlobtes Mädchen auswählte, sondern gerade diese nahm, die schon verlobt war. Und wenn ich mich nicht täusche, ist dies der Grund dafür: Er mußte von einer Jungfrau geboren werden, die nicht nur einen Verlobten hatte, sondern schon, wie Matthäus schreibt, einem Mann übereignet worden war, der sie freilich noch nicht erkannt hatte, damit die Schwangerschaft, wenn sie sichtbar würde, der Jungfrau keine Schande brächte.

4. Im Brief eines Märtyrers — ich rede von Ignatius, dem zweiten Bischof von Antiochia nach Petrus, der bei der Verfolgung in Rom gegen wilde Tiere zu kämpfen hatte — fand ich folgende sehr treffende Aussage: „Die Jungfräulichkeit Marias war dem Herrscher dieser Welt verborgen“[3]; sie blieb verborgen wegen Josef, sie blieb verborgen wegen der Hochzeit, sie blieb verborgen, weil man glaubte, Maria habe einen Mann. Hätte sie keinen Verlobten und niemand gehabt, den man für ihren Mann hielt, dann hätte sie vor „dem Herrscher dieser Welt“ (vgl. Joh 12,31; 1 Kor 2,6) keineswegs verborgen bleiben können[4]. Sofort hätte sich beim Teufel der Gedanke heimlich eingeschlichen: wie kann sie, die sich doch mit keinem Mann vereinigt, schwanger sein? Es muß sich um eine göttliche Empfängnis handeln, etwas, was über die menschliche Natur hinausgeht.

GREGOR VON NYSSA, *orat. cat.* 22–26.

disposuerat Salvator dispensationem suam et assumptionem corporis ignorare diabolum; unde et in generatione sua celavit eum et discipulis postea praecipiebat, „ne manifestum eum facerent“.

5. Et cum ab ipso diabolo tentaretur, nusquam confessus est Dei se esse filium, sed tantummodo respondebat: non oportet, ut adorem te, nec ut lapides istos panes faciam, nec ut me de alto praecipitem. Et cum ista diceret, tacuit semper se esse filium Dei. Quaere et in alia scriptura, et | reperies 36
voluntatis Christi fuisse, ut adventum filii Dei diabolus ignoraret. Apostolus enim passionem eius asserens nescisse contrarias fortitudines ait: „sapientiam loquimur inter perfectos, sapientiam autem non saeculi huius, neque principum saeculi huius, qui destruuntur; sed loquimur Dei sapientiam in mysterio absconditam, quam nullus principum huius saeculi cognovit. Si enim cognovissent, nunquam Dominum gloriae crucifixissent“. Absconditum igitur fuit a principibus huius saeculi mysterium Salvatoris.

6. Quod autem e contrario obici potest, solvendum mihi videtur, antequam ab alio proponatur, qua ratione, quod principes huius saeculi latuit, daemonem non latuit, qui in evangelio loquebatur: „venisti huc ante tempus torquere nos? scimus te, quis sis, filius Dei“. Sed considera, quia minor in malitia noverit Salvatorem; qui vero maior est in scelere et versipellis et nequam, ex eo ipso, quod in malo maior est, impeditur nosse filium | Dei. Nos quoque ipsi, 37
si minus habuerimus mali, facilius possumus ad virtutem

Der Heiland hatte indessen dafür Sorge getragen, daß der Teufel den Heilsplan und die Annahme eines Leibes nicht in Erfahrung brachte. Deshalb ließ er ihn auch im unklaren über seine Zeugung und wies später seine Jünger an, „ihn nicht offen bekannt zu machen“ (Mt 12,16).

5. Und auch als er vom Teufel versucht wurde, ließ er ihn nicht wissen, daß er der Sohn Gottes sei, sondern gab lediglich zur Antwort: Es gehört sich nicht, daß ich dich anbete, daß ich jene Steine in Brot verwandle und daß ich mich von der Anhöhe herabstürze (vgl. Lk 4,3–13). Und indem er so antwortete, verschwieg er ihm ständig, daß er der Sohn Gottes sei. Du kannst auch andere Schriftstellen daraufhin untersuchen, und du wirst finden, daß es der Wille Christi war, den Teufel über die Ankunft des Sohnes in Unkenntnis zu lassen. So betont denn auch der Apostel, daß die feindlichen Mächte das Leiden Christi nicht erkannt haben, und sagt: „Wir verkünden die Weisheit unter den Vollkommenen, eine Weisheit allerdings nicht von dieser Welt, nicht die Weisheit der Fürsten dieser Welt, die doch gestürzt werden; sondern wir verkündigen die Weisheit Gottes, die im Geheimnis verborgen ist und die kein Fürst dieser Welt erkannte. Hätten sie sie nämlich erkannt, niemals hätten sie dann den Herrn der Herrlichkeit gekreuzigt“ (1 Kor 2,6–8). Das Geheimnis des Heilandes blieb also vor den Fürsten dieser Welt verborgen.

6. Auf einen möglichen Einwand will ich, bevor er von jemand anderem vorgebracht wird, gleich antworten. Er lautet: Wieso blieb das, was den Fürsten dieser Welt entging, dem Dämon nicht verborgen, der im Evangelium schrie: „Bist du schon vor der Zeit gekommen, uns zu quälen? Wir wissen, wer du bist, nämlich der Sohn Gottes“ (Mt 8,29). Hier ist folgende Erwägung am Platze: Der weniger Böse erkannte den Heiland; wer jedoch ein größerer Übeltäter ist und ausgekocht und schlecht, den hindert gerade seine größere Bosheit, den Sohn Gottes zu erkennen. Auch wir selber können leichter zur Tugend voran-

procedere; si vero maius fuerit in nobis mali, ingenti labore sudandum est, ut maiori malitia liberemur. Haec de eo, quod sponsum habuerit Maria.

7. Quia vero angelus novo sermone Mariam salutavit, quem in omni scriptura invenire non potui, et de hoc pauca dicenda sunt. Id enim quod ait: „Ave, gratia plena", quod graece dicitur: κεχαριτωμένη, ubi in scripturis alibi legerim, non recordor; sed neque ad virum istiusmodi sermo est: salve gratia plene. Soli Mariae haec salutatio servabatur. Si enim scisset Maria et ad alium quempiam similem factum esse sermonem — habebat quippe legis scientiam et erat sancta et prophetarum vaticinia cotidiana | meditatione [38] cognoverat — nunquam quasi peregrina eam salutatio terruisset. Propter quod loquitur ei angelus: „ne timeas, Maria! invenisti enim gratiam coram Deo. Ecce concipies in utero, et paries filium, et vocabis nomen eius Iesum. Hic erit magnus et Filius Altissimi vocabitur".

8. Dicitur et de Ioanne: „erit magnus", et hoc ipsum Gabriel angelus contestatur; sed quando venit Iesus vere magnus, vere sublimis, ille, qui prius „magnus" fuerat, minor effectus est. „Ille" enim, inquit, „fuit lucerna ardens et lucens, et vos voluistis ad horam exsultare in lumine eius". Magnitudo Salvatoris nostri non tunc apparuit, quando natus est, sed nunc, postquam oppressa ab adversariis videbatur, emicuit.

9. Vide magnitudinem Domini: „in omnem terram exivit sonus doctrinae eius, et in fines orbis terrarum verba illius".

schreiten, wenn uns weniger Böses anhaftet; wenn jedoch größere Bosheit in uns war, dann kostet es gewaltige Anstrengung, uns von solcher größeren Schlechtigkeit zu befreien. Soviel also darüber, daß Maria einen Verlobten hatte.

7. Da der Engel Maria jedoch mit einer neuen Anrede begrüßte, die ich in der ganzen Schrift sonst nicht finden konnte, ist auch darüber kurz noch etwas zu sagen. Ich kann mich nämlich nicht entsinnen, irgendwo in der Heiligen Schrift gelesen zu haben, was der Engel sagt: „Gegrüßt bist du voll der Gnade“ (Lk 1,28), was auf griechisch heißt: κεχαριτωμένη. Ja, auch einem Mann wurde nie eine Anrede solcher Art zuteil, etwa: Gegrüßet bist du, der du voll der Gnade bist. Maria allein ist dieser Gruß vorbehalten. Hätte Maria gewußt, daß eine Anrede dieser Art schon an irgend jemand anderen ergangen war — denn sie kannte ja das Gesetz, war heilig und wußte um die Weissagungen der Propheten auf Grund ihrer täglichen Betrachtung —, dann hätte diese Begrüßung sie niemals wegen ihrer Fremdheit in solchen Schrecken versetzt. Deshalb sagt auch der Engel zu ihr: „Fürchte dich nicht, Maria. Denn du hast Gnade gefunden in den Augen des Herrn. Siehe, du wirst empfangen und einen Sohn gebären, und du wirst ihm den Namen Jesus geben. Dieser wird groß sein, und man wird ihn Sohn des Höchsten nennen“ (Lk 1,30–32).

8. Auch von Johannes heißt es: „Er wird groß sein“ (Lk 1,15), und es ist der Engel Gabriel, der es bezeugt, aber als Jesus, der wahrhaft große, der wahrhaft erhabene, gekommen war, wurde der, der vorher groß war, kleiner. „Jener“, sagt Jesus, „war wie eine Lampe, die brennt und leuchtet, ihr aber wolltet euch nur eine Zeitlang an seinem Lichte erfreuen“ (Joh 5,35). Die wirkliche Größe unseres Heilandes zeigte sich noch nicht damals, als er geboren wurde, sondern sie erstrahlt erst jetzt, nachdem es den Anschein hatte, daß sie von seinen Feinden vernichtet sei.

9. Siehe die Größe des Herrn: „Über die ganze Erde hat sich der Widerhall seiner Lehre verbreitet, bis an die Gren-

Dominus noster Iesus, quia virtus est Dei, in omnem diffusus est orbem, et | impraesentiarum nobiscum est iuxta | 39 illud, quod in Apostolo legitur: „congregatis vobis et spiritu meo cum virtute Domini Iesu“. Virtus Domini Salvatoris et cum his est, qui ab orbe nostro in Britannia dividuntur, et cum his, qui in Mauritania, et cum universis, qui sub sole in nomine illius crediderunt. Vide ergo magnitudinem Salvatoris, quomodo in toto orbe diffusa sit et certe necdum eius veram magnitudinem exposui.

10. Adscende in caelos et vide eum, quomodo caelestia repleverit: „apparuit“ siquidem „angelis“. Descende cogitatione in abyssos, et videbis eum etiam illuc descendisse. „Qui“ enim „descendit, ipse est et qui adscendit, ut impleret omnia“, „ut in nomine Iesu omne genu flectatur caelestium et terrestrium et infernorum“. Considera virtutem Domini, quomodo impleverit mun|dum, id est caelestia et | 40 terrestria et inferna, quomodo et caelum ipsum penetraverit et superna conscenderit. Legimus enim, quod pertransierit caelos Filius Dei. Si haec videris, pariter intueberis non transitorie dictum: „magnus erit“, sed verbum opere completum. Magnus est Dominus noster Iesus et praesens et absens tribuitque consortium fortitudinis suae etiam huic coetui nostro atque conventui; quod ut et singuli mereamur accipere, deprecemur Dominum Iesum: „cui est gloria et imperium in saecula saeculorum. Amen.“

---

[5] Zur römischen Provinz Britannia vgl. B. E. THOMASSON, Die römische Provinz Britannia: Kl.Pauly 1, 947f.

[6] Zu Mauretanien vgl. H. VOLKMANN, Mauretania: Kl.Pauly 3, 1091 bis 1095.

zen des Erdkreises seine Worte" (Ps 19,5; Röm 10,18). Unser Herr Jesus Christus ist, weil er „die Kraft Gottes" (vgl. 1 Kor 1,24) ist, über den ganzen Erdkreis ausgebreitet, und er ist nach dem Wort des Apostels: „Ihr kommt zusammen, und im Geiste bin ich bei euch, in der Kraft des Herrn Jesus" (1 Kor 5,4) hier unter uns gegenwärtig. Die Kraft des Herrn und Heilandes ist bei allen, die weit weg von unseren Breiten in Britannien[5] leben, ist bei allen, die in Mauretanien[6] sind, allen überhaupt, die unter der Sonne zum Glauben an seinen Namen gekommen sind. Siehe die Größe des Heilands, wie sie über die ganze Erde verbreitet ist, und gewiß habe ich dabei seine wirkliche Größe noch gar nicht genannt!

10. Steig hinauf in die Himmel (vgl. Ps 139,8; Röm 10,6f), und schau, wie er die Weite des Himmels erfüllt, ist er doch „den Engeln erschienen" (1 Tim 3,16). Steig in Gedanken hinab bis in die Tiefen der Erde, du wirst sehen, daß er auch dorthin hinabstieg. Denn „der hinabstieg, er ist es auch, der hinaufstieg, auf daß er alles erfülle" (Eph 4,10), „damit im Namen Jesu sich jedes Knie beuge, im Himmel, auf der Erde und unter der Erde" (Phil 2,10). Betrachte doch die Kraft des Herrn, wie sie das All erfüllt hat, das heißt den Himmel, die Erde und die Unterwelt, wie sie selbst in den Himmel eindrang und in die oberen Gefilde emporstieg. Denn es steht geschrieben, daß der Sohn Gottes „die Himmel durchschritt" (Hebr 4,14). Wenn du dies alles zur Kenntnis genommen hast, dann wirst du begreifen, daß das „er wird groß sein" nicht so leicht dahingesagt wurde, sondern ein Wort ist, das durch die Tat eingelöst ist. Groß ist unser Herr Jesus, ob gegenwärtig oder abwesend, und er gibt dieser unserer Versammlung und Zusammenkunft hier Anteil an seiner Kraft. Daß jeder einzelne von uns würdig sei, sie zu empfangen, darum laßt uns zu unserem Herrn Jesus beten, „dem die Herrlichkeit und die Macht ist in alle Ewigkeit. Amen" (1 Petr 4,11).

Homilia VII 41

De eo, quod scriptum est: „Exsurgens autem Maria cum festinatione venit in montana“, usque ad eum locum, ubi ait: „erit consummatio eorum, quae dicta sunt“.

1. Meliores ad deteriores veniunt, ut eis ex adventu suo aliquid tribuant emolumenti. Sic et Salvator venit ad Ioannem, ut sanctificaret baptisma illius; et Maria statim ut audivit angelum nuntiantem, quod conceperit Salvatorem et quod cognata illius Elisabeth haberet in utero, „consurgens cum festinatione venit in montana, et ingressa est domum Elisabeth“. Iesus enim, qui in utero illius erat, festinabat adhuc in ventre matris Ioannem positum sanctificare. Denique antequam veniret Maria et salutaret Elisabeth, non „exsultavit infans in utero“; sed statim ut Maria locuta est verbum, quod Filius Dei in ventre matris suggeslserat, „exsultavit infans in gaudio“, et tunc primum | 42 praecursorem suum prophetam fecit Iesus.

2. Oportebat quoque Mariam Dei prole dignissimam post alloquium angeli ad montana conscendere et in sublimioribus commorari. Unde scriptum est: „Consurgens Maria in diebus illis, venit in montana“. Debuerat etiam, cum esset sollicitudine non pigra, properare sollicite et Spiritu sancto plena ad sublimiora perduci et virtute Dei protegi, a qua iam fuerat obumbrata. Venit ergo „in civitatem Iuda et in domum Zachariae, et salutavit Elisabeth. Et factum est, cum audisset salutationem Mariae Elisabeth, exsultavit infans in utero eius, et repleta est Spiritu sancto“. | | 43

3. Non est itaque dubium, quin quae tunc „repleta est Spiritu sancto“, propter filium sit „repleta“. Neque enim

---

[1] Aufstieg und Verweilen in der Höhe sind für Origenes Bild und Symbol für geistlichen Fortschritt und Vollkommenheit; vgl. *hom. in Luc.* 22,1 und 37,4.

HOMILIE 7

Über die Stelle: „Maria machte sich eilends auf den Weg und gelangte ins Gebirge“ bis dorthin, wo es heißt: „Eine Erfüllung wird es geben dessen, was ihr gesagt wurde“ (Lk 1,39–45).

1. Die Besseren pflegen zu den weniger Guten zu kommen, um ihnen durch ihr Kommen einen Nutzen zu verschaffen. So kam auch der Heiland zu Johannes, um dessen Taufe zu heiligen (vgl. Lk 3,21). Und sobald Maria die Botschaft des Engels vernommen hatte, daß sie den Heiland empfangen habe und daß ihre Verwandte Elisabet bereits schwanger sei, „machte sie sich sofort eilends auf, gelangte ins Gebirge und betrat das Haus der Elisabet“ (Lk 1,39). Es war Jesus in ihrem Schoße, der dorthin eilte, um Johannes, der sich noch im Leib seiner Mutter befand, zu heiligen. „Das Kind jubelte im Schoße“ erst, als Maria kam und Elisabet begrüßte; sobald Maria das Wort ausgesprochen hatte, das ihr der Sohn Gottes in ihrem Schoße eingegeben hatte, „jubelte das Kind voll Freude“, und Jesus machte schon jetzt seinen Vorläufer zu einem Propheten.

2. Für Maria, die für würdig befunden wurde, Gottes Sohn zu gebären, gebührte es sich, nach der Verkündigung des Engels ins Gebirge hinaufzusteigen und in der Höhe zu verweilen [1]. Daher heißt es: „In jenen Tagen machte sich Maria auf und gelangte ins Gebirge“ (Lk 1,39). Da sie voll Eifer und Sorge war, schien ihr Eile auf dem Wege angezeigt; voll des Heiligen Geistes, wurde sie, wie zu erwarten war, zur Höhe geleitet und von der Kraft Gottes, von der sie schon überschattet worden war, beschützt. Sie gelangte also „in eine Stadt Judas, in das Haus des Zacharias und begrüßte Elisabet. Als Elisabet den Gruß Marias vernahm, da geschah es, daß das Kind in ihrem Schoß jubelte, und der Heilige Geist erfüllte sie“ (Lk 1,40f).

3. Kein Zweifel kann bestehen, daß Elisabet, die in diesem Augenblick vom Heiligen Geist erfüllt wurde, dies

mater primum Spiritum sanctum meruit, sed cum Ioannes adhuc clausus in utero Spiritum sanctum recepisset, tunc et illa post sanctificationem filii „repleta est Spiritu sancto“. Poteris hoc credere, si simile quid etiam de Salvatore cognoveris. <Invenitur beata Maria, sicut in aliquantis exemplaribus repperimus, prophetare. Non enim ignoramus, quod secundum alios codices et haec verba Elisabeth vaticinetur.> Spiritu itaque sancto tunc repleta est Maria, quando coepit in utero habere Salvatorem. Statim enim ut Spiritum sanctum accepit Dominici corporis conditorem, et Filius Dei esse coepit in utero, etiam ipsa completa est Spiritu sancto.

4. „Exsultavit“ ergo „infans in utero Elisabeth, et repleta est Spiritu sancto et clamavit voce magna et dixit: Benedicta tu inter mulieres“. Debemus in hoc loco, ne simplices quique decipiantur, ea, quae solent haeretici opponere, confutare. In tantum quippe nescio quis prorupit insaniae, ut assereret negatam fuisse Mariam a Salvatore, eo quod post nativitatem illius iuncta fuerit Ioseph, et locutus est, quae, | quali mente dixerit, ipse noverit, qui locutus est. Si | 44
quando igitur haeretici vobis tale quid obiecerint, respondete eis et dicite: Certe „Spiritu sancto“ plena Elisabeth ait: „benedicta tu inter mulieres“. Si a Spiritu sancto benedicta canitur Maria, quomodo eam Salvator negavit? Porro quod asserunt eam nupsisse post partum, unde approbent, non

---

[2] Über die Zuschreibung des Magnifikat an Maria oder Elisabet wurde auch zu Beginn unseres Jahrhunderts diskutiert. Für eine Zuschreibung an Elisabet war u. a. HARNACK, *Magnifikat*; die Gegenthese vertrat u. a. SPITTA, *Magnifikat*.

[3] Verschiedene Vorschläge zur Identifizierung des hier genannten Häretikers können nicht überzeugen. ZAHN, *Predigten des Origenes* 262 f, spricht sich, freilich mit nicht völlig überzeugendem Argument, gegen MARKION aus. Gegen einen anderen Vorschlag, nämlich TERTULLIAN, sprechen ebenfalls schwerwiegende Gründe, vgl. VAGAGGINI, *Maria* 131–133. HIERONYMUS schrieb sein *De beatae Mariae virginitate perpetua contra Helvidium* um 383, 10 Jahre später sein *Adversus Iovinianum* zum gleichen Thema.

wegen ihres Sohnes erfuhr. Denn nicht die Mutter verdiente als erste den Heiligen Geist, nein, nachdem Johannes, noch vom Schoße der Mutter umschlossen, den Heiligen Geist empfangen hatte, wurde auch sie, nach der Heiligung des Sohnes, vom Heiligen Geist erfüllt. Das Gesagte wird glaubhaft, wenn du dir vor Augen führst, daß es sich mit dem Heiland ähnlich verhält. [In einer Reihe von Handschriften heißt es von Maria, daß sie prophetisch redete. Natürlich wissen wir, daß es nach anderen Codices Elisabet ist, die diese prophetischen Worte ausspricht[2].] Maria wurde also in dem Augenblick vom Heiligen Geist erfüllt, da sie den Heiland in ihrem Schoß zu haben begann. Sobald sie den Heiligen Geist, den Schöpfer des Leibes unseres Herrn, empfangen hatte und der Sohn Gottes in ihrem Schoß zu existieren anfing, wurde auch sie vom Heiligen Geist erfüllt.

4. „Es jubelte also das Kind im Schoß der Elisabet, und sie wurde erfüllt vom Heiligen Geist und hub mit lauter Stimme an zu sagen: Du bist gesegnet unter den Frauen" (Lk 1,41 f). Damit die einfachen Gläubigen an dieser Stelle nicht hinters Licht geführt werden, müssen wir dem entgegentreten, was die Häretiker hier gewöhnlich einwenden. In der Tat, einer von ihnen ist in seiner Torheit so weit gegangen zu behaupten, der Heiland habe sich von Maria losgesagt, weil sie sich nach seiner Geburt mit Josef verbunden habe[3]. Solches behauptete er und ist sich hoffentlich darüber im klaren, wes Geistes Kind er war, als er diese Behauptung aufstellte. Wenn die Häretiker euch nun irgendwann einmal so etwas entgegenhalten, dann gebt ihnen folgende Antwort: Ohne Zweifel war Elisabet voll des Heiligen Geistes, als sie sagte: „Du bist gesegnet unter den Frauen" (Lk 1,42). Wenn aber Maria vom Heiligen Geist als Gesegnete besungen wird, wie kann dann der Heiland sich von ihr lossagen? Für ihre Behauptung übrigens, Maria habe nach seiner Geburt geheiratet, haben sie keinerlei

habent; hi enim filii, qui Ioseph dicebantur, non erant orti de Maria, neque est ulla scriptura, quae ista commemoret.

5. „Benedicta tu inter mulieres, et benedictus fructus ventris tui. Et unde mihi hoc, ut veniat mater Domini mei ad me?“ Hoc, quod ait: „unde mihi hoc?“ non ignorans dicit et maxime Spiritu sancto plena, quasi nesciat, quod iuxta Dei voluntatem mater Domini venerit ad eam; sed isto sensu loquitur: quid boni feci? quae opera mea tanta sunt, ut mater Domini ad me veniat? per quam iustitiam, ex quibus bonis, de qua | fidelitate mentis hoc merui, ut mater [45] Domini mei veniat ad me? „Ecce enim ut facta est salutatio tua in aures meas, exsultavit in exsultatione infans in utero meo“. Sancta erat anima beati Ioannis, et adhuc in matris utero clausa venturaque in mundum sciebat, quem Israhel ignorabat; unde „exsilivit“, et non simpliciter „exsilivit“, sed „in gaudio“. Senserat enim venisse Dominum suum, ut sanctificaret servum, antequam de matris ventre procederet. Utinam mihi eveniat, ut ab infidelibus stultus dicar, qui talibus credidi. Ipsum opus ostendit et veritas non me stultitiae, sed sapientiae credidisse, quia hoc, quod stultum apud illos putatur, mihi salutis occasio fit.

6. Nisi enim fuisset caelestis et beata nativitas Salvatoris, nisi habuisset divini aliquid et humanitatem hominum supergredientis, nunquam in toto orbe illius doctrina penetrasset. Si tantum homo fuisset in Mariae utero et non Dei

---

[4] Nach dem „Petrusevangelium“ und dem „Buch des Jakobus“ hatte Josef Söhne aus einer ersten Ehe. ORIGENES erwähnt die beiden apokryphen Texte im genannten Zusammenhang *comm. in Mt.* 10,17 (GCS 40, 21, 27–28). Zur Frage einer ersten Ehe Josefs vgl. G.-M. BERTRAND, Joseph, saint. Patristique et Haut-Moyen-Age: DSp 8, 1301–1308, hier 1302f.

Beweise; denn die Söhne, die Josef zugeschrieben werden[4], wurden nicht von Maria geboren, und es gibt keine Schriftstelle, die etwas Derartiges erwähnt.

5. „Du bist gesegnet unter den Frauen, und gesegnet ist die Frucht deines Leibes. Wie geschieht mir dies, daß die Mutter meines Herrn zu mir kommt?" (Lk 1,42f). Elisabets Ausruf „Wie geschieht mir dies?" zeigt nicht Unwissenheit an, als ob sie, die doch aufs höchste vom Heiligen Geist erfüllt ist, nicht wüßte, daß die Mutter ihres Herrn gemäß Gottes Willen zu ihr kommt. Nein, der Sinn ihres Wortes ist folgender: Was habe ich Gutes getan? Welche großen Werke habe ich getan, daß die Mutter des Herrn zu mir kommt? Auf Grund welcher Gerechtigkeit, auf Grund welcher guten Werke, auf Grund welcher Geistestreue habe ich es verdient, daß die Mutter des Herrn zu mir kommt? „Denn siehe, als dein Gruß an meine Ohren drang, da brach in Jubel aus das Kind in meinem Leib" (Lk 1,44). Heilig war die Seele des seligen Johannes und noch eingeschlossen im Schoß seiner Mutter, sie sollte erst noch auf die Welt kommen und wußte doch schon um den, den Israel verleugnete. Deswegen „hüpfte sie auf" und „hüpfte" nicht nur, sondern hüpfte „in Freude". Denn sie hatte gespürt, daß ihr Herr gekommen war, um seinen Knecht zu heiligen, bevor er aus dem Leib der Mutter hervortritt. Ja, in der Tat, ich verlange danach, von den Ungläubigen für einen Toren gehalten zu werden, daß ich solchen Geschichten Glauben schenke! Daß ich jedoch nicht der Torheit, sondern der Weisheit Glauben geschenkt habe, ergibt sich aus ihrer Wirkung und ihrer Wahrheit; was bei den Ungläubigen für töricht gehalten wird, wurde mir Anlaß zum Heil.

6. Die Lehre unseres Heilands hätte sich niemals über die ganze Erde ausgebreitet, wenn seine Geburt nicht überirdisch und gesegnet gewesen wäre, wenn sie nicht etwas Göttliches an sich gehabt hätte, etwas, was über die menschliche Natur hinausgeht. Wenn lediglich ein Mensch

Filius, quomodo poterat fieri, ut et illo tempore et nunc non solum corporum, sed etiam animarum morbi multipli- ces curarentur? Quis nostrum non insipiens fuit, qui nunc propter misericordiam Dei habemus intellegentiam et scimus Deum? Quis non incredulus iustitiae, qui nunc propter Christum iustitiam habemus sequimurque iustitiam? Quis nostrum non errabundus et vagus, qui | nunc propter | 46 adventum Salvatoris non fluctuamus atque turbamur, sed sumus in via, in illo videlicet, qui ait: „Ego sum via"?

7. Possumus et reliqua congregantes videre, quoniam omnia, quae scripta sunt de eo, divina admiratione digna referantur, quod et nativitas illius et nutrimenta et virtus et passio et resurrectio non solum illo tempore, sed etiam nunc operentur in nobis. Quis vos, o catechumeni, in ecclesiam congregavit? quis stimulus impulit, ut relictis domibus in hunc coetum coeatis? Neque enim nos domus vestras singillatim circuimus, sed omnipotens Pater virtute invisibili subicit cordibus vestris, quos scit esse dignos, hunc ardorem, ut quasi inviti et retractantes veniatis ad fidem, maxime in exordio religionis, cum veluti trepidi et paventes salutis fidem cum timore suscipitis.

8. Obsecro vos, o catechumeni: nolite retractare, nemo vestrum formidet et paveat, sed sequimini praeeuntem Iesum. Ille vos trahit ad salutem, congregat in ecclesiam nunc quidem super terram, si autem dignos fructus feceritis, in „ecclesiam primitivorum, qui scripti sunt in caelestibus".

[5] „Auf dem Weg sein" bedeutet soviel wie „Jesus nachfolgen"; vgl. hierzu BERTRAND, *Mystique* 110–113.

[6] Beliebtes apologetisches Argument in der Alten Kirche; vgl. u.a. ATHANASIUS VON ALEXANDRIEN, *inc.* 45–53 (SCh 199, 431–457); vgl. LAURIN, *Orientations*, bes. 376–380.

[7] Ähnliche direkte Anrede der Katechumenen *hom. in Luc.* 21,4 und 22,6.

im Schoße Mariens gewesen wäre und nicht der Sohn Gottes, wie hätten da alle möglichen sowohl körperlichen als auch seelischen Krankheiten geheilt werden können, nicht nur damals, sondern bis heute? Wer von uns, die wir jetzt wegen Gottes Barmherzigkeit Einsicht haben und Gott kennen, war nicht vordem ein Tor? Wer von uns, die wir jetzt Gerechtigkeit haben und ihr nachfolgen um Christi willen, hat sich denn vordem etwas aus Gerechtigkeit gemacht? Wer von uns, die wir jetzt fest dastehen und in großer innerer Ruhe wegen der Ankunft des Heilands auf dem Weg[5] sind, das heißt in ihm, der da sagt: „Ich bin der Weg" (Joh 14,6), irrte nicht vordem haltlos umher?

7. Wenn wir die sonstigen Nachrichten über Jesus hinzunehmen, dann stellen wir fest, daß alles, was über ihn geschrieben ist, als göttlich und bewunderungswürdig berichtet wird: Seine Geburt, sein Heranwachsen, seine Machttaten, sein Leiden, seine Auferstehung, all das vollzog sich nicht nur damals, sondern wirkt auch heute noch unter uns[6]. Ihr Katechumenen[7], wer sammelte euch hier in der Kirche, wer spornte euch an, eure Häuser zu verlassen und zu dieser Versammlung hier zu kommen? Denn nicht wir sind es, die in eure Häuser kommen, sondern der allmächtige Vater gibt in seiner unsichtbaren Kraft diesen Eifer denen ins Herz ein, die er für würdig hält. Gleichsam gegen euren Willen und euch sträubend gelangt ihr zum Glauben, vor allem solange ihr noch Anfänger im Glauben seid und unter Zittern und Zagen voller Furcht den Heilsglauben annehmt.

8. Ich beschwöre euch, ihr Katechumenen, sagt euch nicht wieder los vom Glauben, keiner soll Angst haben und sich fürchten, sondern folgt nur Jesus, der euch vorausgeht, nach! Er zieht euch zum Heil hin, er versammelt euch jetzt in diese irdische Kirche; wenn ihr aber würdige Früchte gebracht habt, dann geleitet er euch zudem „in die Kirche der Erstgeborenen, die im Himmel eingeschrieben sind" (Hebr 12,23).

„Beata quae credidit", et beatus qui credidit, quia erit perfectio his, „quae dicta sunt" ei „a Domino". Super quibus et Maria „magnificat" Dominum Iesum. „Magnificat" autem „anima Dominum, spiritus Deum". Quae quam habeant interpretationem, si concesserit Dominus, ut rursus in ecclesiam congregemur, ut festivi veniatis ad domum Dei, et divinae lectioni praebeatis aures, quaeremus, ventilabimus, disseremus in Christo Iesu: „cui est gloria, et imperium in saecula saeculorum. Amen."

„Selig, die du geglaubt hast", und selig, wer glaubt, weil in Erfüllung gehen wird, „was ihr gesagt wurde vom Herrn" (Lk 1,45). Dessentwegen „preist" Maria den Herrn Jesus. „Ihre Seele preist den Herrn, ihr Geist jubelt über Gott" (Lk 1,46). Wie dies auszulegen ist, danach werden wir fragen, das werden wir untersuchen, darüber werden wir in Christus Jesus sprechen, wenn wir uns, sofern es der Herr erlaubt, hier wieder in der Kirche versammeln, wenn ihr wieder voller Freude zum Haus des Herrn kommt und der Lesung des Wortes Gottes[8] Gehör schenkt in Christus Jesus, „dem die Herrlichkeit und die Macht ist in alle Ewigkeit. Amen" (1 Petr 4,11).

---

[8] Zum Begriff der *lectio divina* vgl. ROUSSE, *Lectio divina*.

Homilia VIII 47

De eo, quod scriptum est: „Magnificat anima mea Dominum“, usque ad illum locum, ubi ait: „timentibus se fecit virtutem“.

1. Ante Ioannem prophetat Elisabeth, ante ortum Domini Salvatoris prophetat Maria. Et quomodo peccatum coepit a muliere et deinceps ad virum usque pervenit, sic et principium salutis a mulieribus habuit exordium, ut ceterae quoque mulieres, sexus fragilitate deposita, imitarentur vitam conversationemque sanctarum earumque vel maxime, quae nunc in evangelio describuntur. Videamus ergo vaticinium virginale. „Magnificat“, ait, „anima mea Dominum, et exsultavit spiritus meus in Deo salutari meo“. Duae res, „anima“ et „spiritus“, duplici laude funguntur. Anima Dominum praedicat, spiritus Deum: non quod alia laus Domini, alia Dei sit, sed quia, qui Deus est, idem et Dominus est, | et qui Dominus est, idem et Deus est. | 48

2. Quaeritur, quomodo „anima magnificet Dominum“. Si enim Dominus nec augmentum nec detrimentum recipere potest et, quod est, est, qua ratione nunc Maria loquitur: „Magnificat anima mea Dominum“? Si considerem Dominum Salvatorem „imaginem esse invisibilis Dei“ et videam animam meam factam „ad imaginem conditoris“, ut imago esset imaginis — neque enim anima mea specialiter imago est Dei, sed ad similitudinem imaginis prioris effecta est — tunc videbo, quoniam in exemplum eorum, qui solent imagines pingere, et uno, verbi causa, vultu regis accepto ad principalem similitudinem exprimendam artis industriam commodare, unusquisque nostrum, ad imaginem Christi formans animam suam, aut maiorem ei aut minorem ponit

---

[1] Vgl. Grillmeier, *Maria Prophetin*, ebd. 201 über Origenes.

[2] Vgl. hierzu Crouzel, *Théologie* 147–179; weitere Literatur zur Väterauslegung von Gen 1,26 bei Sieben, *Exegesis* nr. 60–80, und Sieben, *Voces* s.v. εἰκών und *imago*.

Homilie 8

Über die Stelle: „Meine Seele preist den Herrn“ bis dorthin, wo es heißt: „Er machte sich zur Kraft derer, die ihn fürchten“ (Lk 1,46–51).

1. Vor Johannes prophezeit Elisabet, vor der Geburt unseres Herrn und Heilands prophezeit Maria[1]. Und wie die Sünde bei einer Frau ihren Anfang nahm und von da zum Mann gelangte, so hatte auch der Beginn des Heils seinen Anfang bei Frauen, auf daß auch die übrigen Frauen die Schwäche ihres Geschlechts überwänden und das Leben und den Wandel der heiligen Frauen zum Vorbild nähmen, insbesondere aber jener, die das Evangelium an dieser Stelle beschreibt. Schauen wir uns also die Prophezeiung der Jungfrau an! Sie spricht: „Meine Seele macht groß den Herrn, und mein Geist jubelt über Gott, der mir Rettung bringt“ (Lk 1,46f). Beide, Seele und Geist, vollziehen hier einen doppelten Lobpreis. Die Seele preist den Herrn, der Geist Gott: Nicht als ob es etwas anderes sei, den Herrn und etwas anderes, Gott zu loben. Denn wer Gott ist, der ist auch Herr, und wer Herr ist, der ist auch Gott.

2. Aber zu fragen ist, wie denn die Seele den Herrn groß machen kann. Wenn nämlich der Herr weder Zuwachs noch Minderung zu erfahren vermag und ist, was er ist, wie kann dann Maria jetzt sagen: „Meine Seele macht den Herrn groß“? Nun, wenn ich davon ausgehe, daß unser Herr und Heiland „Abbild des unsichtbaren Gottes“ ist (Kol 1,15), und mir zudem vor Augen führe, daß meine Seele „nach dem Abbild des Schöpfers“ gemacht ist (Gen 1,26f), auf daß sie Abbild des Abbildes[2] sei — denn meine Seele ist nicht unmittelbar Abbild Gottes, sondern sie wurde zur Ähnlichkeit mit dem ersten Abbild geschaffen —, dann geht mir auf: Jeder von uns gestaltet seine Seele zu einem Abbild Christi, gibt ihr größere oder kleinere Ähn-

imaginem, vel obsoletam vel sordidam, aut claram atque lucentem | et respondentem ad effigiem imaginis principa- | 49
lis. Quando igitur grandem fecero imaginem imaginis, id est animam meam, et magnificavero illam opere, cogitatione, sermone, tunc imago Dei grandis efficitur, et ipse Dominus, cuius imago est, in nostra anima magnificatur. Et quomodo crescit Dominus in nostra imagine, sic si peccatores fuerimus, minuitur atque decrescit.

3. Vel certe Dominus nec minuitur nec decrescit, sed nos pro imagine Salvatoris alias nobis imagines induimus, pro imagine verbi, sapientiae, iustitiae ceterarumque virtutum diaboli formam assumimus, ut dicatur de nobis: „serpentes, generatio viperarum". Sed et leonis personam induimus et draconis et vulpium, quando venenati, crudeles, callidi sumus, nec non et hirci, quando ad libidinem proniores. Memini quondam Deuteronomium disserentem in eo loco, ubi scriptum est: „ne faciatis omnem similitudinem maris aut feminae, similitudinem omnis animalis", dixisse me, quoniam „lex spiritalis" est alios facere imaginem masculi, alios feminae, illum similitudinem habere volucrum, istum reptilium atque serpentium et alium facere similitudinem Dei. Haec quomodo intellegantur, sciet qui et illa legerit. | | 50

4. „Anima" itaque Mariae primum „magnificat Dominum", et postea „<spiritus> exsultat in Deo"; nisi enim

[3] Anspielung auf die Serienherstellung von Bildern von Göttern und Königen, wie sie zur Zeit des Origenes gebräuchlich war.

[4] Die „Weisheit" und „Gerechtigkeit" stellen neben zahlreichen anderen Begriffen die sog. ἐπίνοιαι Christi dar. Über die ἐπίνοιαι in der Christologie des Origenes vgl. u. a. GRILLMEIER, *Jesus der Christus* 270f; CROUZEL, *Connaissance* 389–391; ders., *Le contenu spirituel*; ORBE, *La Epinoia* 16–32; BERTRAND, *Mystique* 15–46.

[5] HIERONYMUS erwähnt *epist.* 33,4 dreizehn Homilien des Origenes zu Dtn, CASSIODOR, *inst. div.* 2,1 (PL 70,1112B) nur vier. Die Homilien sind bis auf einige Fragmente verlorengegangen; vgl. hierzu NAUTIN, *Origène* 255 und 403.

lichkeit, macht sie zu einem kümmerlichen und matten oder zu einem klaren und leuchtenden Abbild, das der Gestalt des Urbildes entspricht, ganz so wie Leute[3], die Bilder malen, dazu eine einzige Vorlage, sagen wir, das Gesicht eines Königs, nehmen und dann ihre ganze Kunst darauf verwenden, das Urbild zu kopieren. Wenn ich also das Abbild des Abbildes, das heißt meine Seele, groß mache und dieses Abbild durch Werk, Gedanke und Wort vergrößere, dann wird auch das Abbild Gottes groß gemacht, und der Herr selbst, dessen Abbild sie ist, wird in unserer Seele groß gemacht. Und so wie der Herr in unserem Abbild wächst, wird er auch klein gemacht und nimmt ab, wenn wir gesündigt haben.

3. Oder anders gesagt: Der Herr wird nicht kleiner und nimmt nicht ab, sondern wir machen uns an Stelle des Bildes unseres Herrn andere Bilder zu eigen, an Stelle des Wortes, der Weisheit, der Gerechtigkeit und anderer Tugenden[4], nehmen wir die Gestalt des Teufels an, so daß man von uns sagen kann: „Ihr Schlangen und Natterngezücht!“ (Mt 23,33). Auch in die Gestalt von Löwen und Drachen und Füchsen verwandeln wir uns, immer dann, wenn wir giftig sind, grausam und verschlagen. Die Gestalt eines Bocks haben wir, wenn wir der Lust nachgeben. Ich erinnere mich, beim Sprechen über das Deuteronomium[5], an der Stelle, wo es heißt: „Macht euch kein Bildnis von Mann und Frau, kein Bildnis irgendeines Lebewesens“ (Dtn 4,16f), einmal folgendes gesagt zu haben: Da das Gesetz geistlich gemeint ist (Röm 7,14), (ist die Stelle so zu verstehen:) die einen machen aus sich das Bild eines Mannes, andere das einer Frau, dieser hat Ähnlichkeit mit einem Vogel, jener mit einem Kriechtier und mit einer Schlange, und wieder ein anderer schließlich hat Ähnlichkeit mit Gott. Wie das näher zu verstehen ist, wird der verstehen, der jene Auslegung nachliest.

4. Die Seele Marias macht zunächst also den Herrn groß, und danach erst „jubelt [ihr Geist] in Gott“ (Lk 1,47); denn

antea creverimus, exsultare non possumus. „Quia respexit“, inquit, „in humilitatem ancillae suae“. In quam humilitatem Mariae respexit Dominus? Quid habebat mater Salvatoris humile atque deiectum, quae Dei Filium gestabat in utero? Quod ergo dicit: „respexit in humilitatem ancillae suae“, tale est, quasi dixerit: „respexit“ in iustitiam ancillae suae, „respexit“ in temperantiam, „respexit“ in fortitudinem atque sapientiam. Dignum quippe est, ut virtutes respiciat Deus. Respondeat aliquis et dicat: intellego, quomodo Deus iustitiam ancillae suae sapientiamque respiciat; quomodo autem intendat humilitatem, non satis liquet. Consideret, qui quaerit talia, quoniam proprie in scripturis una de virtutibus „humilitas“ praedicetur.

5. Ait quippe Salvator: „discite a me, quia mansuetus sum et humilis corde, et invenietis requiem animabus vestris“. Quod si vis nomen huius audire virtutis, quomodo etiam a philosophis appelle|tur, ausculta eandem esse „humilitatem“, | 51 quam respiciat Deus, quae ab illis ἀτυφία sive μετριότης dicitur. Sed et nos quodam eam possumus appellare circuitu, cum aliquis non est inflatus, sed ipse se deicit. Qui enim inflatur, cadit secundum Apostolum „in iudicium diaboli“ — siquidem et ille ab inflatione coepit atque superbia —; „ut non“, inquit, „inflatus in iudicium incidat diaboli“. „Respexit super humilitatem ancillae suae“. Hu-

---

[6] Nach PALMA, *Ταπείνωσις* 67, gibt Origenes als erster dem Terminus ταπείνωσις einen ethischen Sinn, der bis zu ERASMUS und LUTHER allgemein festgehalten wurde.

[7] Maria besitzt nach Origenes die zum ersten Mal von AMBROSIUS so genannten vier „Kardinaltugenden“ *iustitia*, *temperantia*, *fortitudo* und *prudentia*. Letztere wird von Origenes bezeichnenderweise durch *sapientia* ersetzt.

wenn wir nicht zunächst größer geworden sind, vermögen wir nicht zu jubeln. „Weil er auf die Niedrigkeit seiner Magd schaute", sagt sie (Lk 1,48). Auf was für eine Niedrigkeit[6] Marias schaute der Herr? Was hatte die Mutter des Heilands an Niedrigem und Kleinem an sich, wo sie doch den Sohn Gottes in ihrem Schoß trug? Wenn sie sagt: „Er schaute auf die Niedrigkeit seiner Magd"(Lk 1,48), dann heißt das soviel, wie wenn sie sagte: Er schaute auf die Gerechtigkeit seiner Magd, er schaute auf ihre Zucht, er schaute auf ihre Tapferkeit und ihre Weisheit[7]. Daß Gott auf die Tugenden schaut, ist nämlich völlig angemessen. Doch vielleicht wendet jemand ein: ich sehe ein, daß Gott auf die Gerechtigkeit und die Weisheit seiner Magd schaut, aber ich begreife nicht, wieso er auf ihre Niedrigkeit[8] achthat. Der diesen Einwand vorbringt, soll sich vor Augen halten, daß in der Heiligen Schrift die Niedrigkeit ausdrücklich als Tugend gepriesen wird.

5. So sagt zum Beispiel der Heiland: „Lernt von mir, denn ich bin friedliebend von Herzen und mache mich niedrig, und ihr werdet bei mir Ruhe finden für eure Seelen" (Mt 11,29). Wenn du den Namen wissen willst, den die Philosophen dieser Tugend geben, so vernimm, daß die Niedrigkeit, auf die Gott schaut, von den Philosophen ἀτυφία oder auch μετριότης genannt wird. Auch wir sind in der Lage, sie mit einer Definition zu umschreiben: Gemeint ist, wer sich selber nicht aufbläht, sondern erniedrigt. Wer sich nämlich aufbläht, der verfällt, wie der Apostel sagt, „dem Gericht des Teufels", denn auch er begann mit Aufgeblasenheit und Hochmut. Heißt es doch: „damit er nicht in seiner Aufgeblasenheit dem Gericht des Teufels verfällt" (1 Tim 3,6). „Er schaute auf die Niedrigkeit seiner Magd"

---

[8] Zum Begriff der *humilitas* vgl. die bei SIEBEN, *Voces* s.v. *humilitas* und ταπείνωσις angegebene Literatur; vgl. auch DIHLE, *Demut*, ebd. 755 bis 759 zu Origenes und zur Stelle.

milem me, inquit, et mansuetudinis sectantem deiectionisque virtutem respexit Deus.

6. „Ecce enim amodo beatam me dicent omnes generationes“. Si simpliciter intellegam „omnes generationes“, super credentibus illud interpretor. Si autem altius aliquid fuero perscrutatus, animadvertam, quanti profectus sit dicere: „quia fecit mihi magna qui potens est“; quoniam enim „omnis qui se humiliat exaltabitur“, „respexit“ autem Deus „in humilitatem“ beatae Mariae, propterea „fecit“ illi „magna is, qui potens est, et sanctum nomen eius“.

„Et misericordia eius in generationes generationum“. „Misericordia“ Dei non in unam generationem, nec in duas, neque in tres, sed nec in quinque, verum in sempiternum extenditur „a generatione in generationem“. „Timentibus eum fecit virtutem in brachio suo“. Licet infirmus ad Dominum accesseris, si timueris eum, audire poteris repromissionem, quam tibi ob timorem suum Dominus pollicetur. | | 52

7. Quae est ista repromissio? „Timentibus“, inquit, „se fecit virtutem“. Virtus sive imperium potestas est regia. Etenim κράτος, quod nos „imperium“ possumus appellare, ab eo dicitur, quod imperet, sive sub se universa contineat. Si ergo timueris Dominum, dat tibi fortitudinem sive imperium, dat regnum, ut factus sub „rege regum“ possideas „regnum caelorum“ in Christo Iesu: „cui est gloria et imperium in saecula saeculorum. Amen.“

(Lk 1,48). Gott schaute auf mich, will Maria sagen, weil ich mich niedrig machte und nach der Tugend der Milde und der Sanftmut strebte.

6. „Denn siehe, von nun an nennen mich selig alle Geschlechter" (Lk 1,48). Wenn ich „alle Geschlechter" in seiner nächstliegenden Bedeutung nehme, dann beziehe ich es auf die Gläubigen. Wenn ich aber etwas mehr in die Tiefe gehen will, dann stelle ich fest, wieviel vorteilhafter es ist, hinzuzufügen: „weil Großes an mir getan hat der Mächtige" (Lk 1,49); denn weil „jeder, der sich erniedrigt, erhöht wird" (Lk 14,11), Gott aber auf die Niedrigkeit der seligen Maria schaute, tat deswegen an ihr Großes, „der mächtig ist und (dessen) Name heilig" (Lk 1,49).

„Und sein Erbarmen währt von Geschlecht zu Geschlecht" (Lk 1,50). Nicht auf eine Generation, nicht auf zwei, nicht auf drei, nicht einmal auf fünf erstreckt sich das Erbarmen Gottes, sondern es währt in Ewigkeit „von einem Geschlecht zum andern". „Denen, die ihn fürchten, hat er Kraft bereitet mit seinem Arm" (Lk 1,50f). Magst du dich auch als schwacher Mensch dem Herrn nahen, wenn du ihn fürchtest, vermagst du die Verheißung zu hören, die der Herr dir ob deiner Gottesfurcht gibt.

7. Was für eine Verheißung meine ich? „Er macht sich zur Kraft derer, die ihn fürchten", sagt Maria (Lk 1,50). Stärke und Macht ist eine Eigenschaft der Könige. Denn κράτος, ein Begriff, den wir auch mit „Macht" wiedergeben können, wird von dem ausgesagt, der befiehlt und alles unter sich im Zaume hält. Wenn du also den Herrn fürchtest, dann gibt er dir Kraft und Macht, dann verleiht er dir Herrschaft, so daß du, dem „König der Könige" (Offb 19,16) untertan, das Himmelreich besitzest in Christus Jesus, „dem die Herrlichkeit und die Macht ist in alle Ewigkeit. Amen" (1 Petr 4,11).

Homilia IX 53

De eo, quod scriptum est: „Manebat cum ea mensibus tribus", usque ad eum locum, ubi ait: „et loquebatur benedicens Deum".

1. Tam eorum, quae dicta sunt, quam illorum, quae facta referuntur, debet ratio esse sancto Spiritu digna et Christi fide, ad quam credentes vocamur. Unde et nunc causa quaerenda, quare Maria post conceptum venerit ad Elisabeth et „manserit cum ea mensibus tribus"; aut quid causae fuerit, ut Lucas, qui evangelii scribebat historiam, etiam hoc insereret, quod „manserit cum ea mensibus tribus, et postea regressa sit in domum suam". Utique debet aliqua esse ratio, quam, si Dominus aperuerit cor nostrum, sequens sermo monstrabit.

2. Si enim ex eo, quod tantum venit Maria ad Elisabeth et salutavit eam, „exsultavit infans in gaudio", et „Spiritu sancto plena Elisabeth" prophetavit ea, quae in evangelio scripta sunt, et in una hora tantos profectus habuit, nostrae coniecturae relinquitur, quid in tribus mensibus Ioannes profecerit, assidente Maria Elisabeth. Valde quippe indignum in puncto horae atque momento exsultasse infantem et quodammodo gaudio lascivisse repletamque fuisse Spiritu sancto Elisabeth, per tres vero menses nec Ioannem nec Elisabeth ex vicinia matris Domini et ipsius Salvatoris praesentia profecisse. Exercebatur ergo et quodammodo in athletico scammate per tres menses unguebatur Ioannes et praeparabatur in matris utero, ut mirabiliter natus mirabilius nutriretur. Quia enim extra consuetudinem nutritus est, non refertur scriptum, quomodo matris fuerit lactatus

---

[1] Im Hintergrund steht hier der hellenistisch-philosophische Begriff des θεοπρεπές; vgl. hierzu Dreyer, *Untersuchungen*.

Homilie 9

Über die Stelle: „Sie blieb drei Monate bei ihr" bis dorthin, wo es heißt: „Und er sprach, indem er Gott pries" (Lk 1,56–67).

1. Sowohl die Reden, die in der Heiligen Schrift enthalten sind, als auch die Taten, die berichtet werden, müssen einen dem Heiligen Geist und dem Glauben an Christus, zu dem wir berufen sind, angemessenen Grund[1] haben. Daher ist auch jetzt nach dem Grund zu fragen, warum Maria nach der Empfängnis zu Elisabet ging und „drei Monate bei ihr blieb" (Lk 1,56), oder auch, was der Grund war, daß Lukas, der die Geschichte des Evangeliums aufschrieb, auch dies einfügte, daß „sie drei Monate bei ihr blieb und darauf nach Hause zurückkehrte" (Lk 1,56). Es gibt sicher einen Grund hierfür, wie das folgende zeigen wird, wenn der Herr unser Herz öffnet.

2. Als Maria zu Elisabet kam und sie begrüßte, da hüpfte „das Kind in Freude auf" (Lk 1,41) und sagte Elisabet „voll von Heiligem Geist" (Lk 1,41) voraus, was im Evangelium geschrieben ist. Wenn also eine einzige Stunde genügte, solche großen Dinge zu bewirken, dann können wir uns gut vorstellen, welche Fortschritte Johannes in den drei Monaten machte, während deren Maria bei Elisabet weilte. Ja, es ist unvorstellbar, daß auf Grund der kurzen Zeitspanne einer einzigen Stunde das Kind aufhüpfte und Elisabet, gewissermaßen von Freude überwältigt, vom Heiligen Geist erfüllt wurde, drei Monate in der Nähe und Gegenwart der Mutter unseres Herrn und Heilandes dem Johannes und der Elisabet jedoch keinen weiteren Fortschritt mehr gebracht haben sollten. Nein, in diesen drei Monaten wurde Johannes wie ein Athlet gleichsam trainiert, mit Öl gesalbt und im Schoß seiner Mutter für den Wettkampf vorbereitet, um wunderbar geboren, noch wunderbarer herangebildet zu werden. Weil er auf ungewöhnliche Weise aufgezogen wurde, steht in der Heiligen Schrift nichts

uberibus, quomodo in sinu gerulae constitutus, sed statim sequitur: „et erat in desertis usque ad diem ostensionis suae ad Israhel“. | 54

3. Deinde legimus: „Elisabeth autem completum est tempus, ut pareret, et peperit filium“. Multi putant superflue dici: „Elisabeth autem completum est tempus, ut pareret, et peperit filium“. Quae enim mulier potest parere, nisi tempus pariendi ante compleverit? Sed qui scripturas diligentissime contemplatur et audit Paulum loquentem: „attende lectioni“, observans tam in veteri, quam in novo instrumento, sicubi scriptum in ortu peccatoris inveniat: „completum est tempus ut pareret“, nunquam omnino reperiet. Sed ubicumque iustus nascitur, ibi complentur dies, illic in mundum completur adventus. Ortus iusti plenitudinem habet, peccatoris vero nativitas, ut ita dicam, | 55 vacuitatem atque inanitatem. Haec de eo, quod scriptum est: „completum est tempus, ut pareret“.

4. Deinde sequitur, quod nato Ioanne „congratulabantur“ matri eius „vicini et cognati“ et volebant in honorem patris puero nomen imponere, ut vocaretur Zacharias. Porro Elisabeth sancto Spiritu suggerente aiebat: „Ioannes est nomen eius“. Deinde cum illi causas iustas quaererent, cur Ioannes potissimum vocaretur, cum in genere illius nullus haberet hoc nomen, interrogant patrem, qui non valens respondere manu et literis est locutus. | 56 „Scripsit“ enim in pugillari: „Ioannes est nomen eius“. Statimque ut stilus impressus est cerae, „lingua“, quae prius fuerat vincta, „laxata est“ et recepit eloquium non humanum. Quamdiu ligata fuit lingua eius, humana fuit; vinxerat enim eam

---

[2] Daß Johannes nicht gestillt wurde, hat für Origenes einen geistlichen Sinn: Johannes, voll des Heiligen Geistes seit dem Besuch Marias bei Elisabet, bedurfte nicht der Milch der einfachen Gläubigen (vgl. 1 Kor 3,1–3); vgl. CROUZEL, *Connaissance* 174.

darüber, auf welche Weise er von der Mutter gestillt wurde[2] und wie er auf dem Schoß der Amme saß, sondern sogleich heißt es: „Und er war in der Wüste bis zum Tage seines Erscheinens vor Israel" (Lk 1,80).

3. Dann lesen wir: „Für Elisabet erfüllte sich die Zeit, daß sie gebären sollte, und sie gebar einen Sohn" (Lk 1,57). Viele meinen, daß überflüssigerweise gesagt wird: „Für Elisabet erfüllte sich die Zeit, daß sie gebären sollte, und sie gebar einen Sohn". Welche Frau kann nämlich gebären, wenn nicht die Zeit vorher erfüllt ist? Wer aber die Heilige Schrift sorgfältig betrachtet und auf Paulus hört, der sagt: „Achte auf das Wort" (1Tim 4,13), wer also sowohl im Neuen als im Alten Testament darauf achtet, ob er irgendwo bei der Geburt eines Sünders findet: „Die Zeit erfüllte sich, daß sie gebären sollte", der wird es überhaupt nirgends finden. Hingegen wo immer ein Gerechter geboren wird, dort „erfüllen" sich die Tage, dort „erfüllt" sich die Ankunft in die Welt. Die Geburt eines gerechten Menschen hat etwas mit Fülle zu tun, die Geburt des Sünders dagegen sozusagen mit Leere und Nichtigkeit. Soviel über die Stelle: „Es erfüllte sich die Zeit, daß sie gebären sollte" (Lk 1,57).

4. Weiter folgt, daß nach der Geburt des Johannes „die Nachbarn und Verwandten" seiner Mutter Glück wünschten. Sie wollten dem Vater zu Ehren dem Jungen den Namen Zacharias geben. Elisabet aber sagte unter Eingebung des Heiligen Geistes: „Johannes ist sein Name" (Lk 1,60). Als man nach dem Grund fragte, warum er Johannes heißen solle — denn in seiner Verwandtschaft hatte keiner diesen Namen —, wandte man sich an den Vater. Weil der nicht sprechen konnte, tat er seine Ansicht durch Gesten und schriftlich kund. Und er schrieb auf eine Tafel: „Sein Name ist Johannes" (Lk 1,63). Sobald der Griffel in das Wachs gedrückt war, wurde die Zunge, die vorher gefesselt war, gelöst und ihm eine Sprache verliehen, die nicht mehr bloß menschlich war. Solange seine Zunge gebunden war,

incredulitas. Statim ut soluta est, humana esse desivit, „et loquebatur | benedicens Deum“ et prophetavit ea, quae | 57 scripta sunt in evangelio, de quibus praebente Domino Iesu Christo, cum tempus fuerit, disseremus: „cui est gloria et imperium in saecula saeculorum. Amen.“

war sie bloß menschlich; der Unglaube hatte sie nämlich gefesselt. Sobald sie gelöst war, hörte sie auf, bloß menschlich zu sein, „und er sprach, indem er Gott pries“ (Lk 1,67). Er gab die Prophezeiung von sich, die im Evangelium aufgeschrieben ist, über die wir zu gegebener Zeit sprechen werden, sofern der Herr Jesus es gewährt, „dem die Herrlichkeit und die Macht ist in alle Ewigkeit. Amen“ (1 Petr 4,11).

Homilia X 58

De eo, quod scriptum est: „plenus Spiritu sancto prophetavit“, usque ad eum locum, ubi ait: „antecedes enim coram Domino, praeparare vias eius“.

1. Plenus Spiritu sancto Zacharias duas prophetias generaliter nuntiat, primam de Christo, alteram de Ioanne. Quod manifeste de verbis illius approbatur, in quibus quasi de praesente iam et qui versaretur in mundo loquitur Salvatore, ac deinde de Ioanne. „Repletus“ enim „Spiritu sancto prophetavit dicens: Benedictus Dominus, Deus Israhel, quia visitavit et fecit redemptionem plebis suae“. Visitante enim Deo et volente redimere populum suum, „mansit Maria“ cum Elisabeth, postquam ei locutus est angelus, „mensibus tribus“, ut per ineffabilem quandam virtutem | non solum Ioannem, sicut dudum diximus, sed | 59
etiam Zachariam, ut nunc evangelicus sermo declarat, praesens Salvator instrueret.

2. Paulatim quippe et hic per tres menses sancti Spiritus augmenta capiebat et, dum nescit, erudiebatur et de Christo prophetavit dicens: „qui dedit redemptionem populo suo, et suscitavit cornu salutis nobis in domo David“, quia „de semine David secundum carnem“ natus est Christus.

Et vere fuit „cornu salutis in domo David“, quia prophetia ista concinitur: „Vinea enim facta est in cornu“. In quo cornu? in Christo Iesu, in illo, de quo nunc scribitur: „suscitavit cornu salutis nobis in domo David, pueri sui, sicut locutus est per os sanctorum prophetarum suorum“. | | 60

---

[1] Griechisch γενικός im Gegensatz zu εἰδικός, lateinisch *generale* und *speciale*, die bei den antiken Grammatikern übliche Gegenüberstellung, wurde auch in die christliche Exegese übernommen und kann hier das Ganze im Gegensatz zum Teil bezeichnen. Des Zacharias Prophezeiung bezieht sich auf den „ganzen“ schon gegenwärtigen Christus; vgl. LOMIENTO, *L'esegesi* 59.

Homilie 10

Über die Stelle: „Voll von Heiligem Geist weissagte er" bis dorthin, wo es heißt: „Du gehst dem Herrn voraus, seine Wege zu bereiten" (Lk 1,67–76).

1. Voll des Heiligen Geistes macht Zacharias zwei allgemeine[1] Weissagungen, die erste über Christus, die zweite über Johannes. Das ergibt sich deutlich aus seinen Worten, mit denen er vom Heiland so spricht, als ob er schon gegenwärtig und auf der Welt sei, und danach von Johannes. Denn „erfüllt vom Heiligen Geist" weissagte er: „Gepriesen sei der Herr, der Gott Israels, weil er sein Volk heimgesucht und ihm Erlösung geschaffen hat" (Lk 1,68). Weil Gott sein Volk heimsuchte und erlösen wollte, „blieb Maria drei Monate", nachdem der Engel zu ihr gesprochen hatte, bei Elisabet, damit der auf diese Weise gegenwärtige Heiland nicht nur auf Johannes, wie wir das letzte Mal ausgeführt haben, mit seiner nicht in Worte zu fassenden Kraft einwirke, sondern auch auf Zacharias, wie das Wort des heutigen Evangeliums erklärt.

2. In der Tat, auch Zacharias nahm während dieser drei Monate mehr und mehr zu an Heiligem Geist, ließ sich, ohne sich dessen bewußt zu sein, von ihm belehren und stellte schließlich über Christus folgende Prophezeiung auf: „Er hat seinem Volk Erlösung gegeben und das Horn des Heils uns im Hause David aufgerichtet" (Lk 1,69), denn Christus wurde „dem Fleische nach vom Samen Davids" geboren (Röm 1,3).

Und wahrlich war er „das Horn des Heils im Hause David" (Lk 1,69), denn folgende Weissagung stimmt damit überein: „Der Weinberg ist auf dem Horn angelegt worden" (Jes 5,1). Welches „Horn" ist hier gemeint? In Jesus Christus, von dem es jetzt heißt: „Er hat uns das Horn des Heils im Haus Davids, seines Knechtes, aufgerichtet, wie er gesagt hat durch den Mund seiner heiligen Propheten" (Lk 1,69f).

3. „Salutem de inimicis nostris“. Non putemus nunc de corporalibus inimicis dici, sed de spiritalibus. Venit enim Dominus Iesus, „fortis in praelio“, destruere omnes inimicos nostros, ut nos de insidiis eorum liberaret: de manu omnium inimicorum nostrorum „et de manu omnium, qui oderunt nos“.

„Facere misericordiam cum patribus nostris“ ego puto, quod in adventu Domini Salvatoris et Abraham et Isaac et Iacob fruiti sint misericordia Dei. Neque enim credibile est, ut qui prius viderunt diem illius et laetati sunt, postea in adventu ipsius et nativitate de virgine nihil utilitatis acceperint. Et quid de patriarchis loquor? Ad altiora scripturarum auctoritatem sequens audacter adscendam, quoniam praesentia Domini Iesu et dispensatio illius | non solum (| 61) terrena, sed etiam caelestia iuverit. Unde et Apostolus ait: „pacem faciens per sanguinem crucis suae, sive super terram, sive in caelis“. Si autem in caelis et in terra praesentia Domini profuit, cur paveas dicere, quod adventus illius etiam maioribus profuerit, ut impleatur hoc, quod dicitur: „facere misericordiam cum patribus nostris, et recordari testamenti sancti sui, iuramenti, quod iuravit ad Abraham patrem nostrum“, ut daret nobis „absque timore de manu inimicorum“ liberari?

4. Crebro de hostium manu aliqui liberantur, sed non „absque timore“. Cum enim metus et dis|crimen ante prae- (| 62) cesserint et ita de inimicorum manu quis fuerit erutus, liberatur quidem, sed non „sine timore“. Porro adventus Domini Iesu „de manu inimicorum absque timore“ nos

3. „Heil vor unseren Feinden“ (Lk 1,71). Gemeint sind hier natürlich keine leiblichen, sondern geistliche Feinde. Unser Herr Jesus, „stark im Kampfe“ (Ps 24,8), ist nämlich gekommen, alle unsere Feinde zu vernichten und uns von ihren Nachstellungen zu befreien, aus der Hand aller unserer Feinde und „aus der Hand aller, die uns hassen“ (Lk 1,71).

„Erbarmen zu haben mit unseren Vätern“ (Lk 1,72). Ich denke, daß durch die Ankunft unseres Herrn und Heilands Abraham und Isaak und Jakob Barmherzigkeit bei Gott gefunden haben. Denn man kann sich nicht vorstellen, daß sie, die doch seinen Tag vorausgesehen und sich darüber gefreut haben, bei seiner Ankunft und jungfräulichen Geburt keinen Nutzen davon gehabt haben sollen. Und was rede ich nur von den Patriarchen? Mich auf die Autorität der Heiligen Schrift stützend steige ich noch höher hinauf und behaupte kühn: Die Gegenwart des Herrn Jesus und sein Heilswerk sind nicht nur der Erde, sondern auch dem Himmel von Nutzen. Daher sagt der Apostel: „Er hat Frieden gestiftet durch das Blut seines Kreuzes, sei es über der Erde, sei es im Himmel“ (Kol 1,20). Wenn aber die Gegenwart des Herrn im Himmel und auf Erden genutzt hat, warum schreckst du dann davor zurück zu sagen, daß sein Kommen auch den Vorfahren von Vorteil war, so daß die Schrift erfüllt wird, die da sagt: „Erbarmen zu haben mit unseren Vätern und sich seines heiligen Bundes zu erinnern, des Eides, den er unserem Vater Abraham geschworen hat“ (Lk 1,72f), um uns zu gewähren, „ohne Furcht aus der Hand der Feinde“ (Lk 1,74) befreit zu werden?

4. Oft werden Menschen aus Feindeshand befreit, jedoch nicht „ohne Furcht“ (Lk 1,74). Gehen Furcht und Gefahr voraus und wird jemand so aus der Hand der Feinde gerissen, dann wird er zwar befreit, aber nicht „ohne Furcht“. Nun aber hat uns das Kommen unseres Herrn Jesus „aus der Hand der Feinde ohne Furcht“ be-

eruit. Non enim sensimus inimicos nostros nec eos vidimus repugnantes, sed, dum nescimus, repente de faucibus eorum et insidiis erepti sumus. „In puncto atque momento“ transtulit nos „in haereditatem partemque iustorum“ et liberati sumus „de manu inimicorum sine metu, ut serviamus Deo in sanctitate et iustitia coram eo omnibus diebus nostris“.

5. „Et tu, puer, propheta Excelsi vocaberis“. Apud memetipsum quaerens ra|tionem, quare non quasi de Ioanne, | 63
sed ad Ioannem ipsum dicens prophetet: „et tu, puer, propheta Excelsi vocaberis“, et reliqua — superfluum enim fuit ad non audientem loqui et ad parvulum atque lactentem apostropham facere — hanc puto posse me reperire, quod quomodo mirabiliter Ioannes natus est et angelo praedicante venit in mundum et tribus mensibus Maria iuxta Elisabeth commorante ful|sus est in terram, sic etiam | 64
cuncta, quae super eo scripta sunt, mirabiliter facta referuntur. Quod si dubitas statim de utero matris effusum posse verba patris audire et scire, quid sit hoc, quod ad se dicitur: „et tu, puer, propheta Excelsi vocaberis“, considera multo fuisse mirabilius, quod praecessit: „ecce ut facta est vox salutationis tuae in aures meas, exsultavit infans in gaudio in utero meo“.

6. Si enim adhuc in matris ventre conclusus audivit Iesum et audiens exsilivit atque laetatus est, quare non credas eum iam genitum prophetiam patris et audire et intellegere potuisse dicentem ad se: „et tu, puer, propheta Excelsi vocaberis; antecedes enim coram Domino, praepa-

---

[2] Dies ist ein schönes Beispiel für die oft von Origenes praktizierte Auslegungsmethode: Eine überwörtliche Interpretation führt zu einem Paradox, hier die Anrede an Johannes im Leib der Mutter durch Zacharias, das seinerseits den tieferen, geistlichen Sinn eröffnet; vgl. hierzu ORIGENES, *princ.* 4,2,8 (727 GÖRGEMANNS/KARPP), und PÉPIN, *L'exégèse allégorique*.

freit. Denn wir haben unsere Feinde nicht wahrgenommen und von ihrem Widerstand nichts gesehen, sondern sind, ohne es zu merken, plötzlich aus ihrem Rachen und ihren Nachstellungen herausgerissen worden. „In einem winzigen Augenblick" (1 Kor 15,52) brachte er uns hin „zur Erbschaft und zum Anteil der Gerechten" (Kol 1,12). Wir sind befreit „aus der Hand der Feinde, damit wir Gott dienen in Heiligkeit und Gerechtigkeit vor ihm alle unsere Tage" (Lk 1,74 f).

5. „Und du, Kind, wirst Prophet des Höchsten genannt werden" (Lk 1,76). Wenn ich mich nach dem Grund frage[2], warum Zacharias seine Prophezeiung nicht über Johannes macht, sondern sie an ihn richtet, indem er sagt: „Und du, Kind, wirst Prophet des Höchsten genannt werden" und so weiter — denn es ist doch überflüssig, Worte an jemanden zu richten, der nicht zuhört, und sich an einen kleinen Säugling zu wenden —, dann meine ich, er könne in folgendem gefunden werden: Wie Johannes wunderbar geboren wurde, nach der Vorhersage des Engels in die Welt kam und, nachdem Maria drei Monate bei Elisabet verweilt hatte, geboren wurde, so wird auch alles weitere, was über ihn geschrieben steht, als wunderbares Ereignis berichtet. Du solltest nicht darüber zweifeln, daß er, gerade aus dem Schoß der Mutter hervorgegangen, schon die Worte des Vaters hören und verstehen konnte, was damit gemeint war, als der sagte: „Und du, Kind, wirst Prophet des Höchsten genannt werden" (Lk 1,76). Denn bedenke, noch viel wunderbarer ist, was vorausging: „Siehe, sobald der Laut deines Grußes an meine Ohren drang, hüpfte das Kind aus Freude in meinem Schoß" (Lk 1,41).

6. Wenn das Kind, noch im Schoß der Mutter eingeschlossen, Jesus hörte und deshalb vor Freude aufhüpfte, warum willst du dann nicht glauben, daß es, gerade geboren, die Weissagung des Vaters hat hören und verstehen können, in der es hieß: „Und du, Kind, wirst Prophet des Höchsten genannt werden; du wirst nämlich dem Herrn

rare vias eius“? Ideo reor Zachariam festinasse, ut loqueretur ad parvulum, quia sciebat eum post paululum in eremo moraturum, nec se eius habere posse | praesentiam. „Puer | 65 enim erat in desertis usque ad diem ostensionis suae ad Israhel“.

7. Et Moyses in deserto moratus est, sed postquam expletis quadraginta aetatis suae annis fugit ex Aegypto et per alios quadraginta annos Iethro pecora custodivit; Ioannes vero, statim ut natus est, transiit ad deserta, et qui „maior fuit inter natos mulierum“, maiori nutrimento dignus apparuit. De quo propheta loquitur: „ecce mitto angelum meum ante faciem tuam“. Recte angelus dicitur, qui missus fuerat coram Domino et prophetantem patrem, statim ut natus est, audire potuit et intellegere. Quamobrem nos, qui tantis mirabilibus credimus, credamus pariter resurrectioni, credamus et repromissionibus, quae venturae sunt, regni caelorum, quod nobis cotidie Spiritus sanctus pollicetur. Quae omnia ut scripta sunt mirabiliter, plus quam sentire possumus, accipiemus in Christo Iesu: „cui est gloria et imperium in saecula saeculorum. Amen.“

vorausgehen, seine Wege zu bereiten“ (Lk 1,76)? Daher glaube ich auch, daß Zacharias sich beeilt hat, zu dem Kleinen zu sprechen; denn er wußte, daß dieser bald seinen Aufenthalt in der Wüste[3] beginnen und nicht mehr bei ihm sein würde. „Der Knabe war nämlich in der Wüste bis zum Tage seines Erscheinens vor Israel“ (Lk 1,80).

7. Auch Mose hielt sich in der Wüste auf. Aber erst, als er 40 Jahre alt geworden war, floh er aus Ägypten dorthin und hütete für weitere 40 Jahre Jitros Schafe. Johannes dagegen begab sich sofort nach seiner Geburt in die Wüste. Denn der da der „größere war unter den von Frauen Geborenen“ (Mt 11,11), verdient auch eine „größere“ Ausbildung. Über ihn sagt der Prophet: „Siehe, ich schicke meinen Engel vor deinem Angesicht her“ (Ex 23,20). Zu Recht wird Johannes als Engel bezeichnet, da er vor dem Herrn gesandt worden war[4] und die Prophezeiung seines Vaters gleich nach seiner Geburt hören und verstehen konnte. Deshalb laßt uns, die wir so große Wunder glauben, gleicherweise an die Auferstehung glauben. Laßt uns an die künftigen Verheißungen des Himmelreiches glauben, das uns der Heilige Geist jeden Tag verspricht. Die Wunder, von denen die Schrift berichtet, werden wir alle, mehr als wir es uns jetzt vorstellen können, in Christus Jesus empfangen, „dem die Herrlichkeit und die Macht ist in alle Ewigkeit. Amen“ (1 Petr 4,11).

---

[3] Zur Spiritualität der Wüste vgl. u.a. STEINMANN, *Jean Baptiste;* SCHNEIDER, *Quellen der Wüste.*

[4] Ἄγγελος bedeutet ursprünglich „der Bote“, „der Gesandte“.

Homilia XI 66

De eo, quod scriptum est: „Puer autem crescebat et confortabatur spiritu", usque ad eum locum, ubi ait: „Haec est descriptio prima, quae facta est sub praeside Syriae Cyrino".

1. Bifariam in scripturis sanctis „crescere" quid dicitur, unum corporaliter, ubi voluntas humana nihil prodest, alterum spiritaliter, ubi causa crescendi in studio consistit humano. De hoc ergo, quod secundum posuimus, id est spiritali, nunc evangelista narrat: „puer autem crescebat et confortabatur spiritu". Quod dicit, tale est: „crescebat spiritu", nec in eadem permanebat mensura, qua coeperat, sed semper crescebat in eo spiritus, et per singulas horas atque momenta spiritu succrescente anima quoque sua incrementa capiebat. Et non solum anima, sed etiam sensus et mens augmenta spiritus sequebantur. Illud quod praecipit Deus: „crescite et multiplicamini", qui simpliciter et iuxta literam accipiunt, quomodo possint exponere nescio. Esto enim „multiplicamini" referatur ad numerum, ut, dum plures | | 67 fiunt, quam prius fuerant, multiplicatio habeat locum, hoc vero quod sequitur: „crescite" non est in nostra potestate.

2. Quis enim hominum non velit ad „staturam suam adicere", ut longior fiat? Si ergo propterea quid praecipitur, ut fiat — stultum est quippe praecipere, quod is, cui praecipias, facere non possit — et praecipitur nobis, ut crescamus, utique id praecipitur, quod facere possumus. Vis scire, quomodo intellegatur: „crescite"? Ausculta, quid Isaac fecerit, de quo dicitur: „Isaac proficiebat et maior fiebat,

---

[1] *Sensus* und *mens* geben das griechische νοῦς wieder. Zu den hier vorkommenden anthropologischen Begriffen im einzelnen vgl. Crouzel, *Anthropologie*.

[2] Ähnlich schon Philo, *migr.* 53–55 (278 f Cohn/Wendland).

HOMILIE 11

Über die Stelle: „Der Knabe aber wuchs und erstarkte im Geiste“ bis dorthin, wo es heißt: „Das ist die erste Zählung, die unter dem Statthalter von Syrien, Quirinius, gemacht wurde“ (Lk 1,80 – 2,2).

1. Nach der Heiligen Schrift gibt es zwei Arten von Wachstum, ein leibliches, bei dem der menschliche Wille nichts vermag, und ein geistliches, bei dem der Grund des Wachsens im Bemühen des Menschen liegt. Von diesem an zweiter Stelle genannten Wachstum, dem geistlichen, berichtet jetzt der Evangelist: „Der Knabe aber wuchs und erstarkte im Geiste“ (Lk 1,80). Was er sagt, ist dies: „er wuchs im Geiste“, der Geist blieb bei ihm nicht auf demselben Stand, auf dem er ihn am Anfang empfangen hatte, sondern er wuchs immer weiter, und unter dem Wachsen des Geistes machte auch seine Seele stündlich und jeden Augenblick Fortschritte. Ja, nicht nur seine Seele, sondern auch sein Verstand und sein Denkvermögen nahmen teil am Wachstum des Geistes[1]. Wer die Schrift wörtlich und nach dem Buchstaben nimmt, wie der den Befehl Gottes: „Wachset und mehret euch!“ (Gen 1,22) auslegen kann, ist mir schleierhaft. Zugegeben, „mehret euch“, das kann man auf die Zahl der Menschen beziehen, so daß, wenn sie mehr wurden, als sie vordem waren, eine Vermehrung Platz gegriffen hat, aber was dann folgt, nämlich das „wachset“, das steht nicht in unserer Gewalt[2].

2. Wer würde nämlich nicht gern „seiner Gestalt hinzufügen“ (Mt 6,27), so daß er größer wird? Wenn also etwas befohlen wird, damit es geschieht — es wäre töricht, einen Befehl zu geben, den der, dem er gegeben wird, nicht ausführen kann —, und uns der Befehl erteilt wird, zu wachsen, dann werden wir aufgefordert, etwas zu tun, was wir auch vermögen. Willst du wissen, wie das „wachset“ zu verstehen ist? Höre, was Isaak tat, von dem es heißt: „Isaak machte Fortschritte, und er wurde größer, bis er überaus

donec factus est magnus, vel vehementer nimis". Semper enim voluntas illius ad meliora se tendens habebat profectus suos, mens divinius aliquid contemplabatur et exercebat se memoria, ut plura in thesauro suo conderet et firmius retineret. Atque in hunc modum evenit, ut qui omnes virtutes suas in animae agro excoluerit, impleret mandatum praecipiens „crescite".

3. Quamobrem et Ioannes adhuc parvulus crescebat et multiplicabatur; perdifficillimum autem est | parvulum spi- | 68
ritu crescere et inter mortales perrarum. „Puer autem crescebat et confortabatur spiritu". Aliud est „crescebat", aliud „confortabatur". Infirma est humana natura et, ut fieri possit fortior, divino auxilio indiget. Legimus: „caro infirma". Quo igitur auxilio confortanda est? Utique spiritus; „spiritus enim promptus, caro autem infirma". Qui vult fortior fieri, non debet nisi spiritu confortari. Multi confortantur carne, corpore roborantur; athleta autem Dei spiritu roborandus est et, cum sic fuerit confortatus, sapientiam carnis elidet et spiritalis effectus subdet corpus animi imperio. Non putemus ergo simplicem de Ioanne historiam esse conscriptam, et quae nihil ad nos pertineat, in eo quod dicitur: „crescebat et confortabatur spiritu", sed ad imitationem nostram, ut multiplicati spiritaliter iuxta eum, quem diximus, sensum incrementa capiamus.

4. „Et erat in desertis usque ad diem ostensionis suae ad Israhel". Dixi nuper, quod et conceptus | Ioannis stupen- | 69
dum quid habuerit, quando „exsultavit infans in utero" et suum necdum genitus Dominum recognovit, et nativitas non impar miraculum, quando ad eum velut audientem Zachariae prophetantis sermo convertitur, dicens: „et tu,

---

[3] Vgl. Origenes, *hom. in Gen.* 12,5 (GCS 29, 110f).

groß geworden war" (Gen 26,13)[3]. Weil sein Wille auf immer größere Vollkommenheit ausgerichtet war, machte er ständig Fortschritte, richtete sich sein Geist auf immer göttlichere Dinge, legte er sich in seinem Gedächtnis einen immer größeren Schatz an und hielt treu an ihm fest. Weil er auf diese Weise alle Tugenden auf dem Feld seiner Seele anbaute, geschah es tatsächlich, daß er den Befehl, zu wachsen, ausführte.

3. So wuchs auch Johannes und mehrte sich noch als Kind. Zwar ist es für ein Kind außerordentlich schwer, im Geiste zu wachsen, und unter den Sterblichen äußerst selten, „aber der Knabe wuchs und erstarkte im Geiste" (Lk 1,80). „Er wuchs" und „er erstarkte" ist nicht das gleiche. Die menschliche Natur ist schwach; um stärker zu werden, bedarf sie der göttlichen Hilfe. So heißt es: „Das Fleisch ist schwach" (Mt 26,41). Welche Art Hilfe macht es stark? Es ist der Geist. „Denn der Geist ist willig, das Fleisch aber schwach" (Mt 26,41). Wer stärker werden will, darf Stärkung nur im Geiste suchen. Viele Menschen stärken sich im Fleische, kräftigen sich an ihrem Leib. Wer ein Athlet Gottes ist (vgl. 2 Tim 2,3–5), wird sich im Geiste stärken und, wenn er gestärkt ist, die Weisheit des Fleisches verstoßen; schließlich, geistlich geworden, ordnet er den Leib dem Befehl des Geistes unter. Glauben wir also ja nicht, hier sei bloß eine Geschichte über Johannes aufgeschrieben worden, die nichts mit uns zu tun hat, an der Stelle, wo es heißt: „er wuchs, und er erstarkte im Geiste". Nein, sie ist uns zum Vorbild aufgeschrieben, damit wir uns geistlich vermehren und in dem angegebenen Sinn Fortschritte machen.

4. „Und er war in der Wüste bis zum Tage seines Erscheinens vor Israel" (Lk 1,80). Das letzte Mal haben wir darüber gesprochen, daß die Empfängnis des Johannes staunenswert war; denn „das Kind hüpfte auf im Schoße" (Lk 1,41) und erkannte seinen Herrn noch vor der Geburt. Ein nicht geringeres Wunder war dann seine Geburt, insofern als Zacharias sein prophetisches Wort an das Kind richtete,

puer, propheta Excelsi vocaberis". Digne igitur, qui sic conceptus fuerat et natus, non exspectavit, ut a patre nutriretur et matre „usque ad diem ostensionis suae ad Israhel", sed recessit, fugiens tumultum urbium, populi frequentiam, vitia civitatum, et abiit in deserta, ubi purior aër est et caelum apertius et familiarior Deus, ut quia necdum sacramentum baptismi nec praedicationis tempus advenerat, vacaret orationibus et cum angelis conversaretur, appellaret Dominum et illum audiret respondentem atque dicentem: „ecce adsum". Sicut enim „Moyses loquebatur et Deus respondebat ei", sic puto, quod Ioannes locutus fuerit in deserto et Dominus responderit ei.

5. Hoc autem arbitror certa de scripturis ratione commotus. Si enim „maior in natis mulierum Ioanne Baptista fuit nemo", Moysi autem | respondit Deus, consequenter | 70 respondit et Ioanni, qui maior Moyse fuit, qui est nutritus in eremo, cuius nativitatem idem Archangelus qui et Domini nuntiavit, cuius pater, qui eum nasci non credebat, obmutuit. „Erat" igitur „in deserto" Ioannes et nutriebatur novo et extra humanam consuetudinem modo, idipsum Matthaeo memorante: „cibus autem eius erant locustae et mel silvestre". Quia enim minister fuit primi Salvatoris adventus et tantummodo de dispensatione carnis Dominicae loquebatur ac prophetia illius eum, qui natus fuerat ex virgine, praecinebat, non habuit domesticum mel et huma-

---

[4] Über die Wüste im geistlichen Sinn als Ort der Läuterung und der Gottesnähe vgl. ORIGENES, *hom. in Ex.* 3,3 (GCS 29,167) und *hom. in Lev.* 11,1 (GCS 29,448).

[5] Der Terminus *sacramentum* kommt in den Lukashomilien noch öfter vor: *hom.* 4,6 ist vom *sacramentum Ioannis* die Rede, *hom.* 11,6 vom *sacramentum evangelii*, *hom.* 14,6 von einem *sacramentum* der Läuterung nach dem Tode, ebd. von einem *baptismi sacramentum*, *hom.* 32,5 und 33,2 von einem *sacramentum* im Gegensatz zum Buchstaben, *hom.* 38,3 schließlich von der *visio sacramentorum*. Zur Sache vgl. CROUZEL, *Connaissance* 25–84; zu den Begriffen μυστήριον und *sacramentum* vgl. die bei SIEBEN, *Voces* s.v. angegebene Literatur.

das ihm zuhörte, und ihm sagte: „Und du, Kind, wirst Prophet des Höchsten genannt werden“ (Lk 1,76). Es ist nur angemessen, daß er, der so empfangen und so geboren wurde, nicht darauf wartete, vom Vater und von der Mutter erzogen zu werden „bis zum Tag seines Erscheinens vor Israel“, sondern daß er sich zurückzog, dem Lärm der Städte entfloh, den Menschenmassen, ihren Lastern, und in die Wüste[4] wegging, wo die Luft reiner ist und der Himmel offener und Gott näher. Weil das Geheimnis[5] der Taufe und die Zeit der Verkündigung noch nicht gekommen waren, oblag er dem Gebet, dem Umgang mit den Engeln[6], rief er den Herrn an und vernahm dessen Antwort: „Siehe, ich bin da“ (Ex 3,4). So nämlich wie „Mose sprach und Gott antwortete“ (Ex 19,19), glaube ich, daß auch Johannes in der Wüste redete und der Herr ihm antwortete.

5. Für diese meine Annahme habe ich einen sicheren Grund aus der Heiligen Schrift. Wenn nämlich „keiner von den von Frauen Geborenen größer war als Johannes der Täufer“ (Lk 7,28), Gott aber dem Mose antwortete, dann antwortete er folglich auch dem Johannes, der größer war als Mose, der in der Wüste erzogen wurde, dessen Geburt der gleiche Erzengel ankündigte, der auch die Geburt des Herrn anzeigte, dessen Vater stumm wurde, weil er nicht an seine Geburt geglaubt hatte. Es war also Johannes in der Wüste und ernährte sich auf eine neue, unter den Menschen sonst nicht gewohnte Weise, wie Matthäus berichtet: „Seine Speise bestand aus Heuschrecken und wildem Honig“ (Mt 3,4). Weil er nämlich bloß der Diener der ersten Ankunft des Heilandes war, weil er nur von seinem Kommen im Fleische sprach und seine Verheißungen den vorausverkündigten, der von einer Jungfrau geboren worden war,

---

[6] Vgl. hierzu ORIGENES, *hom. in Num.* 17,4 (GCS 30, 163f), zum verwandten Thema des Βίος ἀγγελικός vgl. SEVERUS, *Βίος ἀγγελικός*; FRANK, *Ἀγγελικὸς βίος*, zur Stelle ebd. 125.

na diligentia percolatum, sed „silvestre mel“, et volucre, quod cibus eius erat, volucre non grande, non in sublime se elevans, verum volucre parvum et vix a terra consurgens et saliens potius quam volans.

Quid plura? Manifestissime dicitur, quod „locustae“ fuerint cibus eius, parvum animal et mundum. Considerate ergo, fratres carissimi, qui nove natus fuerat, nove et nutritus est. | | 71

6. Post quae scriptura subicit: „Factum est in diebus illis, exivit edictum a Caesare Augusto, ut profiteretur omnis orbis. Haec fuit descriptio prima, sub praeside Syriae Cyrino“. Dicat aliquis: evangelista, quid me iuvat ista narratio, quoniam „prima descriptio“ universi orbis sub Caesare Augusto fuerit et inter omnes etiam „Ioseph cum Maria desponsata sibi atque praegnante“ nomen retulerit in censum ac, priusquam descriptio completur, ortus fuerit Iesus? Diligentius intuenti sacramentum quoddam videtur significari, quia in totius orbis professione describi oportuerit et Christum, ut cum omnibus scriptus sanctificaret omnes et cum orbe relatus in censum communionem sui praeberet orbi, ut post hanc descriptionem describeret quoque ex orbe secum „in librum viventium“, ut, quicunque credidissent in eo, postea cum sanctis illius „scriberentur in caelis“: „cui est gloria et imperium in saecula saeculorum. Amen.“

nährte er sich nicht von häuslichem, durch Menschenhand gereinigtem, sondern von wildem Honig, und waren die geflügelten Tierchen, die ihm zur Speise dienten, nicht stattlich und hoch sich in die Lüfte schwingend, sondern klein, sich kaum von der Erde erhebend, eher springend als wirklich fliegend.

Braucht es noch mehr Worte? Aufs deutlichste wird gesagt, daß des Johannes Nahrung aus Heuschrecken bestand, kleinen und reinen Tieren. Ihr seht also, meine sehr lieben Brüder, daß auf eine neue Weise sich ernährt, der da auf eine neue Weise geboren worden war.

6. Danach fügt die Heilige Schrift hinzu: „Es geschah in jenen Tagen, daß vom Kaiser Augustus die Verordnung erging, daß auf dem ganzen Erdkreis eine Zählung vorgenommen werden sollte. Es war dies die erste Zählung, unter dem Statthalter Syriens, Quirinius" (Lk 2,1f). Vielleicht sagt jemand: Mein lieber Evangelist, was nutzt mir dieser Bericht, daß die „erste Zählung" des ganzen Erdkreises unter dem Kaiser Augustus stattfand und daß unter allen anderen Leuten auch „Josef mit Maria, seiner Verlobten, die gesegneten Leibes war", sich in die Listen einschrieb und, bevor die Einschreibung beendet war, Jesus geboren wurde (vgl. Lk 2,4–7)? In der Tat, wer genauer hinschaut, der findet hier ein Geheimnis angedeutet: Auch Christus mußte bei der Zählung des ganzen Erdkreises mit eingeschrieben werden, um, mit allen Menschen zusammen aufgeschrieben, alle zu heiligen und, zusammen mit dem Erdkreis bei der Zählung erfaßt, denselben in seine Gemeinschaft aufzunehmen. Nach dieser Zählung wollte er sie aus diesem Erdkreis heraus mit sich zusammen „in das Buch der Lebenden" (Offb 20,15) eintragen, damit alle, die an ihn geglaubt haben, später mit seinen Heiligen „in den Himmeln verzeichnet seien" (Lk 10,20), „dem die Herrlichkeit und die Macht ist in alle Ewigkeit. Amen" (1 Petr 4,11).

Homilia XII 72

De eo, quod scriptum est angelum venisse de caelo et ortum Domini nuntiasse pastoribus.

1. Natus est Dominus meus Iesus, et angelus descendit de caelo annuntians nativitatem eius. Videamus itaque, quem quaesierit, ut eius nuntiaret adventum. Non venit Hierosolymam, non quaesivit scribas et Pharisaeos, non synagogam ingressus est Iudaeorum, sed „pastores" repperit „super grege suo vigilias excubantes" eisque loquitur: „natus est vobis hodie Salvator, qui est Christus Dominus".

2. Putasne nihil aliud divinius scripturarum sermo significat, sed tantum hoc dicit, quod ad pastores venerit angelus et eis locutus | sit? Audite pastores ecclesiarum, pastores | 73
Dei, quod semper angelus eius descendat e caelo et annuntiet vobis, quoniam „natus est vobis hodie Salvator, qui est Christus Dominus". Etenim pastores ecclesiarum, nisi ille pastor advenerit, per se bene gregem servare non poterunt: infirma est eorum custodia, nisi Christus cum eis paverit atque servaverit. Dudum in Apostolo lectum est: „Dei cooperatores sumus". Pastor bonus, qui imitatur pastorem bonum, cooperator est Dei et Christi; et propterea pastor bonus est, qui habet secum pastorem optimum compascentem sibi. „Posuit" enim „Deus in ecclesia apostolos, prophetas, evangelistas, pastores, doctores, omnia in perfectionem sanctorum". Et haec quidem sint dicta simplicius.

---

[1] Vgl. auch *hom. in Luc.* 18,1 und 22,4. Die Formel ist Ausdruck einer sehr persönlichen Beziehung zu Jesus und dürfte vor Origenes sonst nicht belegt sein; vgl. BERTRAND, *Saint Joseph* 147 f. Zusammenstellung analoger Formulierungen bei Origenes und genauere Interpretation im größeren Zusammenhang der Geschichte der Jesusfrömmigkeit bei HAUSHERR, *Noms du Christ* 44–47.

[2] Hirte ist für ORIGENES kein eindeutig positiver, sondern ein ambivalenter Begriff. Zu den Bischöfen als Hirten der Kirche vgl. VOGT, *Kirchenverständnis* 36–38.

HOMILIE 12

Über die Stelle, wo es heißt, ein Engel sei vom Himmel gekommen und habe den Hirten die Geburt des Herrn verkündigt (Lk 2,8–12).

1. Geboren ist mein Herr Jesus[1], und ein Engel stieg vom Himmel herab, um seine Geburt zu verkünden. Wir wollen also sehen, wen er aufsuchte, um die Ankunft zu verkünden. Er kam nicht nach Jerusalem, er suchte nicht Schriftgelehrte und Pharisäer auf, er betrat keine Synagoge der Juden, sondern er machte Hirten ausfindig, „die Nachtwache hielten bei ihrer Herde" (Lk 2,8), und sprach zu ihnen: „Euch ist heute der Heiland geboren, Christus, der Herr" (Lk 2,11).

2. Meinst du wirklich, daß das Schriftwort hier nichts Göttlicheres andeuten will, sondern lediglich sagt, daß da ein Engel zu Hirten kam und zu ihnen gesprochen hat? Nein, vernehmt es, ihr Hirten der Kirchen[2], ihr Hirten Gottes: Immer wieder steigt sein Engel vom Himmel herab und verkündet euch: „Euch ist heute der Heiland geboren, Christus, der Herr" (Lk 2,11). Denn die Hirten der Kirchen werden von sich aus die Herde nicht schützen können, wenn jener Hirte nicht hinzukommt. Ihr Wachen bringt keine Sicherheit, wenn nicht Christus mit ihnen wacht und die Herde schützt. Gerade haben wir beim Apostel gelesen[3]: „Wir sind Mitarbeiter Gottes" (1 Kor 3,9). Ein guter Hirte, der den guten Hirten nachahmt, ist ein Mitarbeiter Gottes und Christi; und deswegen ist er ein guter Hirte, weil der beste Hirte zusammen mit ihm weidet. „Denn Gott hat in der Kirche Apostel, Propheten, Evangelisten, Hirten und Lehrer eingesetzt, alles zur Vervollkommnung der Heiligen" (1 Kor 12,28). Dies dürfte der schlichte Sinn der Worte sein.

---

[3] Im gleichen Gottesdienst gab es also mehrere Schriftlesungen; vgl. hierzu NAUTIN, *Origène* 396–398.

3. Ceterum si ad secretiorem oportet adscendere intellegentiam, dicam quosdam | fuisse pastores angelos, qui res | 74
humanas regerent, et, cum horum unusquisque suam custodiam conservaret et diebus ac noctibus vigilans iam laborem ferre non posset et hoc ageret industrie, ut gentes, quae sibi creditae fuerant, gubernaret, venisse angelum nato Domino et annuntiasse pastoribus, quod verus esset pastor exortus. Verbi gratia, ut ad exemplum veniam, erat quidam pastor Macedoniae, hic necessarium habebat auxilium Domini; propterea apparuit in somnis vir Macedo Paulo, „dicens: transiens in Macedoniam adiuva nos“. Quid de Paulo loquar, cum haec non Paulo, sed, qui in Paulo erat, locutus sit Iesu? Indigent itaque pastores praesentia Christi. Quamobrem angelus descendit de caelo et ait: „nolite timere; ecce enim annuntio vobis gaudium magnum“.

4. Vere gaudium magnum his, quibus hominum fuerat et provinciarum cura permissa, Christum venisse in mundum. Multum utilitatis accepit angelus, qui dispensabat Aegyptias res, postquam Dominus descendit e caelo, ut Aegyptii christiani fierent. Profuit cunctis, qui diversas provincias obtinebant, verbi causa praesidi Macedoniae, praesidi Achaiae reliquarumque regionum. Neque enim fas est credere malos angelos singulis praeesse provinciis et bonos non easdem provincias atque regiones habere permissas. Hoc autem, | quod de singulis provinciis dicit, puto et de | 7
universis hominibus generaliter debere credi. Unicuique duo assistunt angeli, alter iustitiae, alter iniquitatis. Si bonae cogitationes in corde nostro fuerint et in animo iustitia pullulaverit, haud dubium, quin nobis loquatur

---

[4] Auf die sog. Völkerengel kommt Origenes öfter zu sprechen; vgl. hierzu BLANC, *Angélologie* 88–92; DANIÉLOU, *Origène* 222–235; ders., *Les sources juives*; PETERSON, *Nationalismus*; MICHL, *Engel* 164–166; RATZINGER, *Menschheit*, ebd. 664–674 über Origenes.

[5] Über die frühchristliche Engellehre vgl. MICHL, *Engel*, speziell über Engel im Dienst der Menschen, der Christen, ihren Einfluß auf den menschlichen Geist, ihre Hilfen im einzelnen, ebd. 151–153.

3. Wenn wir zu einem höheren Sinn aufsteigen wollen, so möchte ich sagen, daß es Hirten gibt, die Engel sind und die die menschlichen Angelegenheiten leiten[4]. Ein jeder von ihnen hält Wache Tag und Nacht, aber er schafft es nicht, wie sehr er sich auch abmüht, die Völker, die ihm anvertraut sind, zu regieren. Nachdem der Herr geboren war, kam ein Engel zu diesen Hirten (der Völker) und verkündete ihnen, daß der wahre Hirte geboren ist. Nehmen wir zum Beispiel den Hirten Mazedoniens. Er bedurfte der Hilfe des Herrn. Deswegen erschien dem Paulus ein Mazedonier im Traum und sagte ihm: „Komm nach Mazedonien, und hilf uns!" (Apg 16,9). Doch was sage ich Paulus, da diese Worte nicht an Paulus, sondern an Jesus, der in Paulus war, gerichtet waren? Es bedürfen also die Hirten der Gegenwart Christi. Deswegen stieg der Engel vom Himmel herab und sagte: „Fürchtet euch nicht, seht, ich verkünde euch eine große Freude" (Lk 2,10).

4. Wahrhaft groß war die Freude derer, denen die Sorge um die Menschen und die Provinzen anvertraut war, daß Christus in die Welt gekommen war. Eine große Hilfe brachte es dem Engel, der sich um die ägyptischen Angelegenheiten kümmerte, daß der Herr vom Himmel herabgestiegen war, so daß die Ägypter Christen wurden. Hilfe war es auch für all die andern, die die verschiedenen Provinzen innehatten, zum Beispiel für den Vorsteher(engel) Mazedoniens, Achaias, und diejenigen der übrigen Gegenden. Man darf nämlich nicht meinen, daß nur schlechte Engel den Provinzen vorstehen und dieselben Provinzen und Gegenden nicht auch guten Engeln anvertraut worden seien. Was aber hier über die verschiedenen Provinzen gesagt wird, glaube ich, gilt auch ganz allgemein von allen Menschen. Einem jeden stehen zwei Engel zur Seite[5], ein Engel der Gerechtigkeit und ein Engel der Ungerechtigkeit. Wenn in unserem Herzen gute Gedanken sind und sich in unserem Sinn Gerechtigkeit ausbreitet, dann spricht zu uns ohne Zweifel der Engel des Herrn. Wenn aber böse Gedan-

angelus Domini. Si vero malae fuerint in nostro corde versatae, loquitur nobis angelus diaboli. Quomodo igitur per singulos homines bini sunt angeli, sic opinor et in singulis dispares esse provinciis, ut sint et boni, sint et mali.

5. Verbi gratia, in Epheso propter eos, qui in illa urbe peccatores erant, pessimi angeli praesidebant. Rursum quia multi erant credentes in ea, erat et angelus ecclesiae Ephesiorum utique bonus. Hoc autem, quod de Epheso diximus, super omnibus provinciis cognoscendum. Ante adventum Domini Salvatoris isti angeli parum poterant creditis sibi utilitatis afferre et conatus eorum sequi non valebat effectus. Quodnam est signum, quia parum poterant prodesse subiectis? Aus|culta, quod dicimus: Quando angelus | 76
Aegyptiorum Aegyptios adiuvabat, vix unus proselytus credebat in Deum; et hoc fiebat Aegyptios angelo dispensante.

6. Denique quia plerique de Aegyptiis et Idumaeis proselyti accipiebant fidem Dei, propterea scriptura dicit: „non abominaberis Aegyptium, quoniam advenae eratis in terra Aegypti, et Idumaeum, quia frater tuus est. Filii si nati fuerint eis, in generatione tertia intrabunt ecclesiam Dei“. Atque ita fiebat, ut de omnibus gentibus nonnulli proselyti fierent, et hoc ipsum angelis, qui gentes habebant subditas, adnitentibus. Nunc autem populi credentium accedunt ad fidem Iesu, et angeli, quibus creditae fuerant ecclesiae, roborati praesentia Salvatoris multos adducunt proselytos, ut congregentur in omni orbe conventicula christianorum. Quapropter consurgentes laudemus Dominum et fiamus

---

[6] Über die bösen Engel und ihre Einwirkung auf die Menschen vgl. MICHL, *Engel* 193–198; DANIÉLOU, *Démon*, ebd. 182–189 über Origenes. In den Zusammenhang der Lehre von den guten und bösen Engeln oder Geistern gehört die Unterscheidung der Geister; vgl. hierzu

ken sich in unserem Herzen aufhalten, dann spricht zu uns der Engel des Teufels[6]. Und so wie in den einzelnen Menschen je zwei Engel sind, so glaube ich, gibt es auch in den einzelnen Provinzen verschiedene Engel, gute und böse.

5. So hatten in Ephesus zum Beispiel sehr böse Engel die Leitung wegen derer, die in dieser Stadt Sünder waren. Weil es in Ephesus aber andererseits auch viele Gläubige gab, hatte die Kirche in Ephesus auch einen guten Engel. Was wir aber über Ephesus sagten, das gilt für alle anderen Provinzen auch. Vor der Ankunft unseres Herrn und Heilands vermochten die genannten Engel den ihnen Anvertrauten nur wenig zu nutzen, und all ihre Mühe hatte nur wenig Erfolg. Woran kann man das erkennen, daß sie den ihnen Anvertrauten nur wenig helfen konnten? Gib acht, was wir sagen: Als der Engel der Ägypter sich um die Ägypter bemühte, da gelangte kaum ein einziger Proselyt zum Glauben an Gott. Und dies war so, obwohl sich ein Engel um die Ägypter kümmerte.

6. Schließlich aber nahmen viele ägyptische und idumäische Proselyten den Glauben an Gott an; deswegen sagt die Schrift: „Du wirst den Ägypter nicht verschmähen, weil ihr selbst Fremdlinge im Land Ägypten wart, und den Idumäer nicht, weil er dein Bruder ist. Wenn ihnen Söhne geboren werden, werden sie in der dritten Generation in die Kirche Gottes eintreten" (Dtn 23,8 f). Und so geschah es, daß in allen Völkern einige Proselyten wurden, und zwar deswegen, weil die Engel, denen diese Völker anvertraut waren, sich dafür einsetzten. Nun aber treten ganze Völker von Glaubenden dem Glauben an Jesus bei, und die Engel, denen die Kirchen anvertraut wurden, führten, durch die Gegenwart des Heilands gestärkt, viele weitere Proselyten hinzu, so daß sich auf der ganzen Erde kleine Gruppen von Christen versammeln. Deswegen laßt uns

---

BARDY, *Discernement* 1247–1254; vgl. auch SWITEK, *Discretio spirituum*; speziell zu Origenes MARTY, *Le discernement*.

pro carnali Israhel spiritalis Israhel. Benedicamus omnipotenti Deo opere, cogitatione, sermone, in Christo Iesu: „cui est gloria et imperium in saecula saeculorum. Amen.“

uns gemeinsam erheben[7] und den Herrn preisen und laßt uns an Stelle des fleischlichen Israel ein geistliches Israel werden! Laßt uns den allmächtigen Gott in Werken, Gedanken und Worten preisen in Christus Jesus, „dem die Herrlichkeit und die Macht ist in alle Ewigkeit. Amen“ (1 Petr 4,11).

---

[7] Ähnliche Aufforderungen, sich zu erheben, kommen in *hom. in Luc.* 36,3 und 39,7 vor. Offensichtlich wurde das eigentliche Bittgebet stehend verrichtet. Über die verschiedenen Gebetshaltungen vgl. ORIGENES, *or.* 31,2f (GCS [3] 396).

Homilia XIII 77

De eo, quod scriptum est: „et facta est multitudo exercitus caelestis“, usque ad eum locum, ubi ait: „invenerunt Mariam et Iesum positum in praesepi“.

1. Dominus noster atque Salvator nascitur in Bethleem, et „multitudo caelestis exercitus“ laudat Deum et dicit: „Gloria in excelsis Deo, et super terram pax in hominibus bonae voluntatis“. Haec autem loquitur „multitudo caelestis exercitus“, quia iam defecerat praebere hominibus auxilium et videbat se opus, quod sibi creditum fuerat, implere non posse absque eo, qui vere salvare poterat et praesules quoque ipsos iuvare, ut homines salvarentur. Quomodo igitur scriptum est in evangelio, quod quidam remis sulcantes mare adversus contrarios ventos iam fessi erant et viginti quinque sive triginta stadiis laborantes portum tenere non poterant, et postea Dominus supervenit et quiescere fecit fluctus tumentes navemque, cuius hinc inde latera fundebantur, ab imminenti discrimine liberavit,

2. sic intellege, quoniam et angeli volebant quidem hominibus praebere auxilium et eis ab aegrotationibus suis tribuere sanitatem, quia „omnes sunt apparitores spiritus, in ministerium missi propter eos, qui consecuturi sunt salutem“, et, quantum in suis erat viribus, homines adiuvabant; videbant autem multo inferiorem suam esse medicinam, quam illorum cura poscebat. | Porro ut de exemplo | 7
possis intellegere, quod dicimus, vide mihi urbem, in qua aegrotent plurimi et medicorum frequens adhibeatur manus; sint diversa vulnera et cotidie in emortuam carnem

[1] Übersetzung nicht nach dem vorliegenden Text der Vulgata („Menschen guten Willens“), sondern nach dem Kontext der Origenischen Auslegung.

[2] Hinter dem Gleichnis steht die Vorstellung von Christus dem Arzt der Seelen; vgl. hierzu DUMEIGE, *Médecin*.

Homilie 13

Über die Stelle: „Und es war eine Menge des himmlischen Heeres da" bis dorthin, wo es heißt: „Sie fanden Maria und Jesus, der in der Krippe lag" (Lk 2,13–16).

1. Unser Herr und Heiland wird in Betlehem geboren, „und eine Schar des himmlischen Heeres" (Lk 2,13) lobt Gott und sagt: „Ehre sei Gott in der Höhe und über die Erde Friede den Menschen des göttlichen Wohlgefallens" (Lk 2,14)[1]. So aber spricht die „Schar des himmlischen Heeres", weil sie nicht mehr imstande war, den Menschen zu helfen, und weil sie sah, daß sie das ihr anvertraute Werk nicht mehr ohne den vollbringen konnte, der wahrhaft zu retten und auch den Vorstehern (der Völker) selber beizustehen vermag, so daß die Menschen gerettet werden. Wie das zu verstehen ist, können wir uns an einem Beispiel aus dem Evangelium verdeutlichen: Die Jünger versuchten mit Rudern gegen widrige Winde das Meer zu überqueren und waren schon ermüdet. Obwohl sie sich fünfundzwanzig oder dreißig Stadien lang abgemüht hatten, konnten sie den Hafen nicht erreichen. Dann kam plötzlich der Herr, beruhigte die aufschäumenden Wogen und rettete das Schiff, auf das die Wellen von allen Seiten einstürzten, vor dem drohenden Untergang (vgl. Joh 6,18–21).

2. So ist das auch mit den Engeln zu verstehen: Sie hatten die Absicht, den Menschen zu helfen und sie von ihren Krankheiten zu heilen. Denn sie „alle sind Gehilfen des Geistes, die um derentwillen in den Dienst geschickt sind, die ihr Heil erlangen sollen" (Hebr 1,14), und soweit es in ihren Kräften stand, halfen sie auch den Menschen. Aber sie mußten einsehen, daß ihre Heilmittel viel zu schwach waren, als daß sie zur Heilung der Menschen genügt hätten. Was ich meine, kannst du dir an einem weiteren Beispiel[2] verdeutlichen. Da ist eine Stadt, in der viele Menschen krank und zahlreiche Ärzte tätig sind. Es sind da Wunden verschiedenster Art, und täglich dringt der Wundbrand

serpens putredo penetret, et tamen medici, qui adhibiti sunt ad curandum, nequeant alia ultra invenire medicamina et artis suae scientia magnitudinem mali vincere: cum haec in tali statu sint, veniat aliquis archiater, qui habeat summam in arte notitiam, et illi, qui prius sanare nequiverant, cernentes magistri manu putredines cessare vulnerum non invideant, non livore crucientur, sed in laudes erumpant archiatri et praedicent Deum, qui et sibi et aegrotantibus tantae scientiae hominem miserit.

3. In hanc ergo similitudinem et „multitudo exercitus" angelorum audita est, dicens: „Gloria in excelsis Deo, et super terram pax in hominibus bonae voluntatis". Postquam enim Dominus venit ad terram, „pacem fecit per sanguinem crucis suae, sive eorum, quae in terra erant, sive eorum, quae in caelis". Siquidem volentes angeli, ut recordarentur homines creatoris sui, cum fecissent omnia, quae in suis viribus erant, ut sanarentur, et noluissent illi recipere sanitatem, cernunt eum, qui sanare potuit, et glorificantes dicunt: „Gloria in excelsis Deo, et super terram pax". | | 79

4. Diligens scripturae lector inquirat, quomodo Salvator loquatur: „Non veni pacem mittere super terram, sed gladium", et nunc angeli in eius nativitate decantent: „super terram pax" siquidem et in alio loco ex persona ipsius dicitur: „Pacem meam do vobis, pacem relinquo vobis; non sicut mundus iste dat pacem, ego do pacem". Videat ergo, quod inferimus, an possit solvere quaestionem. Si scriptum esset: „super terram pax" et hucusque esset finita sententia,

tiefer in das absterbende Fleisch ein. Aber die Ärzte, die zur Pflege herbeigeholt wurden, vermögen keine weiteren Heilmittel mehr aufzutreiben und durch ihre Kunst und ihr Wissen die Größe des Übels zu verringern. In dieser Lage kommt ein Oberarzt, der höchste Fachkenntnis besitzt. Wenn nun die erstgenannten Ärzte, die keinen Erfolg bei der Heilung hatten, sehen, wie unter der Hand des Meisters die Fäulnis zurückgeht, dann empfinden sie keinen Neid und werden nicht von Mißgunst gequält, sondern haben nur höchstes Lob für den Oberarzt und preisen Gott, der ihnen und den Kranken einen Menschen mit solchen Kenntnissen geschickt hat.

3. Ähnlich verhält es sich mit der „Schar des Heeres" der Engel, die man ausrufen hört: „Ehre sei Gott in der Höhe und Friede unter den Menschen des göttlichen Wohlgefallens" (Lk 2,14). Nachdem der Herr nämlich auf die Erde gekommen war, „stiftete er durch das Blut seines Kreuzes Frieden für das, was auf Erden war, und für das, was im Himmel war" (Kol 1,20). Da es der Wille der Engel war, daß die Menschen sich ihres Schöpfers erinnerten, hatten sie alles getan, was in ihren Kräften stand, um die Heilung zu vollbringen, aber die Menschen wollten nicht gesund werden. Jetzt erblicken sie den, der die Heilung zu bringen vermochte, und erheben deswegen den Ruhmesgesang: „Ehre sei Gott in der Höhe und auf der Erde Frieden" (Lk 2,14).

4. Wer sorgfältig die Schrift liest, fragt vielleicht, wie der Herr sagen kann: „Ich bin nicht gekommen, Frieden auf die Erde zu bringen, sondern das Schwert" (Mt 10,34), die Engel jetzt aber bei seiner Geburt singen: „Friede auf Erden", wie er ja auch an einer anderen Stelle selber sagt: „Meinen Frieden gebe ich euch, meinen Frieden hinterlasse ich euch; nicht wie diese Welt Frieden gibt, gebe ich Frieden" (Joh 14,27). Ob, was wir jetzt ausführen, die Frage löst, möge man sehen. Wenn es bloß hieße „Frieden auf Erden" und damit der Satz zu Ende wäre, dann wäre der

recte quaestio nasceretur. Nunc vero id, quod additum est, hoc est, quod post „pacem“ dicitur: „in hominibus bonae voluntatis“, solvit quaestionem. Pax quoque, quam non dat Dominus „super terram“, non est „pax bonae voluntatis“. Neque enim ait simpliciter: „non veni pacem mittere“, sed cum additamento: „super terram“; neque e contrario dixit: „non veni pacem mittere super terram bonae vol|luntatis“. | 80

5. Haec locuti sunt angeli ad pastores, qui non solum eo tempore loquebantur; sed usque hodie, nisi locuti fuerint ad pastores et sua eis opera copularint, dicitur ad eos: „Nisi Dominus aedificaverit domum, in vanum laboraverunt, qui aedificant eam; nisi Dominus custodierit civitatem, in vanum vigilat, qui custodit eam“. Si audacter expedit loqui scripturarum sensum sequenti, per singulas ecclesias bini sunt episcopi, alius visibilis, alius invisibilis, ille visui carnis, hic sensui patens. Et quomodo homo, si commissam sibi dispensationem bene egerit, laudatur a Domino, si male, culpae et vitio subiacet, sic et angelus. Scriptum est enim in Apocalypsi Ioannis: „sed habes ibi nomina pauca, quae non polluerunt“, vel illud et rursus: habes ibi, qui doctrinam Nicolaitarum doceant, ac deinde: habes illa vel illa peccata facientes, et accusantur angeli, quibus creditae sunt ecclesiae.

6. Si autem | angelis sollicitudo est, quomodo ecclesiae | 81
gubernentur, quid necesse est de hominibus dicere, quan-

[3] Vgl. hierzu VOGT, *Kirchenverständnis* 7f und 36f.
[4] Vgl. hierzu ORIGENES, *hom. in Num.* 11,4 und 20,4 (GCS 30, 82. 196).

Einwand treffend. Tatsächlich aber löst das, was noch hinzugefügt ist, das heißt, was hinter „Frieden“ gesagt wird, nämlich „unter den Menschen des göttlichen Wohlgefallens“, das Problem. Weiter, der Friede, den nicht der Herr „auf die Erde“ bringt, ist kein „Friede des göttlichen Wohlgefallens“. Denn er sagt nicht einfach: „ich bin nicht gekommen, Frieden zu bringen“, sondern er fügt hinzu: „auf die Erde“, und er sagt auch umgekehrt nicht: „Ich bin nicht gekommen, Frieden zu bringen auf die Erde des göttlichen Wohlgefallens“.

5. So sprachen die Engel zu den Hirten, und sie taten es nicht nur damals, sondern sie tun es bis heute. Wenn die Engel jedoch nicht zu den Hirten sprechen und sie nicht tatkräftig unterstützen, dann bekommen die Hirten zu hören: „Wenn nicht der Herr das Haus baut, mühen sich vergeblich, die es bauen. Wenn nicht der Herr die Stadt bewacht, wacht vergeblich, wer sie bewacht“ (Ps 127,1). Ich meine, es sei bei der Auslegung der Schrift förderlich, eine gewisse Kühnheit zu zeigen, und so sage ich: Die verschiedenen Kirchen haben je zwei Bischöfe, einen sichtbaren und einen unsichtbaren[3], einen, den wir mit den Augen unseres Fleisches, einen, den wir mit den Augen unseres Geistes wahrnehmen. Und so wie jemand, wenn er eine ihm anvertraute Verrichtung gut ausgeführt hat, von seinem Herrn gelobt wird, wenn er sie aber schlecht ausgeführt hat, von ihm Vorwürfe erhält und getadelt wird, so ergeht es auch dem Engel. In der Offenbarung des Johannes steht nämlich geschrieben: „Aber du hast dort wenige Namen, die nicht befleckt sind“ (Offb 3,4) und: „Du hast dort Leute, die die Lehre der Nikolaiten lehren“ (Offb 2,15) und: Und du hast dort Leute, die diese und jene Sünde tun. Hierbei werden den Engeln, denen die betreffenden Kirchen anvertraut sind, Vorwürfe gemacht[4].

6. Wenn aber schon Engel sich ernstliche Sorgen machen, wie sie die Kirchen leiten sollen, ist es dann noch nötig, näher darauf einzugehen, wie sehr die betreffenden

tum metum habeant, ut possint cum angelis laborantibus laborantes salutem consequi? Ego puto inveniri simul posse et angelum et hominem bonos ecclesiae episcopos, et quodammodo unius operis esse participes. Quod cum ita sit, petamus omnipotentem Deum, ut angeli et homines ecclesiarum episcopi adiumento sint nobis, et sciamus, quoniam utrique pro nobis a Domino iudicentur. Quod si illi fuerint iudicati, et vitium atque peccatum non in eorum incuria, sed in nostra neglegentia fuerit inventum, nos arguemur atque plectemur. Illis enim universa facientibus et pro nostra salute nitentibus nos nihilominus peccatis vacabimus. Porro frequenter evenit, ut nobis laborantibus illi suum officium non expleant et in culpa sint.

7. „Et factum est“, inquit, „cum abiissent ab eis angeli in caelum, pastores dixerunt ad invicem: Transeamus usque Bethleem, et videamus verbum hoc, quod factum est, quod Dominus ostendit nobis. Et venerunt festinantes, et invenerunt Mariam et Ioseph et puerum“. | [I 82] Quia festinantes venerant, et non pedetentim neque fesso gradu, ideo invenerunt Ioseph dispensatorem ortus Dominici et Mariam, quae Iesum fudit in partum, et ipsum Salvatorem „iacentem in praesepi“. Praesepe illud erat, de quo propheta vaticinatus est dicens: „cognovit bos possessorem suum, et asinus praesepe domini sui“. Bos animal mundum est, asinus animal immundum. „Cognovit asinus praesepe domini sui“. Non populus Israhel cognovit praesepe domini sui, sed

[5] Gemeint sind die sichtbaren Bischöfe.

[6] Nämlich für die ihnen anvertrauten Kirchen.

[7] Vgl. ORIGENES, *hom. in Num.* 11,4 (GCS 30,82); 20,4 (GCS 30,196); 24,3 (GCS 30,231f); 25,5 (GCS 30,240).

[8] Durch die Bezeichnung *dispensator* wird Josefs Rolle in der *dispensatio*, der göttlichen Heilsordnung und Geschichte, treffend gekennzeichnet.

[9] Nach ZIEGLER, *Ochs und Esel* 391, hat Origenes mit vorliegender Stel-

Menschen[5] sich dafür einsetzen müssen, in Zusammenarbeit mit den Engeln das Heil[6] zu erlangen? Ich meine, es sei möglich, daß beide zugleich, der Engel und der Mensch, gute Bischöfe der Kirche sind und daß sie gewissermaßen ein gemeinsames Werk vollbringen. Weil dem so ist, wollen wir den allmächtigen Gott bitten, daß Engel und Menschen in ihrer Eigenschaft als Bischöfe der Kirche uns von Nutzen sind. Wir wollen daran denken, daß sowohl die einen als die anderen für uns vor Gottes Gericht stehen werden. Wenn sich bei diesem Gericht herausstellt, daß Laster und Sünde nicht auf Grund ihrer mangelnden Sorge, sondern wegen unserer Nachlässigkeit angetroffen werden, dann sind wir die Schuldigen und werden entsprechend bestraft[7]. In diesem Fall haben sie zwar alles getan und sich für unser Heil eingesetzt, wir aber haben uns der Sünde überlassen. Häufig geschieht es auch, daß wir uns zwar abmühen, die Bischöfe aber ihrer Pflicht nicht nachkommen und sich so schuldig machen.

7. „Und es geschah“, heißt es weiter, als die Engel von ihnen in den Himmel weggegangen waren, da sagten die Hirten zueinander: „Laßt uns nach Betlehem gehen und das Wort sehen, das sich ereignet hat und das der Herr uns zeigt. Und sie gingen eilends und fanden Maria, Josef und das Kind“ (Lk 2,15 f). Weil sie eilends gelaufen waren und nicht langsam und müden Schrittes, fanden sie also Josef, der alles in die Wege geleitet hatte[8] für die Geburt des Heilands, und Maria, die Jesus auf die Welt gebracht hatte, und den Heiland selber „in der Krippe liegend“ (Lk 2,16). Es war jene Krippe, von der der Prophet vorausgesagt hatte: „Der Ochse kennt seinen Besitzer und der Esel die Krippe seines Herrn“ (Jes 1,3). Der Ochse ist ein reines Tier, der Esel ein unreines[9]. „Der Esel kennt die Krippe seines Herrn.“ Das Volk Israel kennt nicht die Krippe

---

le als erster Ochs und Esel in den Zusammenhang der Geburt Christi gebracht; vgl. LECLERCQ, *Boef. Textes*.

immundum animal ex gentibus: „Israhel vero“, ait, „me non cognovit, et populus meus me non intellexit“. Intellegentes hoc praesepe nitamur cognoscere Dominum et digni fieri scientia eius, assumere quoque non tantum nativitatem et resurrectionem carnis eius, sed et inclytum secundae maiestatis adventum: „cui est gloria et imperium in saecula saeculorum. Amen.“

seines Herrn, wohl aber das unreine Tier aus den Heidenvölkern. „Israel aber“, heißt es, „hat mich nicht erkannt, und mein Volk mich nicht verstanden“ (Jes 1,3). Indem wir diese Krippe verstehen, wollen wir uns darum bemühen, den Herrn kennenzulernen, dieser Kenntnis würdig zu werden, uns nicht nur die Geburt und Auferstehung seines Fleisches, sondern auch die ruhmreiche Ankunft seiner künftigen Herrlichkeit anzueignen, „dem da die Herrlichkeit und die Macht ist in alle Ewigkeit. Amen“ (1 Petr 4,11).

Homilia XIV 83

De eo, quod scriptum est: „Cum autem impleti essent dies circumcisionis eius“, usque ad eum locum, ubi ait: „par turturum aut duos pullos columbarum“.

1. „Quod mortuus est“ Christus, „peccato mortuus est“; non quia ipse peccaverit — „neque enim peccatum fecit, nec inventus est dolus in ore eius“ — sed mortuus est, ut nos, qui mortui sumus, illo moriente „peccatis“, nequaquam „peccato“ et vitiis viveremus. Unde scribitur: „Si commortui sumus, et convivemus“; sicut igitur „commortui sumus“ tunc illo moriente et conresurreximus resurgenti, sic cum eo circumcisi sumus et post circumcisionem sollemni purgatione mundati. Unde nequaquam iam indigemus circumcisione carnali. Et ut scias propter nos illum fuisse | circumcisum, audi Paulum manifestissime praedicantem: „in quo habitat“, inquit, „omnis plenitudo divinitatis corporaliter, et estis in illo repleti, qui est caput omnis principatus et potestatis; in quo et circumcisi estis circumcisione sine manibus, in exspoliatione corporis carnis, in circumcisione Christi, consepulti ei in baptismate, in quo et conresurreximus per fidem operationis Dei, qui suscitavit eum a mortuis“. Et mors igitur et resurrectio et circumcisio eius pro nobis factae sunt. 84

2. „Cum impleti“, inquit, „essent dies circumcidendi puerum, vocatum est nomen eius Iesus, quod vocatum fuerat ab angelo, antequam conciperetur“. Vocabulum Iesu gloriosum omni adoratu cultuque dignissimum, „nomen quod est super omne nomen“, non decuit primum ab ho-

---

[1] Statt der zweiten Person Plural *(resurrexistis)* setzt Origenes Kol 2,12 die erste Person Plural *(conresurreximus)*. — Zur geistlichen Beschneidung vgl. Origenes, *hom. in Gen.* 3,5–7 (GCS 29,44–50).

[2] Vgl. auch Origenes, *hom. in Ex.* 11,3 (GCS 29,255); *hom. in Ios.* 11,1 (GCS 30,287f); *comm. in Cant.* 1,4 (GCS 33,101). — Zur Verehrung des Namens Jesu vgl. Noye, *Jésus* 1111.

Homilie 14

Über die Stelle: „Als aber die Tage seiner Beschneidung erfüllt waren“ bis dorthin, wo es heißt: „ein Paar Turteltauben oder zwei junge Tauben“ (Lk 2,21–24).

1. Christus, „insofern er gestorben ist, ist der Sünde gestorben“ (Röm 6,10), nicht weil er selber gesündigt hat — „denn er hat keine Sünde begangen, und es war kein Falsch in seinem Munde“ (1 Petr 2,22) —, sondern er ist gestorben, damit wir, die wir tot waren, auf Grund seines Todes für die Sünden nicht mehr der Sünde und den Lastern lebten. Daher heißt es: „Wenn wir mit ihm gestorben sind, werden wir auch mit ihm leben“ (Röm 6,8); wie wir also zusammen mit ihm, der gestorben ist, gestorben sind und mit ihm, der auferstanden ist, auferstanden sind, so sind wir auch zusammen mit ihm beschnitten und nach der Beschneidung in einer feierlichen Reinigung gereinigt. Deswegen brauchen wir in keiner Weise mehr eine fleischliche Beschneidung. Damit dir klar ist, daß er unseretwegen beschnitten wurde, höre auf Paulus, der in aller Deutlichkeit verkündet: „Denn in ihm wohnt alle Fülle der Gottheit leiblich, und in ihm seid ihr erfüllt. Er ist das Haupt aller Herrschaft und Macht; in ihm wurdet ihr beschnitten in einer Beschneidung nicht von Menschenhand, durch Entfernung leiblichen Fleisches, sondern in der Beschneidung Christi, seid ihr doch durch die Taufe mit ihm begraben, in dem wir auch auferweckt sind [1], durch den Glauben an das Wirken Gottes, der ihn von den Toten auferweckt hat“ (Kol 2,9–12). Also fanden sein Tod, seine Auferweckung und seine Beschneidung für uns statt.

2. „Als die Tage für die Beschneidung des Knaben erfüllt waren“, heißt es weiter, „erhielt er den Namen Jesus, wie der Engel ihn genannt hatte, noch bevor er empfangen worden war“ (Lk 2,21). Dieser ruhmvolle, jeder Anbetung und Verehrung überaus würdige Name „Jesus“ [2], dieser „Name, der über alle Namen ist“ (Phil 2,9), wurde ihm

minibus appellari neque ab eis efferri in mundum, sed ab excellentiori quadam maiorique natura. Unde signanter evangelista addidit, dicens: „et vocatum est nomen eius Iesus, quod vocatum fuerat ab angelo, antequam conciperetur in utero“. | 85

3. Deinde sequitur: „cum impleti essent dies purgationis eorum, secundum legem Moysi, duxerunt eum in Hierosolymam“. Propter purgationem, inquit, „eorum“. Quorum „eorum“? Si scriptum esset: propter purgationem eius, id est Mariae, quae pepererat, nihil quaestionis oriretur et audacter diceremus Mariam, quae homo erat, purgatione indiguisse post partum. Nunc vero in eo, quod ait: „dies purgationis eorum“, non videtur unum significare, sed alterum sive plures. Ergo Iesus purgatione indiguit et immundus fuit aut aliqua sorde pollutus? Temerarie forsitan videor dicere, sed scripturarum auctoritate commotus. Vide, quid in Iob scriptum sit: „nemo mundus a sorde, nec si unius quidem diei fuerit vita eius“. Non dixit: „nemo mundus a peccato“, sed: „nemo mundus a sorde“. Neque enim id ipsum significant sordes atque peccata; et ut scias aliud sordem, aliud sonare peccatum, Isaias manifestissime docet, dicens: „lavabit Dominus sordem filiorum et filiarum Sion, et sanguinem mundabit de medio eorum, spiritu iudicii sordem et spiritu combustionis sanguinem“. | 86

4. Omnis anima, quae humano corpore fuerit induta, habet „sordes“ suas. Ut autem scias Iesum quoque sordidatum propria voluntate, quia pro salute nostra humanum corpus assumpserat, Zachariam prophetam ausculta dicen-

---

[3] Ältere Forscher bringen die vorliegende Stelle in Beziehung zur Frage nach der *virginitas in partu* Mariens. Zu Unrecht, denn aus dem Zusammenhang ist deutlich, daß Maria sich die gleiche Befleckung zuzog, der auch Jesus durch seine Menschwerdung als solche unterlag.

geziemenderweise zunächst nicht von Menschen gegeben und nicht von ihnen in die Welt gebracht, sondern von einem ausgezeichneteren und höheren Wesen. Bezeichnenderweise fügt deswegen das Evangelium hinzu: „und er erhielt den Namen Jesus, wie der Engel ihn genannt hatte, noch bevor er empfangen worden war“ (Lk 2,21).

3. Dann folgt: „Als die im Gesetz des Mose vorgesehenen Tage ihrer Reinigung erfüllt waren, brachten sie ihn nach Jerusalem“ (Lk 2,22). Es heißt „ihrer“ (Mehrzahl!) Reinigung. Wer ist damit gemeint? Wenn es hieße wegen „ihrer“ (weiblich) Reinigung, das heißt Marias, die ihn geboren hatte, dann wäre kein Problem da und wir würden kühn behaupten, daß Maria, die ein Mensch war, nach der Geburt einer Reinigung bedurfte[3]. Wenn es aber jetzt heißt „die Tage ihrer (Mehrzahl) Reinigung“, so scheint damit nicht ein Mensch, sondern zwei oder mehrere bezeichnet zu sein. Bedurfte also Jesus selber einer Reinigung, war er unrein und von irgendeinem Schmutz befleckt? Was ich sage, erscheint verwegen, aber ich tue es, weil die Autorität der Schrift mich dazu veranlaßt. Gib acht, was bei Ijob geschrieben steht: „Niemand ist von Befleckung rein, nicht einmal, wenn sein Leben nur einen Tag dauerte“ (Ijob 14,4). Es heißt nicht: „niemand ist von Sünden rein“, sondern: „niemand ist von Befleckung rein“. Denn Befleckung und Sünde sind nicht das gleiche. Damit du beides, Befleckung und Sünde, unterscheidest, sagt Jesaja mit aller Deutlichkeit: „Der Herr wusch aber die Befleckung der Söhne und Töchter Zions, er hat die Blutschuld aus ihrer Mitte hinweggespült, durch den Geist des Gerichts die Befleckung und durch den Geist des Verbrennens das Blut“ (Jes 4,4).

4. Jede Seele, die mit einem menschlichen Leib bekleidet wurde, hat ihre Befleckung. Damit dir klar wird, daß auch Jesus sich auf Grund seines freien Willens beflecken ließ, weil er zu unserem Heil einen menschlichen Leib angenommen hat, vernimm, was der Prophet Sacharja sagt:

tem: „Iesus erat indutus vestibus sordidis“. Quod quidem adversus eos facit, qui negant Dominum nostrum humanum habuisse corpus, sed de caelestibus et spiritalibus fuisse contextum. Si enim de caelestibus et, ut illi falso asserunt, de sideribus et alia quadam sublimiori spiritalique natura corpus eius fuit, respondeant, qui potuerit spiritale corpus esse sordidum aut quomodo hoc interpretentur, quod posuimus: „Iesus erat indutus vestibus sordidis“. Si autem fuerint necessitate compulsi, ut suscipiant spiritale corpus | [87] sordidum intellegi vestimentum, debent consequenter dicere, quoniam illud, quod in repromissionibus ponitur, completum sit, id est: „seminatur corpus animale, surgit corpus spiritale“, [et] quod polluti et sordidi resurgamus, quod etiam cogitare piaculum est, maxime cum quis sciat scriptum esse: „seminatur in corruptione, surget in incorruptione; seminatur in ignobilitate, surget in gloria; seminatur in infirmitate, surget in fortitudine; seminatur corpus animale, surget corpus spiritale“.

5. Oportuit ergo, ut pro Domino et Salvatore nostro, qui „sordidis vestimentis“ fuerat „indutus“ et terrenum corpus assumpserat, offerrentur ea, quae purgare sordes ex lege consueverant.

Quod frequenter inter fratres quaeritur, loci occasione commotus retracto. Parvuli baptizantur „in remissionem

---

[4] Zur patristischen Interpretation von Sach 3,3 vgl. LECUYER, *Jésus*, ebd. 89–91 über Origenes.

[5] Gemeint sind hier Gnostiker wie MARKION oder APELLES. Über die gnostische Christologie und speziell ihre Anschauungen vom Leib Christi vgl. ORBE, *Christología gnóstica* 318–351.

[6] „Irdischer“ im Gegensatz zu „ätherischem“ Leib. Den „irdischen“ Leib empfingen die Menschen als Strafe für ihre Sünde; vgl. CROUZEL, *Anthropologie* 381–383; ders., *Doctrine origénienne*.

[7] Nach JEREMIAS, *Kindertaufe* 75, stellt unsere Stelle neben ORIGENES, *hom. in Lev.* 8,3 (GCS 29,398) und *comm. in Rom.* 5,9 (PG 14, 1043 bis 1048), ein „Zeugnis von höchstem Gewicht“ für die Kindertaufe zur Zeit des Origenes dar. Die Stelle ist freilich kein Beleg für die Erbsün-

„Jesus war mit einem schmutzigen Gewand bekleidet" (Sach 3,3)[4]. Dieses Wort richtet sich gegen die, die leugnen[5], daß unser Herr einen menschlichen Leib gehabt habe, daß dieser vielmehr aus Himmlischem und Geistlichem bestanden habe. Wenn dieser Leib nämlich, wie sie fälschlicherweise behaupten, aus einer sternenhaften oder einer anderen höheren und geistigen Natur gebildet war, dann sollen sie doch eine Antwort geben auf die Frage, wie ein geistlicher Leib befleckt werden konnte oder wie sie den eben zitierten Satz „Jesus war mit einem schmutzigen Gewand bekleidet" (Sach 3,3) auslegen. Wenn die Logik sie dann zwingt, einen geistlichen Leib als ein schmutziges Gewand zu verstehen, dann müssen sie auch konsequenterweise zugeben, daß wir, weil die Verheißungen in Erfüllung gehen, das heißt „ein seelischer Leib gesät wird, aber ein geistlicher Leib aufersteht" (1 Kor 15,44), befleckt und beschmutzt auferstehen, was auch nur zu denken gottlos ist, vor allem, wenn man weiß, daß geschrieben steht: „Gesät wird in Vergänglichkeit, auferweckt in Unvergänglichkeit, gesät wird in Unansehnlichkeit, auferweckt in Herrlichkeit, gesät wird in Schwachheit, auferweckt wird in Kraft, gesät wird ein seelischer Leib, auferweckt wird ein geistlicher Leib" (1 Kor 15,43f).

5. Also war es notwendig für unseren Herrn und Heiland, der „mit einem schmutzigen Gewand bekleidet war" und einen irdischen Leib[6] angenommen hatte, Opfergaben darzubringen, die nach dem Gesetz und alten Brauch die Befleckung hinwegnehmen.

Ich benutze die Gelegenheit, noch einmal auf eine Frage einzugehen, die oft von den Brüdern gestellt wird. Kleine Kinder werden „zur Nachlassung der Sünden" getauft[7].

---

denlehre; denn die Kinder werden nach Auffassung des Origenes nicht von der Sünde Adams befreit, sondern von der Befleckung, die aus der Annahme eines Leibes als solcher folgt.

peccatorum". Quorum „peccatorum"? vel quo | tempore I 88 peccaverunt? aut quomodo potest illa lavacri in parvulis ratio subsistere, nisi iuxta illum sensum, de quo paulo ante diximus: „nullus mundus a sorde, nec si unius quidem diei fuerit vita eius super terram"? Et quia per baptismi sacramentum nativitatis „sordes" deponuntur, propterea baptizantur et parvuli: „nisi" enim „quis renatus fuerit ex aqua et spiritu, non poterit intrare in regnum caelorum".

6. „Cum", inquit, „expleti essent dies purgationis eorum". Explentur „dies" et mystice. Neque enim statim, ut nata fuerit anima, purgatur, nec potest perfectam in ipso ortu consequi puritatem; sed sicut scriptum est in lege: „Si masculum pepererit, septem diebus sedebit mater in sanguine immundo ac deinde triginta tribus in sanguine puro, et ad extremum ipsa et infans sedebunt in sanguine purissimo", sic quia lex spiritalis est et „umbram habet futurorum bonorum", possumus intellegere purgationem veram nobis evenire post tempus. Ego puto, quod et post resurrectionem ex mortuis indigeamus sacra|mento eluente nos I 89 atque purgante — nemo enim absque sordibus resurgere poterit —, nec ullam posse animam reperiri, quae universis statim vitiis careat. Unde in regeneratione baptismi assumitur sacramentum, ut, quomodo Iesus secundum dispensationem carnis oblatione purgatus est, ita etiam nos spiritali regeneratione purgemur.

7. „Duxerunt eum secundum legem Moysi in Hierosolymam, offerre ante conspectum Domini". Ubi sunt, qui

[8] Vgl. hierzu ORIGENES, *hom. in Lev.* 8,2f (GCS 29, 394–398).

[9] Vgl. auch ORIGENES, *hom. in Num.* 25,6 (GCS 30,241f); *comm. in Mt.* 15,23 (GCS 40, 417). Nach KOCH, *Fegfeuer* 70, ist es für Origenes „ausgemacht, daß jeder, der mit dem Tode aus dem Kampf gegen die Sünde scheidet, der Reinigung bedarf". Vgl. zu des Origenes Lehre vom Fegefeuer u.a. CROUZEL, *L'exégèse origénienne*.

Welcher Sünden eigentlich? Oder wann haben sie denn gesündigt? Oder wie kann es bei kleinen Kindern denn überhaupt einen Grund für das Taufbad geben, es sei denn in dem Sinn, von dem kurz vorher die Rede war: „Niemand ist von Befleckung rein, nicht einmal, wenn sein Leben nur einen Tag dauerte" (Ijob 14,4f LXX)? Ja, weil durch das geheimnisvolle Zeichen der Taufe die Befleckung der Geburt beseitigt wird, deswegen werden auch die kleinen Kinder getauft. „Denn wenn einer nicht wiedergeboren wurde aus dem Wasser und dem Geiste, dann kann er nicht in das Himmelreich gelangen" (Joh 3,5).

6. „Als die Tage ihrer Reinigung erfüllt waren", heißt es (Lk 2,22). Daß die „Tage erfüllt" werden, hat auch eine geistliche Bedeutung. Denn die Seele wird nicht sofort nach ihrer Geburt gereinigt, und sie kann nicht bei der Geburt schon vollkommene Reinigung erlangen. Vielmehr wie es im Gesetz geschrieben steht: „Wenn eine Frau einen Knaben gebiert, so soll sie sieben Tage in ihrem unreinen Blut dasitzen und dann dreißig Tage in reinem Blut, und schließlich sollen sie und ihr Kind in allerreinstem Blut dasitzen" (Lev 12,2–4)[8], und weil das „Gesetz geistlich ist und den Schatten der zukünftigen Güter enthält" (Röm 7,14), vermögen wir zu verstehen, daß die wirkliche Reinigung sich erst nach einer gewissen Zeit ereignet. Ja, ich glaube, daß wir sogar nach der Auferstehung von den Toten noch eines Geheimnisses[9] bedürfen, das uns reinigt und läutert — niemand nämlich wird ohne Befleckung auferstehen können —, und daß überhaupt keine Seele gefunden werden kann, die ganz frei ist von allen Fehlern. Deswegen wird bei der Wiedergeburt das Geheimnis der Taufe vollzogen, damit, wie Jesus selber im Hinblick auf seine Menschwerdung durch eine Opfergabe gereinigt wurde, auch wir uns durch die geistliche Wiedergeburt läutern.

7. „Sie brachten ihn gemäß dem Gesetz des Mose nach Jerusalem, um ihn vor dem Angesicht des Herrn darzubringen" (Lk 2,22). Wo sind die, die den Gott des Gesetzes

Deum legis negant, qui aiunt non istum, sed alium a Christo fuisse in evangelio praedicatum: „Misit Deus Filium suum, factum ex muliere, factum sub lege“? Ergo putandum est, quod Filium suum bonus Deus sub lege fecerit Creatoris et sub inimici iure, quod ipse non dederat? Quin potius ideo sub lege factus est, „ut redimeret eos, qui sub lege erant“, et aliae legi subiceret, de qua dudum lectum est: „Attendite, populus meus, legem meam“, et reliqua. „Adduxerunt“ ergo „eum, ut statuerent ante conspectum Domini“. Cuius scripturae praecepta complentes? Nempe illius: „sicut scriptum est“, inquit, „in lege Moysi, quia omne masculinum, quod aperit vulvam, sanctum Domino vocabitur“, et: „ter per annum apparebit omne masculinum in conspectu Domini Dei“. Masculina, quae ex eo, quod vulvam matris aperuerunt, sancta erant, offerebantur ante altare | Domini: „omne“, inquit, „masculinum, quod aperit [90] vulvam“, sacratum quippiam sonat. Quemcunque enim de utero effusum marem dixeris, non sic aperit vulvam matris suae ut Dominus Iesus, quia omnium mulierum non partus infantis, sed viri coitus vulvam reserat.

8. Matris vero Domini eo tempore vulva reserata est, quo et partus editus, quia sanctum uterum et omni dignatione venerandum ante nativitatem Christi masculus omnino non tetigit. Audeo quid loqui, quia et in eo, quod scriptum est: „Spiritus Dei veniet super te, et virtus Altissimi obumbrabit te“, principium seminis et conceptus fuerit, et sine

---

[10] Anspielung auf die Markioniten.

leugnen und die behaupten, nicht er, sondern ein anderer sei von Christus im Evangelium verkündet worden[10]: „Gott sandte seinen Sohn, von einer Frau geboren und dem Gesetz untertan“ (Gal 4,4)? Man müßte also annehmen, daß der gute Gott seinen Sohn unter das Gesetz des Schöpfers und unter das Recht seines Feindes, das er selber nicht aufgestellt hat, gebracht hat? Statt daß er deswegen unter das Gesetz gebracht wurde, „damit er die loskaufe, die unter dem Gesetze waren“ (Gal 4,5), und damit er sie einem anderen Gesetz unterwerfe, aus dem gerade vorgelesen wurde: „Mein Volk, beachte mein Gesetz“ und so weiter (Ps 78,1). „Sie brachten ihn also, um ihn vor das Angesicht des Herrn zu stellen“ (Lk 2,22). Sie erfüllten damit die Vorschrift welcher Schriftstelle? Jener, an der es heißt: „Wie geschrieben steht im Gesetz des Mose: jedes männliche Wesen, das den Mutterschoß öffnet, soll dem Herrn heilig genannt sein“ (Ex 13,2; Num 8,16) und „dreimal im Jahr soll jedes männliche Wesen vor dem Antlitz des Herrn und Gottes erscheinen“ (Ex 34,23). Die männlichen Wesen, die deswegen, weil sie den Mutterschoß geöffnet haben, dem Herrn heilig waren, wurden vor dem Altar des Herrn dargebracht. „Jedes männliche Wesen, das den Mutterschoß öffnet“, heißt es und klingt dabei heilig-bedeutsam. Denn sonst sagt man von einem männlichen Wesen einfach, daß es aus dem Schoß hervorgegangen ist, und nicht, daß es den Schoß seiner Mutter geöffnet hat so wie beim Herrn Jesus. Denn es ist ja bei allen anderen Frauen nicht die Geburt des Kindes, die den Schoß aufschließt, sondern die Vereinigung mit dem Mann.

8. Der Schoß der Mutter unseres Herrn wurde in dem Augenblick geöffnet, in dem die Leibesfrucht hervortrat, denn kein Mann hatte vor der Geburt Christi diesen heiligen und verehrungswürdigen Schoß berührt. Ja ich wage zu sagen: Das Wort „Der Geist Gottes wird über dich kommen, und die Kraft des Allerhöchsten wird dich überschatten“ (Lk 1,35) war der Beginn der Zeugung und

vulvae reseratione novus in utero foetus adoleverit. Unde et ipse Salvator loquitur: „ego autem sum vermis et non homo, opprobrium hominum et abiectio plebis". Videbat in matris utero immunditiam corporum, visceribus eius hinc inde vallatus terrenae faecis patiebatur angustias; unde assimilat se vermi et dicit: „ego sum vermis et non homo". Ex mare quippe ac femina homo nasci solet, ego vero non | 91
ex masculo et femina, secundum ritum hominum atque naturam, sed in exemplum „vermis" natus sum, cuius non aliunde semen, sed in ipsis et ex ipsis, in quibus coalescit corporibus, origo est.

9. Propter quod, quia „omne masculinum, quod aperit vulvam, sanctum Domino vocabitur", ductus est „in Hierosolymam", ut appareret ante conspectum Dei, et propter illud, quod sequitur: „ut daretur munus pro eo, quod in lege Domini scriptum est: par turturum aut duo pulli columbarum".

Turturum par et duos pullos columbarum pro Salvatore videmus oblatos. Ego et aves istas beatas puto, quae pro ortu Domini oblatae sunt; et quomodo asinam Balaam miror et felicitate accumulo, quia digna fuerit non solum videre angelum Dei, sed etiam ore reserato in humanum sermonem erumpere, sic multo amplius has volucres praedico atque sustollo, quod pro Domino nostro et Salvatore ante altare oblatae sunt. „Ut offerrent pro eo par turturum aut duos pullos columbarum".

10. Novum quid forsitan videar inferre, sed pro maiestate rei parum dignum. Sicut nova fuit generatio Salvatoris

---

[11] VAGAGGINI, *Maria* 89 f, sieht zwischen dieser Stelle und TERTULLIAN, *carn.* 23 (SCh 217,304) „un notevole parallelismo d'idee et d'espressioni". Eine direkte Abhängigkeit ist zwar nicht ausgeschlossen, aber auch nicht unbedingt anzunehmen.

[12] Die Anschauung, daß Würmer und sonstige niedere Lebewesen durch Urzeugung entstehen, war in der Antike sehr verbreitet; vgl. BALM, *Zeugungslehre*.

[13] Anspielung auf Num 22,25.28–30.

der Empfängnis, und der neue Fötus begann im Mutterleib zu wachsen, ohne daß der Schoß geöffnet worden war[11]. Deswegen sagt auch der Heiland selber: „Ich aber bin ein Wurm und kein Mensch, das Gespött der Menschen und die Verachtung des Volkes“ (Ps 22,7). Er sah nämlich im Schoß seiner Mutter die Unreinheit der Leiber, eingeschlossen im Mutterleib litt er unter der Enge des Erdenschlamms. Daher vergleicht er sich mit einem Wurm und sagt: „Ein Wurm bin ich und kein Mensch“. Aus einem Mann und einer Frau wird gewöhnlich der Mensch geboren, ich aber bin nicht aus einem Mann und einer Frau geboren nach dem Brauch der Menschen und der Natur, sondern nach dem Vorbild eines Wurms[12] bin ich geboren, der nicht aus einem fremden Samen entsteht, sondern in dem Körper und aus dem Körper, in dem er sich entwickelt.

9. Deswegen, weil „jedes männliche Wesen, das den Schoß der Mutter öffnet, dem Herrn heilig genannt wird“, wurde er „nach Jerusalem gebracht“, damit er vor dem Angesicht des Herrn erschiene, und auch aus dem Grund, der im folgenden angegeben ist: „und um die Gabe darzubringen, die im Gesetz des Herrn bezeichnet ist, ein Paar Turteltauben oder zwei junge Tauben“ (Lk 2,24).

Ein Paar Turteltauben und zwei junge Tauben werden also, wie wir sehen, für den Heiland dargebracht. Ich für meinen Teil preise diese beiden Vögel selig, daß sie für die Geburt des Herrn dargebracht wurden. Und so wie ich die Eselin Bileams bewundere und sie aufs höchste beglückt sehe, daß sie nicht nur gewürdigt wurde, den Engel Gottes zu sehen, sondern auch den Mund zu öffnen und menschliche Laute von sich zu geben[13], so preise und erhebe ich noch viel mehr diese Vögel, weil sie für unseren Herrn und Heiland vor dem Altar Gottes dargebracht wurden. „Damit sie für ihn ein Paar Turteltauben und zwei junge Tauben darbrächten“ (Lk 2,24).

10. Noch etwas Neues möchte ich vorbringen, was freilich nur wenig zur Größe des hier behandelten Gegenstan-

non ex viro et muliere, sed ex sola tantum virgine, sic et „par turturum et duo pulli“ isti „columbarum“ non fuerunt tales, quales oculis carnis adspicimus, sed qualis Spiritus sanctus est, qui „in specie columbae descendit et venit“ super Salvatorem, quando in Iordane baptizatus est. Tale fuit et „par turturum“: non erant illae volucres, ut istae, quae per aërem volitant, sed divinum quiddam et humana contemplatione augustius „sub specie columbae“ et turturis apparebat, ut non talibus victimis, qualibus omnes homines, ille, qui pro toto mundo nascebatur et pati habebat, coram Domino mundaretur, sed, ut dispensatio eius nova omnia, ita novas quoque haberet hostias, secundum voluntatem omnipotentis Dei in Christo Iesu: „cui est gloria et imperium in saecula saeculorum. Amen.“

des paßt. So wie die Zeugung des Heilandes nicht aus einem Mann und einer Frau, sondern nur aus einer Jungfrau neu war, so waren auch das Paar Turteltauben und die zwei jungen Tauben nicht von der Art, wie wir sie mit unseren fleischlichen Augen sehen, sondern wie der Heilige Geist, der in der „Gestalt einer Taube herabstieg" und auf unseren Heiland kam, als er im Jordan getauft wurde (vgl. Mt 3, 16). Derart war auch das Paar Turteltauben: Diese Vögel waren nicht so wie die, die durch die Lüfte fliegen, vielmehr erschien unter der Gestalt einer Taube und einer Turteltaube etwas Göttliches und über menschliche Wahrnehmung Hinausgehendes, so daß er, der für die ganze Welt geboren wurde und leiden sollte, nicht durch solche Opfergaben gereinigt werde, durch die die übrigen Menschen gereinigt werden, sondern daß er auch neue Opfergaben habe, so wie seine Heilsordnung alles neu macht, nach dem Willen des allmächtigen Gottes in Christus Jesus, „dem die Herrlichkeit und die Macht ist in alle Ewigkeit. Amen" (1 Petr 4, 11).

Homilia XV 92

De Simeone, quod in spiritu ad templum venerit, usque ad eum locum, ubi ait: „Nunc dimittis servum tuum, Domine, in pace“.

1. Digna Dei munere quaerenda est ratio, quomodo „Simeon vir sanctus et Deo placens“, sicut in evangelio scriptum est, „exspectans consolationem Israhel, responsum acceperit a Spiritu sancto non se prius morte obiturum, quam videret Christum Domini“. Quid ei profuit videre Christum? Utrum hoc tantum in repromissione habuit, ut videret illum nihilque ex visu eius consequeretur utilitatis, an latet aliquod donum dignum Deo, quod beatus Simeon et meruit et accepit? „Fimbriam vestimenti Iesu mulier tetigit et sanata est“. Si illa ad extremam partem vestimenti tantum emolumenti habuit, quid putandum est de Simeone, qui „in suas ulnas accepit“ infantem et in brachiis tenens laetabatur atque gaudebat, videns parvulum a se gestari, qui ad vinctos venerat resolvendos seque ipsum nodis corporis liberandum, sciens neminem posse de claustro corporis quempiam emittere cum spe futurae vitae, nisi eum, quem „in brachiis“ continebat?

2. Unde et ad eum loquitur: „nunc dimittis, Domine, servum tuum in pace“; | 93 quamdiu enim Christum non tenebam, quamdiu illum meis brachiis non artabam, clausus eram et de vinculis exire non poteram. Hoc autem non solum de Simeone, sed de omni humano genere sentiendum est. Si quis egreditur e mundo, si quis e carcere et vinctorum

---

[1] Zum Platonischen *claustrum corporis* vgl. COURCELLE, *Tradition platonicienne*; ders., *L'âme*.

Homilie 15

Über Simeon, daß er im Heiligen Geist zum Tempel kam, bis dorthin, wo es heißt: „Nun entlasse deinen Knecht, Herr, in Frieden“ (Lk 2,25–29).

1. Wir müssen einen Grund dafür suchen, warum Gott in dieser Weise Simeon seine Gunst erweist und dieser „Heilige und Gott wohlgefällige Mann“, wie es im Evangelium heißt, „der auf Israels Tröstung wartete, vom Heiligen Geist die Antwort empfangen hat, er werde nicht sterben, bevor er den Christus des Herrn gesehen habe“ (Lk 2,25). Welchen Nutzen hatte er davon, Christus zu sehen? Bestand die Verheißung in nichts anderem als darin, daß er Christus sehen werde, und brachte ihm dieses Sehen keinen weiteren Gewinn, oder ist in dieser gotteswürdigen Gabe irgend etwas verborgen, was der heilige Simeon verdiente und tatsächlich erlangte? „Die Frau berührte den Saum des Gewandes Jesu und wurde geheilt“ (Lk 8,44). Wenn diese Frau davon, daß sie den äußersten Rand des Gewandes berührte, einen solchen Gewinn hatte, was ist dann erst von Simeon zu halten, „der das Kind in seine Arme nahm“ (Lk 2,28) und, es dort haltend, sich freute und fröhlich war, weil er sah, daß er das Kind in Händen hatte, das gekommen war, um die Gefesselten zu befreien und auch ihn von den Banden des Leibes zu erlösen! Denn Simeon wußte, daß niemand anders die Menschen aus dem Gefängnis des Leibes[1] entlassen und ihnen Aussicht auf ein zukünftiges Leben geben konnte als der, den er auf seinen Armen trug.

2. Deswegen redet er das Kind auch an: „Nun entläßt du, Herr, deinen Knecht in Frieden“ (Lk 2,29). Solange ich Christus nämlich noch nicht festhielt, solange ich ihn noch nicht in meine Arme drückte, war ich eingeschlossen und konnte meine Bande nicht abschütteln. Was für Simeon gilt, gilt aber genauso für das ganze Menschengeschlecht. Wenn jemand die Welt verlassen, wenn jemand aus dem

domo dimittitur, ut ad regnandum vadat, sumat Iesum in manibus suis et circumdet eum brachiis suis, totum habeat in sinu suo, et tunc exsultans ire poterit, quo desiderat.

Considerate, quanta dispensatio praecesserit, ut Filium Dei Simeon mereretur tenere. Primum responsum a sancto Spiritu acceperat „non eum videre mortem, nisi prius vidisset Christum Domini“.

3. Deinde non fortuitu ac simpliciter ingressus est templum, sed „venit ad templum in spiritu Dei“; „quotquot enim spiritu Dei ducuntur, hi filii Dei sunt“. Spiritus igitur sanctus eum duxit in templum. Tu quoque si vis tenere Iesum et amplexari manibus et dignus fieri exire de carcere, omni labore nitere, ut ducem habeas spiritum veniasque ad templum Dei. Ecce nunc stas in templo Domini Iesu, hoc est in ecclesia eius; hoc est templum „e vivis lapidibus“ exstructum. Stas autem in templo Domini, quando vita tua et conversatio ecclesiae fuerit appellatione dignissima.

4. Si veneris „in spiritu ad templum“, invenies parvulum Iesum, levabis illum brachiis tuis et dices: „Nunc dimittis servum tuum, Domine, in pace secundum verbum tuum“. Simulque attende, quod solutioni et dimissioni pax addita sit. Non enim ait: dimitti volo, | [94] sed cum additamento „in pace“ dimitti. Nam et beato Abrahae hoc idem promissum est: „tu autem vades ad patres tuos in pace, enutritus in senectute bona“. Quis est, qui moriatur „in pace“, nisi ille, qui habet „pacem Dei, quae omnem sensum superat custo-

---

[2] Origenes ist mit solchen Aussagen der erste Zeuge einer eigentlichen Verehrung der Kindheit Jesu; vgl. zur Geschichte dieser Frömmigkeitsform NOYE, *Enfance de Jésus* 653.

Gefängnis und aus dem Gefangenenhaus freikommen will, um zur Herrschaft zu gelangen, dann nehme er Jesus in seine Hände, dann umschlinge er ihn mit seinen Armen, dann drücke er ihn gegen seine Brust[2]. Vor Freude jubelnd wird er gehen können, wohin immer er will.

Bedenkt, mit welcher Sorgfalt alles so eingerichtet war, daß Simeon schließlich den Sohn Gottes in seinen Armen halten konnte. Zunächst hatte er vom Heiligen Geist die Antwort erhalten, „er werde den Tod nicht schauen, bevor er nicht den Christus des Herrn gesehen habe“ (Lk 2,26).

3. Dann war es alles andere als ein Zufall, daß er in den Tempel gekommen war, er kam vielmehr „im Heiligen Geist“ in den Tempel (Lk 2,27); „denn alle, die vom Heiligen Geist geführt werden, sind Söhne Gottes“ (Röm 8,14). Der Heilige Geist führte ihn also in den Tempel. Wenn also auch du Jesus in Händen halten, ihn umarmen willst und gewürdigt werden willst, aus deinem Kerker herauszukommen, dann gib dir nur alle Mühe, den Heiligen Geist zum Führer zu haben und zum Tempel Gottes zu kommen. Siehe, jetzt stehst du im Tempel unseres Herrn Jesus, das heißt in seiner Kirche, das heißt in dem aus „lebendigen Steinen“ (1 Petr 2,5) errichteten Tempel. Du stehst aber dann wirklich im Tempel des Herrn, wenn dein Leben und dein Wandel der Bezeichnung „Kirche“ auch würdig sind.

4. Wenn du „im Heiligen Geist“ zum Tempel gekommen bist, dann findest du dort den Knaben Jesus, du nimmst ihn in deine Arme, und du sagst ihm: „Nun entlässest du deinen Knecht, Herr, nach deinem Wort in Frieden“ (Lk 2,29). Bei diesem Wort fällt auf, daß dem „nun entlässest du“ ein „in Frieden“ beigefügt ist. Denn es ist ja nicht einfach von Entlassen die Rede, sondern es wird hinzugefügt „in Frieden“. In der Tat, auch dem seligen Abraham wurde die gleiche Verheißung zuteil: „Du aber gehst zu deinen Vätern in Frieden, nachdem du ein glückliches Greisenalter verbracht hast“ (Gen 15,15). Wer anders aber stirbt „im Frieden“, als wer „den Frieden Gottes hat, der alles Begreifen

ditque cor“ possessoris sui? Quis est, qui de saeculo isto recedit „in pace“, nisi is, qui intellegit, quod „Deus erat in Christo mundum reconcilians sibi“, nihilque inimicum habet et adversarium Deo, sed omnem pacem atque concordiam bonis in se operibus assumpsit et sic „in pace“ dimittitur pergere ad sanctos patres, ad quos et Abraham profectus est?

5. Quid de patribus loquar? Ad ipsum quoque patriarcharum principem et dominum est ire, Iesum, de quo dicitur: „melius est resolvi et esse cum Christo“. Ille habet Iesum, qui audet loqui: „vivo, iam non ego, vivit autem in me Christus“. Ut igitur et nos stantes in templo et tenentes Dei Filium amplexantesque eum digni remissione et profectione ad meliora simus, oremus omnipotentem Deum, oremus et ipsum parvulum Iesum, quem alloqui et tenere desideramus in brachiis: „cui est gloria et imperium in saecula saeculorum. Amen.“

übersteigt und das Herz bewahrt" (Phil 4,7) dessen, der ihn besitzt? Wer anders verläßt diese Welt in Frieden als der, der begreift, daß „Gott in Christus war, um sich die Welt zu versöhnen" (2 Kor 5,19), und so in keiner Weise mehr Gott zum Feind und Gegner hat, sondern vielmehr allen Frieden und alle Eintracht auf Grund guter Werke in sich gesammelt hat und damit entlassen wird, zu den heiligen Vätern zu wandern, zu denen auch Abraham aufgebrochen ist?

5. Was rede ich von den heiligen Vätern? Der Weg führt vielmehr zum Anführer und Herrn der Patriarchen, zu Jesus, von dem es heißt: „Es ist besser, aufgelöst zu werden und bei Christus zu sein" (Phil 1,23). Jesus aber besitzt derjenige, der zu sagen wagt: „Ich lebe, jedoch nicht mehr ich, sondern Christus lebt in mir" (Gal 2,20). Daß also auch wir im Tempel stehen, den Sohn Gottes in Händen halten und umarmen mögen und so der Freilassung und des Aufbruchs in ein besseres Dasein gewürdigt werden, darum wollen wir den allmächtigen Gott und wollen wir auch den Knaben Jesus selber[3] bitten, den wir anzusprechen und in die Arme zu schließen verlangen, „dem die Herrlichkeit und die Macht ist in alle Ewigkeit. Amen" (1 Petr 4,11).

---

[3] Die Stelle steht in einer gewissen Spannung zu ORIGENES, *or.* 15,4, wo es heißt, das Gebet wende sich nicht an Christus, sondern durch Christus an den Vater. Nach PRAT, *Origène* 60f, bezieht sich die Anweisung in *or.* 15,4 auf das liturgische Gebet.

Homilia XVI 95

De eo, quod scriptum est: „Erant pater eius et mater admirantes super his, quae dicebantur de eo“, usque ad locum, ubi ait: „ecce iste positus est in ruinam et resurrectionem multorum in Israhel“.

1. „Et erant“, inquit, „pater illius et mater admirantes super his, quae dicebantur de eo“. Congregemus in unum ea, quae in ortu Iesu dicta scriptaque sunt de eo, et tunc scire poterimus singula quaeque digna esse miraculo. Quamobrem mirabatur et pater — sic enim appellatus est et Ioseph, quia nutricius fuit —, mirabatur et mater super omnibus, „quae dicebantur de eo“. Quaenam ergo sunt, quae de parvulo Iesu fama disperserat? „Pastores erant in regione illa, vigilantes et observantes custodias noctis super gregem suum.“ Venit angelus sub ipsa hora nativitatis Iesu et ait ad eos: „Annuntio vobis gaudium magnum: ite et invenietis infantem involutum pannis et positum in praesepi“. Necdum angelus verba finierat, et ecce „multitudo caelestis exercitus“ laudare coepit et benedicere Deum. Cum hoc pastores trepidi perspexissent et „angelus recessisset ab eis, dixerunt ad se invicem: Eamus Bethleem et videamus factum, quod Dominus ostendit nobis“. Venerunt et invenerunt parvulum. Tam illi quam parentes quae facta fuerant, mirabantur.

2. Super hoc et de Simeone scribitur, quod rumorem auxerit | et miraculi vel magna pars fuerit. Tenuit enim (96) puerum in brachiis suis et ait: „Nunc dimittis, Domine, servum tuum in pace, secundum verbum tuum, quia viderunt oculi mei salutare tuum“. Fastigium et, ut ita dicam,

Homilie 16

Über die Stelle: „Sein Vater und seine Mutter wunderten sich über das, was über ihn gesagt wurde“ bis dorthin, wo es heißt: „Dieser ist zum Fall und zur Auferstehung vieler in Israel gesetzt“ (Lk 2,33 f).

1. „Und sein Vater und seine Mutter“, heißt es, „wunderten sich darüber, was man über ihn sagte“ (Lk 2,33). Stellen wir zusammen, was bei der Geburt Jesu über ihn gesagt und geschrieben wurde, dann werden wir begreifen, wie bewundernswürdig alle Einzelheiten sind. Deswegen wunderte sich auch der Vater — so wird Josef genannt, weil er der Nährvater war — und wunderte sich die Mutter über all dies, „was über ihn gesagt wurde“. Was aber waren das für Dinge, die über den Jesusknaben allenthalben erzählt wurden? „Hirten waren in jener Gegend, die Wache hielten und des Nachts ihre Herde hüteten“ (Lk 2,8). Ein Engel kam zu ebendieser Stunde der Geburt Jesu und sprach zu ihnen: „Ich verkünde euch eine große Freude; geht, und ihr werdet ein Kind finden, das in Windeln gewickelt ist und in einer Krippe liegt“ (Lk 2,10.12). Kaum hatte der Engel diese Worte gesprochen, siehe, da begann „eine große Schar des himmlischen Heeres“ (Lk 2,13) Gott zu loben und zu preisen. Voller Furcht nahmen die Hirten das wahr, und „als der Engel von ihnen gegangen war, sagten sie zueinander: Laßt uns nach Betlehem gehen und das Geschehene schauen, das der Herr uns kundtat“ (Lk 2,15). Sie kamen dorthin und fanden das Kind. Und wie die Eltern wunderten auch sie sich über das, was geschehen war.

2. Über Simeon sagt die Schrift, daß er zum Gerede der Leute über Jesus beigetragen habe, ja daß er zu einem großen Teil die Ursache für ihre Verwunderung war. Denn er hatte ja den Knaben in seinen Armen gehalten und gesagt: „Nun entläßt du, Herr, deinen Knecht in Frieden, nach deinem Wort, denn meine Augen haben dein Heil gesehen“ (Lk 2,29 f). Der Höhepunkt und sozusagen der Gipfel des-

culmen super his, quae iactabantur de Iesu et pater et mater illius mirabantur, sermo Simeonis fuit.

Non enim suffecit ei tenere parvulum et ea, quae de semetipso scripta sunt, proloqui, sed „benedixit" patri illius et matri, et de ipso quoque prophetavit infante dicens: „Ecce, hic positus est in ruinam et resurrectionem multorum in Israhel, et in signum, cui contradicetur. Tuam quoque ipsius animam pertransibit gladius, ut revelentur de multis cordibus cogitationes".

3. Quid sibi vult hoc quod ait: „ecce, hic positus est in ruinam et resurrectionem multorum in Israhel"? Huic quid simile in evangelio secundum Ioannem scriptum repperi: „in iudicium ego in mundum istum veni, ut qui non vident, videant et, qui vident, caeci fiant". Quomodo ergo „in iudicium" venit, ut „non videntes" de nationibus „viderent" et, qui prius videbant de Israhel, „caeci fierent", sic venit „in ruinam et resurrectionem multorum". In adventu enim Domini Salvatoris, qui prius steterant, corruerunt et, qui ceciderant, surrexerunt. Una haec est interpretatio de eo, quod | dictum est: „ecce, hic positus est in ruinam et | 97
resurrectionem multorum in Israhel".

4. Est autem et altius quid intellegendum adversus eos vel maxime, qui contra Conditorem latrant, et hinc inde de veteri testamento, quae non intellegunt, testimonia congregantes „simplicium corda decipiunt". Aiunt enim: ecce, Deus legis et prophetarum, videte qualis sit. „Ego", inquit, „occidam, et ego vivificabo, percutiam et sanabo, et non est, qui eruat de manibus meis". Audiunt: „occidam", et non audiunt: „vivificabo", audiunt: „percutiam", et audire

---

[1] Wörtlich „bellen", wohl typischer für HIERONYMUS als für Origenes. Zur Position der Markioniten vgl. u.a. ORIGENES, *princ.* 2,5 (341–355 GÖRGEMANNS/KARPP); zum Verhältnis des ORIGENES gegenüber MARKION vgl. RIUS-CAMPS, *Orígenes y Marción*; DANIÉLOU, *L'unité*.

sen, was über Jesus gesagt wurde, und worüber der Vater und die Mutter sich wunderten, war dieses Wort Simeons.

Denn er hatte sich nicht damit begnügt, das Kind in Händen zu halten und die Worte zu sprechen, die in der Schrift aufgezeichnet sind, sondern er pries darüber hinaus den Vater und die Mutter und stellte über das Kind selber eine Prophezeiung auf: „Siehe, dieser ist gesetzt zum Fall und zur Auferstehung vieler in Israel, und zu einem Zeichen, dem widersprochen wird; auch deine eigene Seele wird ein Schwert durchdringen, so daß sich die Gedanken vieler Herzen enthüllen" (Lk 2,35).

3. Was heißt das, was Simeon da sagt: „Siehe, dieser ist gesetzt zum Fall und zur Auferstehung vieler in Israel"? Eine ähnliche Aussage habe ich im Evangelium nach Johannes gefunden: „Zum Gericht bin ich in diese Welt gekommen, damit die Nichtsehenden sehen und die Sehenden blind werden" (Joh 9,39). So wie Jesus also zum Gericht kam, damit die „Nichtsehenden" aus den Heidenvölkern sähen und die zuvor „Sehenden" aus Israel „blind würden", so kam er auch „zum Fall und zur Auferstehung vieler". Bei der Ankunft unseres Herrn und Heilands stürzten nieder, die vorher aufrecht standen, und standen auf, die vorher gefallen waren. Dies ist eine erste Auslegung des Wortes „Siehe, dieser ist gesetzt zum Fall und zur Auferstehung vieler in Israel".

4. Es läßt sich aber noch ein tieferer Sinn erkennen, der wohl vornehmlich gegen die gerichtet ist, die gegen den Schöpfer keifen [1] und die „Herzen der einfachen Gläubigen täuschen" (Röm 16,18), indem sie aus dem Alten Testament, das sie nicht verstehen, wahllos Zitate sammeln. So sagen sie zum Beispiel: Schaut, was das für ein Gott ist, der Gott des Gesetzes und der Propheten, denn er sagt von sich: „Ich werde töten, und ich werde lebendig machen, ich werde verwunden, und ich werde heilen, und keiner kann meinen Händen etwas entreißen" (Dtn 32,39). Dabei hören sie: „ich werde töten", überhören aber: „ich werde lebendig ma-

contemnunt: „et ego sanabo“. Istiusmodi occasionibus Creatorem calumniantur.

5. Igitur antequam interpreter, quem sensum habeat: „ego interficiam et vivificabo, percutiam et sanabo“, opponam eis testimonium evangelii dicamque adversus haereticos — innumerabiles quippe haereses sunt, quae evangelium secundum Lucam recipiunt —: Si propterea cruentus et tantum iudex et crudelis est Conditor, quia dicit: „ego interficiam et vivificabo, percutiam et sanabo“, manifestissimum est et Iesum ipsius esse filium; eadem siquidem de eo scripta sunt: „ecce, hic positus est in ruinam et resurrectionem multorum in Israhel“, non „in resurrectionem“ tantum, sed et „in ruinam“. Si malum est interficere, malum sit et „in ruinam“ venire. Quid respondebunt? Utrumne recedent a cultu eius, an quaerent aliquam interpretationem et ad tropologias confugient, ut, quod „in ruinam“ venerit, benignitatem magis quam austeritatem sonet?

6. Et quomodo iustum erit, quando quid in evangelio tale reperitur, ad allegorias et novas intellegentias confugere, quando vero in veteri instrumento, statim accusare et nullam explanationem, quamvis probabilis sit, recipere? Sed et hoc, quod sequitur: „in iudicium ego veni in mundum istum, ut non videntes videant et qui vident caeci fiant“, quamvis quaerant, ut edisserant, implere non poterunt. Ego vero, qui opto esse ecclesia|sticus et non ab 98
haeresiarchae aliquo, sed a Christi vocabulo nuncupari et

---

[2] Anspielung auf Röm 11,22 *(bonitas/severitas)*. Zur gnostischen Auslegung des Alten Testaments vgl. SIMONETTI, *Variazioni gnostiche* 7–14.

[3] Zur allegorischen Schriftauslegung vgl. u. a. LUBAC *„Typologie“ et „allégorisme“*; TORJESEN, *Hermeneutical procedure*.

chen“, sie hören: „ich werde verwunden“, wollen aber nicht hören: „ich werde heilen“. Solche Schriftstellen nehmen sie dann zum Vorwand, um über den Schöpfer herzufallen.

5. Bevor ich nun den Sinn dieser Schriftstelle deute: „Ich werde töten, und ich werde lebendig machen, ich werde verwunden, und ich werde heilen“, halte ich den Häretikern das Zeugnis des (Lukas-)Evangeliums entgegen — es gibt ja zahllose Häresien, die das Evangelium nach Lukas annehmen — und sage gegen sie: Wenn deswegen der Schöpfer blutdürstig und nichts als ein grausamer Richter ist, weil er gesagt hat: „Ich werde töten, und ich werde lebendig machen, ich werde verwunden, und ich werde heilen“ (Dtn 32,39), dann ist völlig klar, daß Jesus sein Sohn ist; denn von ihm steht das gleiche geschrieben, nämlich: „Siehe, dieser ist gesetzt zum Fall und zur Auferstehung vieler in Israel“ (Lk 2,34), nicht also nur zur Auferstehung, sondern auch zum Fall. Wenn es etwas Böses ist zu „töten“, dann auch „zum Fall zu kommen“. Was werden die Häretiker erwidern? Werden sie sich von seiner Verehrung abkehren, oder werden sie ihre Zuflucht bei ihren Auslegungen und figürlichen Redeweisen suchen und erklären, daß sein „Kommen zum Fall“ eher etwas Gutes als etwas Strenges[2] bedeutet?

6. Aber ist das redlich, so vorzugehen: Wenn man im Evangelium etwas Derartiges findet, dann nimmt man seine Zuflucht zu Allegorien[3] und neuen Verständnisweisen, wenn es aber im Alten Testament steht, fängt man sofort an, über den Schöpfer herzufallen, und weist jede noch so glaubwürdige Erklärung ab? Aber auch das Folgende: „Zum Gericht bin ich in diese Welt gekommen, damit die Nichtsehenden sehen und die Sehenden erblinden“ (Joh 9,39) vermögen sie nicht, richtig zu erklären, wie sehr sie sich auch darum bemühen. Ich jedenfalls verhalte mich bei der Auslegung dem Alten Testament gegenüber nicht anders als gegenüber dem Neuen; denn ich möchte ein Mann der Kirche sein und nicht nach dem Gründer irgendeiner Häresie genannt werden, sondern

habere nomen, quod benedicitur super terram, et cupio tam opere quam sensu et esse et dici christianus, aequalem et in veteri et in nova lege quaero rationem.

7. Loquitur Deus: „ego interficiam"; libenter habeo, ut interficiat Deus. Quando enim vetus in me homo est et vivo adhuc quasi homo, cupio, ut occidat in me Deus veterem hominem et vivificet me ex mortuis. „Primus" enim, ait, „homo de terra terrenus, secundus homo de caelo caelestis. Sicut portavimus imaginem terreni, portemus et imaginem caelestis". Secundum hunc sensum intellegitur et illud: „in iudicium ego veni in mundum istum, ut qui non vident videant et qui vident caeci fiant". Habemus in nobis omnes homines et adspectum et caecitatem. Adam et videbat et non videbat. Eva quoque, antequam aperirentur oculi eius, vidisse describitur: „vidit", inquit, „mulier lignum, quia bonum ad comedendum et optimum oculis ad videndum; et tollens de fructu ligni comedit et dedit viro suo, et comederunt". Igitur non erant caeci, sed videbant.

8. Deinde sequitur: „et aperti sunt oculi eorum". Ergo caeci fuerant nec videbant, quorum oculi postea sunt aperti; sed qui bene ante viderant, postquam mandatum Domini praetergressi sunt, coeperunt videre male et adspectum oboedientiae subrepente delicto postea perdiderunt. Ego sic intellego et illud, quod dicit Deus: „Quis fecit mutum et surdum, videntem et caecum? Nonne ego, Dominus Deus?"

Est oculus corporis, quo terrena ista conspicimus, oculus secundum sensum carnis, de quo scriptura ait: „frustra

---

[4] Vgl. *hom. in Luc.* 2,2 mit Anmerkung.

[5] Zum Anspruch des Origenes, Christ und Mann der Kirche zu sein, vgl. LUBAC, *Geist* 63–87.

[6] Origenes liebt dieses Wort aus dem Deuteronomium; vgl. die bei VOGT, *Kirchenverständnis* 181, Anm. 31, angegebenen Stellen.

[7] Zu „irdisch" und „himmlisch" vgl. CROUZEL, *Théologie* 182–189.

[8] Vgl. ORIGENES, *hom. in Num.* 17,3 (GCS 30,157f).

[9] Vgl. ORIGENES, *or.* 29,2 (GCS [3],382); CROUZEL, *Anthropologie* 275–377.

nach Christi Namen, der gepriesen ist auf Erden[4], und ich möchte diesen Namen tragen; ja, ich will in Tat und Denken Christ sein und heißen[5].

7. Gott spricht also: „Ich werde töten" (Dtn 32,39)[6], und ich bin ihm dafür dankbar, daß er tötet. Wenn nämlich der alte Mensch noch in mir lebt und ich gleichsam noch als Mensch lebe, dann trachte ich danach, daß Gott in mir den alten Menschen tötet und mich von den Toten wieder zum Leben erweckt. „Der Erste Mensch nämlich, heißt es, ist von der Erde, ist irdisch, der Zweite Mensch ist vom Himmel, ist himmlisch. Wie wir das Bild des Irdischen getragen haben, so laßt uns auch das Bild des Himmlischen tragen" (1 Kor 15,47–49)[7]. In diesem Sinn ist auch jenes Wort zu verstehen: „Zum Gericht bin ich in diese Welt gekommen, damit die Nichtsehenden sehen und die Sehenden blind werden" (Joh 9,39). Wir Menschen haben alle in uns Sehen und Blindsein. Adam sah und sah wiederum auch nicht. Auch von Eva heißt es, daß sie sah, bevor ihre Augen geöffnet wurden: „Die Frau sah den Baum, daß er gut wäre zum Essen und für das Auge wunderschön anzusehen; und sie nahm von der Frucht des Baumes und aß und gab ihrem Manne, und sie aßen" (Gen 3,6f). Also waren sie nicht blind, sondern sahen.

8. Dann heißt es weiter: „und ihre Augen wurden geöffnet". Also waren sie blind und sahen nicht; denn ihre Augen wurden ja erst nachher geöffnet. In Wirklichkeit ist es so, daß sie vorher gut gesehen hatten und schlecht zu sehen begannen, als sie das Gebot Gottes übertraten, und daß sie ihr Sehvermögen verloren, nachdem sie sich durch Ungehorsam vergangen hatten[8]. So jedenfalls verstehe ich den folgenden Ausspruch Gottes: „Wer schuf den Stummen und den Tauben, den Sehenden und den Blinden? Bin ich es nicht, der Herr und Gott?" (Ex 4,11).

Es gibt das leibliche Auge, mit dem wir diese irdischen Dinge erblicken, das Auge des Fleisches[9], von dem die Schrift sagt: „Eitel einherschreitend, aufgebläht in der Sin-

incedens inflatus sensu carnis". Cui habemus alium contrarium meliorem et divina sapientem; qui quia caecus in nobis erat, venit Iesus, ut faceret eum videre, ut, qui non vide|bant, viderent, qui autem videbant, caeci fierent. Iuxta 99 hunc ergo sensum et hoc, quod nunc habemus in manibus, intellegendum: „ecce, iste positus est in ruinam et resurrectionem multorum in Israhel".

9. Habeo aliquid in me, quod male stat et peccati superbia se erigit: hoc cadat, hoc subruatur, quod si ceciderit, id quod ante corruerat, surgens stabit. „Interior homo" meus quondam iacebat elisus, et exterior stabat erectus. Antequam crederem in Iesum, bonum in me iacebat, malum stabat. Postquam ille venit, tunc quod in me malum fuit, corruit et expletum est illud: „semper mortificationem Iesu in corpore circumferentes", et illud: „mortificate membra vestra super terram, fornicationem, immunditiam, luxuriam, idololatriam, veneficia", et cetera.

10. Horum omnium utilis ruina facta est. Et de hac ruina dicitur: „Ubicunque fuerit cadaver, illuc congregabuntur aquilae". Cadaver quippe a casu nomen accepit. Bona est haec ruina, ad quam primum venit Iesus, nec potest facere resurrectionem, nisi ruina praecesserit. Veniat ante destruere, quod in me malum fuit, ut illo destructo et mortificato consurgat in me et vivificetur id quod bonum est, ut consequamur in eo regnum caelorum: „cui est gloria et imperium in saecula saeculorum. Amen."

---

[10] Vgl. ORIGENES, *hom. in Num.* 17,3 (GCS 30,157f); *hom. in Ezech.* 2,3 (GCS 33,345): *alii quippe in nobis oculi sunt meliores his quos habemus in corpore. Qui oculi aut Iesum Dominum vident, qui eos ad se intuendum creavit, aut certe omnino caeci sunt. Si peccator sum, nihil video nec possum veritatis lumen aspicere.* — Zur Lehre von den geistlichen Sinnen bei Origenes vgl. RAHNER, *Début d'une doctrine.*

[11] Nach WALDE/HOFMANN, *Lateinisches etymologisches Wörterbuch* 127, kommen tatsächlich das griechische πτῶμα von πίπτω, ebenso wie

nesart des Fleisches“ (Kol 2,18). Aber wir haben noch ein anderes, besseres Auge, diesem entgegengesetzt, das nach göttlichen Dingen Ausschau hält. Weil dieses in uns blind war, kam Jesus, um es sehend zu machen, damit diejenigen, die nicht sahen, sähen, die aber sahen, blind würden[10]. In diesem Sinne ist auch die Stelle zu verstehen, mit der wir uns gerade beschäftigen: „Siehe, dieser ist gesetzt zum Fall und zur Auferstehung vieler in Israel“ (Lk 2,34).

9. Ich habe etwas in mir, das auf böse Weise steht und sich im Stolz der Sünde aufrichtet, dies soll fallen, dies soll stürzen; wenn es gefallen ist, dann wird das, was vorher gestürzt war, sich erheben und dastehen. „Mein innerer Mensch“ (Röm 7,22) lag nämlich vordem gebrochen darnieder, und „mein äußerer Mensch“ (2 Kor 4,16) stand aufrecht da. Bevor ich an Jesus glaubte, lag das Gute in mir darnieder, und das Böse stand aufrecht. Nachdem er gekommen ist, stürzte nieder, was in mir böse war, und ging das Wort in Erfüllung: „Immer tragen wir den Tod Jesu an unserem Leib herum“ (2 Kor 4,10) und das andere Wort: „Ertötet eure irdischen Glieder: die Unzucht, die Unreinheit, die Ausschweifung, den Götzendienst, die Zauberei“ und so weiter (Kol 3,5).

10. Ihr aller Fall war nützlich, und über diesen Fall heißt es: „Wo immer das Aas ist, da sammeln sich die Geier“ (Mt 24,28). Ja, das Wort „Aas“ (cadaver) kommt von „Fall“ (casus)[11]. Es ist ein guter Fall. Und dazu ist Jesus zunächst gekommen. Und er kann das Auferstehen nur wirken, wenn der Fall vorausgegangen ist. Ja, möge er doch kommen, zunächst um zu zerstören, was in mir böse ist, damit nach dessen Vernichtung und Tötung das Gute, das in mir ist, auferstehe und lebendig werde, damit wir in ihm das Himmelreich erlangen, „dem die Herrlichkeit und die Macht ist in alle Ewigkeit. Amen“ (1 Petr 4,11).

---

dessen lateinische Übersetzung *cadaver* von *cado*. Zur Rolle der Etymologie in der Alten Kirche vgl. OPELT, *Etymologie*, bes. 839–842.

Homilia XVII 100

De eo, quod scriptum est: „Erat pater eius et mater admirantes super his, quae dicebantur de eo", rursum usque ad eum locum, ubi de Anna scribitur.

1. Lucas, qui scripsit: „Spiritus sanctus veniet super te, et virtus Altissimi obumbrabit te; propter hoc et quod natum fuerit sanctum, vocabitur Filius Dei", et qui manifeste nobis tradidit, quoniam virginis filius fuit Iesus nec de humano conceptus est semine, iste patrem eius Ioseph testatus est dicens: „Et erat pater illius et mater admirantes super his, quae dicebantur de eo". Quae igitur causa exstitit, ut eum, qui pater non fuit, patrem esse memoraret? Qui simplici expositione contentus est, dicet: honoravit eum Spiritus sanctus patris | vocabulo, quia nutrierat Salvato- | 101
rem. Qui autem altius aliquid inquirit, potest dicere: quoniam generationis ordo a David usque ad Ioseph deducitur, ne videretur frustra Ioseph nominari, qui pater non fuerat Salvatoris, ut generationis ordo haberet locum, „pater" appellatus est Domini. „Admirabantur" igitur „pater illius et mater super his, quae dicebantur de eo" tam ab angelo quam a „multitudine caelestis exercitus" nec non et a pastoribus. Omnia quippe haec audientes vehementissime mirabantur.

2. Deinde scriptura ait: „Benedixit eis Simeon et dixit ad Mariam, matrem eius: Ecce, iste positus est in ruinam et in resurrectionem multorum in Israhel, et in signum, cui contradicetur. Et tuam ipsius animam pertransibit gladius, ut revelentur ex multis cordibus cogitationes". Quomodo Salvator „in ruinam et in resurrectionem multorum" venerit, est contemplandum. Qui simpliciter exponit, potest dicere

Homilie 17

Nochmals über die Stelle: „Sein Vater und seine Mutter wunderten sich über das, was über ihn gesagt wurde" bis dorthin, wo über Hanna geschrieben wird (Lk 2,33–38).

1. Der gleiche Lukas schreibt einerseits: „Heiliger Geist wird über dich kommen, und die Kraft des Allerhöchsten wird dich überschatten; deshalb wird auch das Heilige, das geboren wird, Sohn Gottes genannt werden" (Lk 1,35) und überliefert so in aller Deutlichkeit, daß Jesus Sohn einer Jungfrau war und nicht aus menschlichem Samen gezeugt wurde, bezeichnet aber andererseits Josef doch als den Vater Jesu, wenn er sagt: „Und sein Vater und seine Mutter wunderten sich über das, was über ihn gesagt wurde" (Lk 2,33). Warum nennt er den, der kein Vater war, doch Vater? Wer sich mit einer einfachen Auslegung zufriedengibt, wird sagen: Der Heilige Geist ehrte ihn mit der Bezeichnung Vater, weil er den Heiland ernährt hat. Wer aber einen tieferen Sinn sucht, kann folgendes sagen: Da der Stammbaum von David bis zu Josef hin hergeleitet wird, wurde er Vater des Herrn genannt, damit Josef, der in Wirklichkeit nicht Vater des Heilands war, nicht scheinbar umsonst genannt wird und es überhaupt einen Sinn hat, den Stammbaum zu nennen. „Sein Vater und seine Mutter wunderten sich" also „über das, was über ihn gesagt wurde" sowohl vom Engel als von „der Schar des himmlischen Heeres" (Lk 2,13) als auch von den Hirten. Ja, sie wunderten sich außerordentlich über all dies.

2. Dann heißt es in der Schrift: „Simeon segnete sie und sagte zu Maria, seiner Mutter: Siehe, dieser ist gesetzt zum Fall und zur Auferstehung vieler in Israel und zum Zeichen, dem widersprochen wird. Auch deine eigene Seele wird ein Schwert durchdringen, auf daß aus vielen Herzen die Gedanken offenbar werden" (Lk 2,34f). Auf welche Weise der Heiland „zum Fall und zur Auferstehung vieler" gekommen ist, müssen wir überlegen. Wer eine einfache

„in ruinam“ eum venisse infidelium et „in resurrectionem“ credentium. Qui vero curiosus interpres est, dicit | nequaquam | 102 eum cadere, qui ante non steterit. Da mihi igitur, qui fuerit ille, qui steterit, et in cuius „ruinam“ Salvator advenerit, nec non et eum, qui consurgat. Nam utique ille consurgit, qui ante corruerat. Videndum est itaque, ne forte Salvator non aliis atque aliis „in ruinam“ venerit et „in resurrectionem“, sed eisdem et „in ruinam et in resurrectionem“ venerit. „In iudicium“, ait, „ego veni, ut, qui non videbant, videant et, qui videbant, caeci fiant“. Est enim in nobis aliud, quod videbat prius et postea videre desivit, et aliud, quod non videbat et postea coepit videre. Verbi gratia, volo videre illis oculis, quibus antea non videbam et qui mihi postea reserati sunt, quoniam post inoboedientiam et Adam et Evae „oculi sunt aperti“, de quibus superiori sermone tractavimus.

3. Nunc autem interpretandum, | quid sibi velit hoc, | 103 quod ait: „Ecce, hic positus est in ruinam et in resurrectionem multorum in Israhel“. Me oportet primum cadere et, cum cecidero, postea bene surgere, ne Salvator causa mihi fuerit malae ruinae. Sed propterea cadere me fecit, ut consurgam, et multo mihi ruina utilior fuerit, quam illud tempus, quo videbar stare. Stabam enim peccato eo tempore, quo peccato vivebam; et quia peccato stabam, prima mihi utilitas fuit, ut caderem et peccato morerer. Denique et sancti prophetae, quando augustius aliquid contemplabantur, cadebant in faciem suam; propterea autem cadebant, ut peccata per ruinam plenius purgarentur. Hoc ipsum et Salvator tibi primum concedit, | ut corruas. Ethnicus eras, | 104 cadat in te ethnicus; diligebas scorta, primum in te scortator intereat; peccator eras, cadat in te peccator, ut possis dehinc

Auslegung gibt, kann sagen, daß er zum Fall der Ungläubigen und zur Auferstehung der Gläubigen gekommen ist. Ein gewissenhafter Ausleger wird jedoch feststellen, daß eigentlich nicht fallen kann, wer zuvor nicht gestanden hat. Nenne mir also den, der da stand und zu dessen Fall der Heiland gekommen ist, und ebenso den, der da aufsteht. Denn es steht auf, wer vorher gefallen ist. Was es zu begreifen gilt, ist dies: Der Heiland kam nicht den einen zum Fall, den anderen zur Auferstehung, sondern denselben zum Fall und zur Auferstehung. „Zum Gericht, heißt es, bin ich gekommen, damit die Nichtsehenden sehen und die Sehenden erblinden" (Joh 9,39). Denn in uns gibt es etwas, was vorher sah und nachher zu sehen aufhörte, und etwas anderes, was nicht sah und nachher zu sehen anfing. Sehen will ich zum Beispiel mit den Augen, mit denen ich vorher nicht sah und die mir nachher geöffnet wurden, denn nach dem Ungehorsam Adams und Evas wurden meine Augen geöffnet, worüber wir in der vorausgehenden Predigt gesprochen haben.

3. Jetzt aber müssen wir erklären, was das bedeutet, wenn es heißt: „Siehe, dieser ist gesetzt zum Fall und zur Auferstehung vieler in Israel" (Lk 2,34). Ich muß zunächst fallen, und wenn ich gefallen bin, gut aufstehen, damit mir der Heiland nicht zum Anlaß eines schlechten Falls wird. Aber deswegen brachte er mich zum Fallen, damit ich aufstehe, und mein Fall wird mir von weit größerem Nutzen sein als die Zeit, da ich zu stehen glaubte. Denn da stand ich durch die Sünde aufrecht, und weil ich durch die Sünde aufrecht stand, war es für mich nützlich, daß ich zunächst fiel und der Sünde starb. Auch die heiligen Propheten fielen ja auf ihr Angesicht, wenn sie Höheres schauten; sie fielen nieder, um durch ihr Fallen vollkommener von ihren Sünden gereinigt zu werden. Genau dies schenkt dir der Heiland zuerst, daß du fällst. Du warst ein Heide, so falle in dir der Heide, du liebtest Dirnen, so gehe in dir zunächst der Hurer zugrunde, du warst ein Sünder, so falle in dir der

resurgere et dicere: „si commortui sumus, et convivemus", et: „si conformes facti sumus mortis, conformes et resurrectionis erimus".

4. Iste igitur „in ruinam et in resurrectionem multorum positus est in Israhel", hoc est in his, qui plena possunt acie et ratione conspicere, et „in signum, cui contradicetur". Omnibus, quae narrat historia de Salvatore, contradicitur. Virgo mater est, signum est, cui contradicitur: Marcionitae contradicunt huic signo et aiunt penitus eum de muliere non esse generatum; Hebionitae contradicunt signo, dicentes ex viro et muliere ita natum esse, ut nos quoque nascimur. Habuit corpus humanum, et hoc signum est, cui contradicitur: alii enim dicunt eum venisse de caelis, alii tale, quale nos, corpus habuisse, ut per similitudinem corporis etiam nostra corpora redimeret a peccatis et daret nobis spem resurrectionis. Resurrexit a mortuis, et hoc signum est, cui contradicitur: quomodo resurrexerit, utrum ipse et talis, qualis mortuus est, an certe in melioris substantiae corpus resurrexerit;

5. et est infinita contentio, aliis dicentibus: fixuram clavorum Thomae monstravit in manibus suis, aliis e regione tractantibus: si idem corpus habuit, quomodo „clausis ingres|sus est ostiis et stetit". Vides igitur, quemadmodum | 105
argumentis variis etiam resurrectionis eius quaestio conci-

---

[1] Anspielung auf die seit PHILO gegebene Etymologie von „Israel" = νοῦς ὁρῶν θεόν; vgl. WUTZ, *Onomastica sacra* 88–90. Diese Etymologie findet sich auch sonst bei ORIGENES, vgl. *hom. in Num.* 11,4 und 17,4 (GCS 30,83 und 162).

[2] Vgl. TERTULLIAN, *adv. Marc.* 1,19,2; 4,7,1 (CCL 1,460 und 553). Zu MARKION vgl. ALAND, *Marcion*.

[3] Seit IRENÄUS Bezeichnung einer aus dem Judenchristentum herausgewachsenen Sekte. Der Name kommt nicht von einem fiktiven Stifter EBION, sondern vom hebräischen Wort für „Arme" = *'aebyonîm*. Die

Sünder, so daß du schließlich aufstehen und sagen kannst: „Sind wir mitgestorben, so werden wir auch mitleben“ (2 Tim 2,11) und: „Wenn wir seinem Tode gleich geworden sind, werden wir auch mit seiner Auferstehung gleich werden“ (Röm 6,5).

4. Er wurde „also zum Fall und zur Auferstehung vieler in Israel gesetzt“, das heißt in solchen, die klar sehen[1] können mit ihrem Verstand und ihrer Vernunft, „und zum Zeichen, dem widersprochen wird“. Allem, was die Geschichte über den Heiland erzählt, wird widersprochen. Eine Jungfrau ist Mutter: „ein Zeichen, dem widersprochen wird“. Die Markioniten widersprechen diesem Zeichen und behaupten, er sei überhaupt nicht von einer Frau geboren worden[2]. Die Ebioniten[3] widersprechen dem Zeichen, indem sie sagen, er sei von einem Mann und einer Frau auf die gleiche Weise geboren worden, wie auch wir geboren werden. Er hatte einen menschlichen Leib, auch dies „ein Zeichen, dem widersprochen wird“. Die einen sagen nämlich, er sei vom Himmel gekommen, die anderen, er habe einen Leib gehabt wie auch wir, damit er auf Grund der Ähnlichkeit seines Leibes auch unsere Leiber von den Sünden befreie und uns Hoffnung auf die Auferstehung gebe. Er ist von den Toten auferstanden, auch dies „ein Zeichen, dem widersprochen wird“: Wie ist er denn auferstanden? Genau so, wie er vor dem Tod war oder mit einem Leib aus feinerem Stoff?

5. Und es ist ein ewiger Streit, wenn die einen sagen: Er hat dem Thomas das Nägelmal in seinen Händen gezeigt, und die andern gerade entgegengesetzt anführen: Wenn er denselben Leib hatte, wie ist er dann „bei verschlossenen Türen eingetreten und hat sich ihnen gezeigt“ (Joh 20,26)? Du siehst, wie mit verschiedenen Argumenten auch seine Auferstehung zu einem Problem gemacht wird und so zu

genauere Bedeutung dieser Bezeichnung ist umstritten, vgl. GRILLMEIER, *Jesus der Christus* 184; ebd. 185f über die Christologie der Ebioniten.

tetur, et sit „signum, cui contradicitur". Ego et hoc, quod prophetarum ore praedictum est, puto signum esse, cui contradicitur; sunt enim plures haeretici, qui asserunt eum a prophetis penitus non fuisse praedictum. Et quid me necesse est multa prosequi? Omnia, quae de eo narrat historia, signum est, cui contradicitur, non quo contradicant hi, qui credunt in eum — nos quippe omnia scimus vera esse, quae scripta sunt — sed quia apud incredulos universa, quae de eo scripta sunt, signum sit cui contradicitur.

6. Deinde Simeon ait: „et tuam ipsius animam pertransibit gladius". Quis est iste gladius, qui non aliorum tantum, sed etiam Mariae cor pertransiit? Aperte scribitur, quod in tempore passionis omnes sint apostoli scandalizati, ipso | [106] quoque Domino dicente: „omnes vos scandalizabimini in nocte hac". Ergo scandalizati sunt universi in tantum, ut Petrus quoque, apostolorum princeps, tertio denegarit. Quid putamus, quod scandalizatis apostolis mater Domini a scandalo fuerit immunis? Si scandalum in Domini passione non passa est, non est mortuus Iesus pro peccatis eius. Si autem „omnes peccaverunt et indigent gloria Dei, iustificati gratia eius et redempti", utique et Maria illo tempore scandalizata est.

7. Et hoc est, quod nunc Simeon prophetat dicens: „et tuam ipsius animam", quae scis absque viro peperisse te virginem, quae audisti a Gabriele: „Spiritus sanctus veniet super te, et virtus Altissimi obumbrabit tibi", „pertrans-

---

[4] Zur Lehre des Origenes über die Auferstehung Christi vgl. STUDER, *Résurrection*.

[5] Vgl. CROUZEL, *Prophéties*.

[6] Anspielung auf MARKION und gnostische Theologen.

[7] Ausführliche Auslegung dieser Stelle bei VAGAGGINI, *Maria* 162–170; vgl. auch PERETTO, *Lettura Origeniana* 354 f. Auch andere Kirchenväter verstehen das Schwert als eine Versuchung Marias gegen den Glauben, vgl. ALONSO, *Espada de Simeón*. Anders als für Origenes galt Maria im

einem „Zeichen, dem widersprochen wird“ [4]. Ich für meine Person halte dafür, auch was aus Prophetenmund verkündet wurde, ist ein „Zeichen, dem widersprochen wird“ [5]. So behaupten viele Häretiker, er sei keineswegs von den Propheten angekündigt worden [6]. Es ist nicht notwendig, weiter auf Einzelheiten einzugehen. Alles, was die Geschichte über ihn berichtet, ist „ein Zeichen, dem widersprochen wird“, nicht jedoch als ob die, die an ihn glauben, widersprächen — wir nämlich wissen, daß alles, was geschrieben steht, wahr ist —, sondern weil den Ungläubigen alles, was über ihn geschrieben steht, „Zeichen ist, dem widersprochen wird“.

6. Dann sagt Simeon: „Auch deine eigene Seele wird ein Schwert durchdringen“ (Lk 2,35). Was ist das für ein Schwert, das nicht nur das Herz der anderen durchbohrte, sondern auch Marias Herz? [7] Die Schrift sagt deutlich, daß zur Zeit der Passion alle Apostel an Jesus irre wurden. So sagt der Herr selbst: „Ihr alle werdet in dieser Nacht an mir irre werden“ (Mk 14,27). Und es wurden alle an ihm irre, ja, auch Petrus, das Haupt der Apostel, hat Jesus dreimal verraten. Dürfen wir annehmen, daß, nachdem die Apostel an ihm irre wurden, die Mutter des Herrn davor bewahrt wurde, an ihm Anstoß zu nehmen? Wenn sie bei der Passion des Herrn keinen Anstoß nahm, dann ist Jesus nicht für ihre Sünden gestorben. Wenn aber „alle gesündigt haben und der Herrlichkeit Gottes verlustig gingen, gerechtfertigt durch seine Gnade und losgekauft“ (Röm 3,23 f), so war auch Maria in jener Zeit an ihm irre geworden.

7. Genau dies besagt die Weissagung Simeons an Maria: Obwohl du weißt, daß du als Jungfrau ohne Zutun eines Mannes geboren hast, obwohl du von Gabriel gehört hast: „Heiliger Geist wird über dich kommen, und die Kraft des Allerhöchsten wird dich überschatten“ (Lk 1,35), wird

---

Mittelalter als einzige, die den Glauben an Christus nicht verloren hat; vgl. CONGAR, *Incidence ecclésiologique*.

ibit“ infidelitatis „gladius“ et ambiguitatis mucrone ferieris, | et cogitationes tuae te in diversa lacerabunt, cum 107
videris illum, quem Filium Dei audieras et sciebas absque semine viri esse generatum, crucifigi et mori et suppliciis humanis esse subiectum et ad postremum lacrimabiliter conquerentem atque dicentem: „Pater, si possibile est, pertranseat calix iste a me“. „Et tuam“ ergo „animam pertransibit gladius.

8. Ut revelentur ex multorum cordibus cogitationes“. Cogitationes erant malae in hominibus, quae propterea revelatae sunt, ut prolatae in medium perderentur et interfectae atque emortuae esse desinerent, et occideret eas ille, qui pro nobis mortuus est. Quamdiu enim absconditae erant cogitationes nec prolatae in medium, impossibile erat eas penitus interfici. Unde et nos si peccaverimus, debemus dicere: „peccatum meum notum feci tibi, et iniquitatem meam | non abscondi. Dixi: annuntiabo iniustitiam meam 108
contra me Domino“. Si enim hoc fecerimus et revelaverimus peccata nostra non solum Deo, sed et his qui possunt mederi vulneribus nostris atque peccatis, delebuntur peccata nostra ab eo, qui ait: „ecce, delebo ut nubem iniquitates tuas et sicut caliginem peccata tua“.

9. Post Simeonis prophetiam, quia necesse erat, ut mulieres etiam salvarentur, venit prophetes mulier, de qua scribitur: „et erat Anna prophetes, filia Phanuel, de tribu Aser“. Quam pulcher ordo! Non venit ante virum mulier, sed primus venit Simeon, qui apprehendit infantem et te-

[8] Anspielung auf das kirchliche Bußinstitut, das zur Zeit des Origenes das Bekenntnis der Sünden mit einschloß; vgl. VOGT, *Kirchenverständnis* 118–187; RAHNER, *Doctrine* 452–455.

„auch deine eigene Seele“ das „Schwert“ des Unglaubens „durchbohren“ und des Zweifels Schärfe dich treffen und wirst du in deinem Innern hin und her gerissen werden, wenn du siehst, wie der, von dem dir gesagt worden war, er sei Gottes Sohn, und von dem du wußtest, daß er ohne Samen des Mannes gezeugt worden war, ans Kreuz geschlagen, zu Tode gebracht, von den Menschen gequält und gefoltert wird und schließlich weinend und klagend bittet: „Vater, wenn es möglich ist, soll dieser Kelch an mir vorübergehen“ (Mt 26,39). So „wird auch deine eigene Seele ein Schwert durchdringen“ (Lk 2,35).

8. „Auf daß aus vielen Herzen die Gedanken der Menschen offenbar werden“ (Lk 2,35). Die Gedanken im Innern der Menschen waren böse. Sie wurden dazu offenbar, damit sie ans Tageslicht gebracht, vernichtet würden, zugrunde gingen und zu existieren aufhörten. Und er, der für uns gestorben ist, sollte sie zunichte machen. Solange die Gedanken noch verborgen und nicht ans Tageslicht gebracht waren, war ihre gänzliche Vernichtung nicht möglich. Deswegen müssen auch wir, wenn wir gesündigt haben, sprechen: „Meine Sünde habe ich dir bekannt und meine Missetat nicht verborgen. Ich habe gesagt: Ich will dem Herrn mein Unrecht wider mich selbst bekennen“ (Ps 32,5). Wenn wir nämlich dies getan und unsere Sünden nicht allein Gott enthüllt haben, sondern auch denen, die unsere Sünden und Wunden heilen können[8], dann werden unsere Sünden von dem ausgelöscht, der da sagt: „Siehe, ich werde wie eine Wolke deine Missetaten wegwischen und wie einen Nebel deine Sünden“ (Jes 44,22).

9. Nach der Weissagung Simeons kam, da auch die Frauen gerettet werden müssen, eine Prophetin, eine Frau, über die geschrieben steht: „Es war da auch eine Prophetin Hanna, eine Tochter Penuëls, aus dem Stamme Ascher“ (Lk 2,36). Welch schöne Reihenfolge! Es kam vor dem Mann nicht die Frau, sondern als erster kam Simeon, der

nuit in brachiis suis, deinde mulier, cuius non sunt quidem verba digesta, sed dictum est generaliter, quod „confessa sit Domino et locuta de eo omnibus, qui exspectabant redemptionem Hierusalem". Et iuste sancta mulier spiritum prophetandi meruit accipere, quia longa castitate longisque ieiuniis ad hoc culmen adscenderat.

10. Videte, mulieres, testimonium Annae, et imitamini illud! Si quando vobis evenerit, ut perdatis viros, considerate, quid de ea scriptum sit: „septem annis vixit a virginitate sua cum viro" et reliqua; propterea „pro|phetes fuit; | 109 neque enim ut libet et fortuito Spiritus sanctus habitavit in ea. Bonum est et primum, si qua potest virginitatis gratiam possidere; si autem hoc non potuerit, sed evenerit ei, ut perdat virum, vidua perseveret. Quod quidem non solum post mortem viri, sed etiam, cum ille vivit, debet habere in animo, ut etiam, si non evenerit voluntas ipsius et propositum, a Domino coronetur et dicat: hoc voveo atque promitto, si mihi humanum aliquid, quod non opto, contigerit, nihil aliud faciam, quam incontaminata et vidua perseverem. Nunc vero et se|cundae et tertiae et quartae nuptiae, | 11 ut de pluribus taceam, in ecclesia reperiuntur, et non ignoramus, quod tale coniugium eiciet nos de regno Dei. Sicut enim ab ecclesiasticis dignitatibus non solum fornicatio, sed et secundae nuptiae repellunt — neque enim episcopus nec presbyter nec diaconus nec vidua possunt esse digami —, sic forsitan et de coetu „primitivorum immaculatorumque", „ecclesia, quae non habet maculam neque ru-

---

[9] Zur Hochschätzung der Jungfräulichkeit durch Origenes vgl. CROUZEL, *Virginité* 84–131.

[10] Über die Zweitehe bei Origenes vgl. CROUZEL, *Virginité* 152–160. Schon bei heidnischen Autoren gab es eine deutliche Hochschätzung der einmaligen Ehe. In der Alten Kirche war die Zweitehe nicht verboten, wurde aber sehr kritisiert; vgl. KÖTTING, *Digamus*.

[11] Mitglied des kirchlich anerkannten Witwenstandes, dessen Aufgaben und Aufnahmebedingungen 1 Tim 5, 9–16 umschrieben sind; vgl. BOPP, *Witwentum*; KALSBACH, *Diakonisse*.

das Kind ergriff und in seinen Armen hielt, dann erst kam die Frau, deren Worte nicht im einzelnen angeführt werden, sondern von der es allgemein heißt, „sie habe den Herrn gepriesen und von ihm zu allen geredet, die den Loskauf Israels erwarteten“ (Lk 2,38). Und zu Recht verdiente diese heilige Frau, den Geist der Weissagung zu empfangen, da sie durch lange Keuschheit und vieles Fasten zu dieser Höhe aufgestiegen war.

10. Schaut, ihr Frauen, auf das Zeugnis der Hanna, und ahmt es nach! Wenn es euch eines Tages trifft und ihr eure Männer verliert, dann erwägt, was über Hanna geschrieben steht: „Sieben Jahre lebte sie nach ihrer Mädchenzeit mit ihrem Manne“ und so weiter (Lk 2,36). Deswegen war sie Prophetin. Denn nicht aufs Geratewohl und rein zufällig wohnte der Heilige Geist in ihr. Zunächst ist es nämlich gut, wenn jemand die Gnade der Jungfräulichkeit bewahren kann[9]. Gelang dies nicht, stößt es ihr aber zu, daß sie ihren Mann verliert, so bleibe sie Witwe[10]. Dies aber soll sie nicht erst nach dem Tod des Mannes im Sinn haben, sondern schon zu seinen Lebzeiten, damit sie von Gott gekrönt wird, selbst wenn ihre Absicht und ihr Vorsatz nicht zur Ausführung kamen, und sie soll sagen: Ich gelobe und verspreche, wenn mich, was ich nicht wünsche, ein unglückliches Schicksal treffen sollte, nichts anderes zu tun, als eine unbefleckte Witwe zu bleiben. Ich weiß, heute gibt es in der Kirche zwei-, drei-, viermalige Eheschließungen, ja, um nicht zu sagen, noch öftere, und doch ist uns wohlbekannt, daß ein solcher Ehebund aus dem Reich Gottes verbannt. So wie nämlich nicht nur Unzucht, sondern auch ein zweiter Ehebund von kirchlichen Ämtern ausschließt — kein Bischof, kein Priester, kein Diakon und keine „Witwe“[11] kann eine zweite Ehe eingehen —, wird möglicherweise auch der zum zweiten Mal Verheiratete aus der Schar der „Erstgeborenen und Unbefleckten“(Hebr 12,23), aus der „Kirche, die keine Flecken und Runzeln hat“ (Eph 5,27), ausgeschlossen; nicht um ins ewige Feuer

gam“, eicietur digamus; non quo in aeternum mittatur incendium, sed quo partem non habeat in regno Dei.

11. Memini, cum interpretarer illud, quod ad Corinthios scribitur: „ecclesiae Dei, quae est Corinthi, cum omnibus, qui invocant“ eum, dixisse me diversitatem esse „ecclesiae“ et eorum, „qui invocant nomen Domini“. Puto enim monogamum et virginem et eum, qui in castimonia perseveret, esse de ecclesia Dei, eum vero, qui sit digamus, licet bonam habuerit conversationem et ceteris virtutibus polleat, tamen non esse de „ecclesia“ et de eo numero, qui „non habet rugam aut maculam, aut quid istiusmodi“, sed esse de secundo gradu et de his, „qui invocant nomen Domini“, et qui salvantur quidem in nomine Iesu Christi, nequaquam tamen coronantur ab eo: „cui est gloria et imperium in saecula saeculorum. Amen.“

gestoßen zu werden, sondern weil er keinen Teil hat am Reiche Gottes.

11. Ich erinnere mich bei meinem Kommentar zu folgender Stelle aus dem Korintherbrief: „der Kirche Gottes in Korinth, mit allen, die ihn anrufen“ (1 Kor 1,2) [12], gesagt zu haben, es gebe einen Unterschied zwischen der „Kirche“ und denen, „die den Namen Gottes anrufen“. Ich bin in der Tat der Meinung, daß der nur einmal Verheiratete, der Jungfräuliche und der, welcher die Reinheit bewahrte, der Kirche Gottes angehört [13], der zweimal Verheiratete aber, mag er auch sonst von tadellosem Wandel und in den übrigen Tugenden erstarkt sein, doch nicht der Kirche angehört und der Zahl jener, „die keine Runzeln und Flecken haben oder irgendeinen derartigen Fehler“ (Eph 5,27), sondern einer zweiten Stufe angehört, denen, „die anrufen den Namen des Herrn“ und die zwar im Namen Jesu Christi gerettet, nicht aber bekränzt werden von ihm, „dem die Herrlichkeit ist und die Macht in alle Ewigkeit. Amen“ (1 Petr 4,11).

---

[12] Vgl. ORIGENES, *comm. in I Cor.* (JThS 9 [1908] 232).

[13] Weitere Belege zu dieser Unterscheidung bei VOGT, *Kirchenverständnis* 102, Anm. 88; vgl. auch RIUS-CAMPS, *Dinamismo trinitario* 453–468.

Homilia XVIII 111

De eo, quod scriptum est: „Puer autem crescebat et confortabatur“, usque ad eum locum, ubi ait: „Nescitis, quoniam in patris mei oportet me esse?“

1. Natus est Dominus meus Iesus, et adscenderunt parentes eius Hierosolymam, ut complerent ea, quae fuerant in lege praecepta, et offerrent pro eo „par turturum aut duos pullos columbarum“. Tenuit eum brachiis suis Simeon, ut dudum lectum est, et prophetavit de eo, quae narrat historia. Et postquam omnia ex more completa sunt, revertuntur parentes. Quotum Iesus tunc agebat annum? Utique adhuc parvulus erat et tamen „crescebat et confortabatur et replebatur sapientia“ et gratia; necdum quadraginta dies purgationis impleverat, necdum Nazareth venerat, et iam totam sapientiam recipiebat. Potuit scriptura dicere: „crescebat et confortabatur, et accipiebat spiritum“; sed quia „evacuaverat se, formam servi accipiens“, statim ut pro mundatione eius sacrificium oblatum est, id quod vacuefecerat, adimplevit, non quo corpus eius illico maius fuerit effectum, sed quod sacratius quippiam demonstraretur, scriptura referente: | 112 „puer autem crescebat et confortabatur et replebatur sapientia“.

2. Quaeramus, sicubi alibi de parvulo scriptum sit: „crescebat et confortabatur“, ut ex collatione multorum, quid plus in Domino nostro dicatur, intellegere valeamus. Legimus de Ioanne: „puer autem crescebat et confortabatur“, et tamen non additur: „et replebatur sapientia“, sed: „confortabatur spiritu“. Hic vero de Domino: „crescebat“, in-

---

1 Vgl. *hom. in Luc.* 12,1 mit Anmerkung.

2 Vgl. auch Origenes, *hom. in Ier.* 10,7 (GCS 6,77); zur Kenose Christi vgl. Papagno, *Flp 2,6–11.*

Homilie 18

Über die Stelle: „Der Knabe aber wuchs heran und erstarkte“ bis dorthin, wo es heißt: „Wißt ihr nicht, daß ich in dem sein muß, was meines Vaters ist“ (Lk 2,40–49).

1. Mein Herr Jesus[1] wurde geboren, und seine Eltern gingen hinauf nach Jerusalem, um auszuführen, was im Gesetz vorgeschrieben war, und sie brachten für ihn „ein Paar Turteltauben oder zwei junge Tauben dar“ (Lk 2,24). Simeon hielt den Knaben in seinen Armen, wie wir vor kurzem in der Schrift gelesen haben, und prophezeite über ihn, was die Geschichte erzählt. Und nachdem alles nach dem Brauch erfüllt war, kehrten seine Eltern zurück. Wie viele Jahre war Jesus damals alt? Jedenfalls war er zu diesem Zeitpunkt noch klein, und dennoch „wuchs er heran und erstarkte und wurde erfüllt mit Weisheit“ und Gnade (Lk 2,40). Noch hatte er nicht die vierzig Tage der Läuterung vollendet, noch war er nicht nach Nazaret gekommen, und doch nahm er schon die ganze Weisheit in sich auf. Die Schrift hätte sagen können: „Er wuchs heran und erstarkte und empfing den Geist“; aber weil er „sich entäußert und Knechtsgestalt angenommen hatte“ (Phil 2,7), empfing er mit dem Opfer, das für seine Reinigung dargebracht wurde, die Fülle wieder zurück, deren er sich entäußert[2] hatte, nicht in dem Sinn, daß sein Leib plötzlich größer wurde, nein, indem die Schrift sagt: „Der Knabe aber wuchs heran und erstarkte und wurde erfüllt mit Weisheit“ (Lk 2,40), kommt etwas Tieferes zum Ausdruck.

2. Schauen wir nach, wo sonst über ein kleines Kind geschrieben steht: „Es wuchs heran und erstarkte“, um aus dem Vergleich das Besondere, was über unseren Herrn gesagt wird, in den Blick zu bekommen. Über Johannes also lesen wir: „Der Knabe aber wuchs heran und erstarkte“ (Lk 1,80), aber davon, daß er auch mit „Weisheit erfüllt wurde“, ist nicht die Rede, sondern daß er „im Geiste erstarkte“. Über unseren Herrn aber heißt es: „Er wuchs

quit, „et confortabatur et replebatur sapientia, et gratia Dei erat super eum". Haec omnia de puero, qui necdum duodecim annos impleverat, dicta sunt.

Cum autem duodecim esset annorum, remanet in Hierusalem. Parentes eius ignorantes quaerunt eum sollicite et non inveniunt. Quaerunt „inter affines", quaerunt „in comitatu", quaerunt „inter notos", et in his omnibus non reperiunt. Quaeritur ergo Iesus a parentibus suis, a patre, qui nutricius et comes fuerat Aegyptum descendentis, et tamen non statim, ut quaeritur, invenitur. Non enim inter cognatos et carnis propinquos invenitur Iesus, non in his, qui ei corporaliter iuncti sunt. In multorum comitatu Iesus meus non potest inveniri.

3. Disce, ubi eum quaerentes repererint, ut et tu quaerens cum Ioseph Mariaque reperias. Et quaerentes, inquit, „invenerunt illum in templo". Non ubicunque in alio loco, sed „in templo", neque „in templo" simpliciter, sed „in medio doctorum, audientem et interrogantem eos". Et tu ergo quaere Iesum „in templo" Dei, quaere in ecclesia, quaere eum apud magistros, qui „in templo" sunt et non egrediuntur ex eo; si enim ita quaesieris, invenies eum. Porro si quispiam se dicit magistrum esse et Iesum non habet, iste nomine tantum magister est, et ideo apud eum non potest inveniri Iesus, verbum Dei et sapientia. Inventus est, inquit, „in medio doctorum". Quomodo in alio loco de prophetis scriptum est, sic et nunc intellege „in medio doctorum". „Si", inquit, „alteri revelatum fuerit sedenti, primus taceat". „In medio doctorum sedentem" inveniunt eum, et non solum | „sedentem", sed et „sciscitantem et audientem eos". | 113

[3] Zum Thema der Suche Jesu vgl. BERTRAND, *Mystique* 60–66.
[4] Über Amt und Aufgabe der Lehrer nach Origenes vgl. VOGT, *Kirchenverständnis* 58–70.

heran und erstarkte und wurde erfüllt mit Weisheit, und die Gnade Gottes war über ihm" (Lk 2,40). Dies alles wurde von dem Kind, welches noch keine zwölf Jahre war, gesagt.

Als Jesus aber zwölf Jahre alt war, blieb er in Jerusalem zurück. Seine Eltern, die davon nichts wußten, suchten ihn voller Sorge und fanden ihn nicht. Sie suchten ihn bei den „Verwandten", sie suchten ihn „in der Reisegesellschaft", sie suchten bei den „Bekannten", und bei all diesen fanden sie ihn nicht. Jesus wurde also von seinen Eltern gesucht, von seinem Vater, der sein Nährvater und sein Begleiter war, als er nach Ägypten hinabging, und dennoch wurde er nicht sofort, nachdem er gesucht wurde, gefunden. Denn Jesus wird nicht bei Verwandten und dem Fleische nach Nahestehenden gefunden, nicht bei den Blutsverwandten. Mein Jesus ist in Gesellschaft der vielen nicht zu finden[3].

3. Merke dir jetzt, wo die Suchenden Jesus schließlich fanden, damit auch du ihn findest, wenn du ihn zusammen mit Josef und Maria suchst. Als sie ihn suchten, heißt es, „fanden sie ihn im Tempel" (Lk 2,46). Nirgendwo anders als im Tempel, und auch im Tempel fanden sie ihn nicht einfach so, sondern „mitten unter den Lehrern. Er hörte ihnen zu und fragte sie" (Lk 2,46). Suche also auch du Jesus im Tempel Gottes, suche ihn in der Kirche, suche ihn bei den Lehrern[4], die im Tempel sind und diesen nicht verlassen. Wenn du ihn so suchst, wirst du ihn finden. Ferner: Wenn dir einer sagt, er sei Lehrer und er habe Jesus nicht, dann ist er nur dem Namen nach ein Lehrer, und deswegen kann bei ihm Jesus, das Wort Gottes und die Weisheit, nicht gefunden werden. Er wurde gefunden, heißt es, „mitten unter den Lehrern". Wie an einer anderen Stelle von den Propheten geschrieben steht, so ist auch hier das „mitten unter den Lehrern" zu verstehen: „Wenn aber einem anderen, der noch dasitzt, eine Offenbarung zuteil wird, so soll der erste schweigen" (1 Kor 14,30). Sie „fanden Jesus mitten unter den Lehrern sitzend", ja nicht nur sitzend, sondern „Fragen stellend und zuhörend". Auch jetzt ist Jesus

Et nunc praesens est Iesus, interrogat nos et audit loquentes. „Et mirabantur“, „inquit“, „omnes“. Super quo „mirabantur“? Non super interrogationibus eius, licet et ipsae mirabiles erant, sed „super responsionibus“. Aliud est enim interrogare, aliud respondere.

4. Interrogabat magistros et, quia interdum respondere non poterant, ipse illis, de quibus interrogaverat, respondebat. Quod autem responsio non vicissitudinem sermocinandi, sed doctrinam in scripturis sanctis sonet, lex divina te doceat. „Moyses loquebatur, Deus autem respondebat ei voce“. Responsio illa eorum erat, super quibus ignorantem Moysen Dominus instruebat. Interdum interrogat Iesus, interdum respondet, et sicut supra diximus, quamquam mirabilis eius interrogatio sit, tamen multo mirabilior est responsio. Ut igitur et nos audiamus eum et proponat nobis quaestiones, quas ipse dissolvat, obsecremus illum et cum labore nimio et dolore quaeramus, et tunc poterimus invenire, quem quaerimus. Non enim frustra scriptum est: „ego et pater tuus dolentes quaerebamus te“.

5. Oportet eum, qui quaerit Iesum, non neglegenter, non dissolute, non transitorie quaerere, sicut quaerunt nonnulli et ideo invenire non possunt. Nos autem dicamus: „dolentes quaerimus te“. Et cum hoc dixerimus, ad laborantem animam nostram et cum dolore quaerentem respondebit et dicet: „nescitis, quia in patris mei oportet me esse?“ Ubi sunt haeretici, ubi impii atque vesani, qui asserunt non esse patris Iesu Christi legem et prophetas? Certe Iesus „in templo“ erat, quod a Salomone constructum est, et confi-

[5] Gemeint sind wiederum die Gnostiker, zumal MARKION, die die Identität zwischen dem Vater Jesu Christi und dem Gott des Alten Bundes leugneten.

gegenwärtig, stellt uns Fragen und hört uns reden. „Und alle wunderten sich", heißt es. Worüber wunderten sie sich? Nicht über seine Fragen, obgleich auch sie bewunderungswürdig waren, sondern über seine Antworten (Lk 2,47). Etwas anderes nämlich ist es zu fragen, etwas anderes zu antworten.

4. Jesus fragte die Lehrer, und da sie ihm zuweilen keine Antwort geben konnten, antwortete er ihnen selber, wonach er gefragt hatte. Daß „Antwort" in der Heiligen Schrift aber nicht einfach den Wechsel der Rede bezeichnet, sondern Belehrung besagt, kannst du aus folgender Stelle der Heiligen Schrift lernen: „Mose sprach, Gott aber antwortete ihm in einer Stimme" (vgl. Ex 19,19). Die Antwort bestand aus dem, worüber der Herr den unwissenden Mose belehrte. Manchmal also fragte Jesus, manchmal antwortete er, und zwar so, wie wir vorhin gesagt haben: Obwohl seine Fragen bewundernswert waren, noch bewundernswerter waren seine Antworten. Daß also auch wir ihn hören können und er uns Fragen stellt, auf die er selber die Antwort gibt, laßt uns ihn bitten und unter Mühen und Schmerzen suchen; dann werden wir ihn auch finden, den wir suchen. Denn nicht umsonst steht geschrieben: „Ich und dein Vater suchten dich mit Schmerzen" (Lk 2,48).

5. Wer Jesus sucht, der darf nicht nachlässig, leichtfertig, nur halben Herzens suchen, wie ihn einige suchen und deswegen nicht finden können. Wir aber wollen sagen: „Wir haben dich unter Schmerzen gesucht". Und wenn wir das gesagt haben, dann wird er unserer sich abmühenden und unter Schmerzen suchenden Seele antworten und sagen: „Wißt ihr nicht, daß ich in dem sein muß, was meines Vaters ist?" (Lk 2,49). Wo sind die Irrlehrer[5], wo die Gottlosen und Wahnsinnigen, die da behaupten, das Gesetz und die Propheten kämen nicht vom Vater Jesu Christi? Kein Zweifel ist möglich, Jesus war im Tempel, der von Salomo erbaut worden war, und er bekennt, daß dieser

tetur templum illud patris sui esse, quem nobis revelavit, cuius filium esse se dixit. Respondeant, quomodo alter bonus et alter sit iustus Deus. Quia igitur Salvator Creatoris est filius, in commune Patrem Filiumque laudemus, cuius lex, cuius et templum est: „cui est gloria et imperium in saecula saeculorum. Amen.“

Tempel seinem Vater gehört, den er uns offenbart hat und als dessen Sohn er sich bezeichnet. Jetzt mögen sie Rede und Antwort stehen, wie da von einem guten und einem anderen gerechten Gott die Rede sein kann. Weil also der Heiland tatsächlich der Sohn des Schöpfers ist, wollen wir gemeinsam den Vater und den Sohn loben, von dem das Gesetz stammt und dem auch der Tempel gehört, „dem die Herrlichkeit und die Macht ist in alle Ewigkeit. Amen" (1 Petr 4,11).

Homilia XIX 114

Rursum de eo, quod scriptum est: „Puer autem crescebat et confortabatur“, usque ad eum locum, ubi seniores in templo interrogat.

1. Quia nonnulli, qui sanctae scripturae videntur credere, quasi in gloriam omnipotentis Dei divinitatem Salvatoris negant, iustum mihi videtur, ut ipsarum scripturarum auctoritate doceantur in humanum corpus quiddam venisse divinum, et non solum in humanum corpus, sed in humanam quoque animam. Quamquam, si diligenter sensum intendimus scripturarum, plus aliquid anima illa habuit, quam ceterae hominum animae. Omnis quippe anima hominis, antequam ad virtutem veniat, vitiis sordidatur. Porro anima Iesu nunquam peccati sorde maculata est. Siquidem antequam ad duodecimum aetatis pervenerit annum, Spiritus sanctus de eo in Lucae scribit evangelio: „Puer autem crescebat et confortabatur et replebatur sapientia“. Hoc hominum natura non recipit, ut ante duodecim annos sapientia compleatur. Aliud est partem habere sapientiae, aliud sapientia esse completum.

2. Non ambigamus ergo divinum aliquid in Iesu carne apparuisse, et non solum super hominem, sed super omnem quoque rationabilem creaturam. Et „crescebat“ inquit. „Humiliaverat“ | enim „se formam servi accipiens“, et | 115
eadem virtute, qua „se humiliaverat“, crescit. Apparuerat infirmus, quia infirmum corpus assumpserat, et ob id iterum confortatur. „Evacuaverat se“ Filius Dei, et propterea

---

[1] Gemeint sind wohl die Ebioniten, von denen *hom. in Luc.* 17,4 schon die Rede war.

[2] Nach Grillmeier, *Jesus der Christus* 276, ist Origenes „vor allem der Theologe der Seele Christi“. Über die Besonderheiten der Seele Christi nach Origenes vgl. auch Eichinger, *Verklärung Christi* 82–94.

[3] Vgl. Origenes, *princ.* 2,6,3–8 (361–373 Görgemanns/Karpp).

[4] Zur Kenose der Seele Christi vgl. Peretto, *Lettura Origeniana* 342 bis 344.

Homilie 19

Noch einmal über die Stelle: „Der Knabe wuchs heran und erstarkte" bis dorthin, wo es heißt, daß er die Ältesten im Tempel befragt (Lk 2,40–46).

1. Weil es Leute gibt[1], die anscheinend der Heiligen Schrift Glauben schenken und doch die Göttlichkeit des Heilandes gleichsam zur Ehre des allmächtigen Gottes leugnen, erscheint es mir angebracht, ihnen durch die Autorität derselben Heiligen Schrift aufzuzeigen, daß etwas Göttliches in seinen menschlichen Leib gekommen ist und nicht nur in seinen menschlichen Leib, sondern auch in seine menschliche Seele. In der Tat, wenn wir sorgfältig auf das Zeugnis der Heiligen Schrift achten, dann verhielt es sich mit Jesu Seele[2] anders als mit den übrigen Seelen. Denn jede menschliche Seele ist, bevor sie zur Tugend gelangt, von Lastern befleckt. Aber die Seele Jesu war niemals vom Schmutz der Sünde verunreinigt[3]. Über den noch nicht zwölfjährigen Jesus schreibt der Heilige Geist im Evangelium des Lukas: „Der Knabe aber wuchs und erstarkte und wurde von Weisheit erfüllt" (Lk 2,40). Daß jemand vor dem zwölften Lebensjahr von Weisheit erfüllt wird, läßt die Menschennatur sonst nicht zu. Denn es ist nicht dasselbe, bloß Anteil an der Weisheit zu haben beziehungsweise von ihr erfüllt zu sein.

2. Zweifeln wir also nicht daran, daß im Fleische Jesu etwas Göttliches erschienen ist, etwas, das nicht nur über die menschliche Natur, sondern über die gesamte vernunftbegabte Schöpfung hinausgeht. „Und er wuchs", heißt es. Er hatte sich nämlich „erniedrigt", indem er „die Gestalt eines Sklaven annahm" (Phil 2,7), jetzt „wuchs" er in derselben Kraft, mit der er „sich erniedrigt hatte"[4]. In Schwachheit war er erschienen, weil er einen schwachen Leib angenommen hatte, und deswegen erstarkte er auch wieder. Der Sohn Gottes hatte sich „leer gemacht", und

rursum completur sapientia. „Et gratia Dei erat super eum“. Non quando venit ad adolescentiam, non quando manifeste docebat, sed adhuc cum esset parvulus, habebat gratiam Dei; et quomodo omnia in illo mirabilia fuerant, ita et pueritia mirabilis fuit, ut Dei sapientia compleretur.

3. „Ibant itaque parentes eius iuxta consuetudinem in Hierusalem ad sollemnem diem Paschae. Et cum factus esset annorum duodecim“. Diligenter observa, quia, priusquam duodecim esset annorum, sapientia Dei et ceteris, quae de eo scripta sunt, complebatur. Cum ergo, ut diximus, duodecim esset annorum et iuxta morem dies sollemnitatis expleti essent et reverterentur parentes, „remansit puer in Hierusalem et nesciebant parentes eius“. Et hic sublimius quiddam, quam humana natura patitur, intellege. Non enim simpliciter „remansit“ et parentes eius, ubi esset, ignorabant, sed quomodo in Ioannis evangelio scriptum est, quando insidiabantur ei Iudaei et elapsus est de medio eorum et non apparuit, sic et nunc puto remansisse puerum in Hierusalem et parentes eius, ubi remanserit, ignorasse. Nec miremur parentes vocatos, quorum alter ob partum, alter ob obsequium matris et patris meruerunt vocabula.

4. Sequitur: „dolentes quaerebamus te“. Non puto | eos | 116 idcirco doluisse, quia putarent errasse puerum vel periisse; nec poterat accidere, ut Maria, quae sciebat se de Spiritu sancto concepisse, quae et angelum loquentem et currentes pastores et Simeonem audierat prophetantem, timeret, ne puerum perderet oberrantem. Amove hanc opinionem ma-

[5] Zu Origenes als „Begründer“ der Kindheit-Jesu-Verehrung vgl. *hom. in Luc.* 15,2.

deswegen wurde er jetzt von Weisheit erfüllt. „Und die Gnade Gottes war über ihm" (Lk 2,40). Nicht erst in seinen jungen Mannesjahren, nicht erst, als er öffentlich zu lehren anfing, sondern jetzt schon, als kleines Kind, hatte er die Gnade Gottes. Und so, wie alles bei ihm wunderbar war, so war auch seine Kindheit wunderbar bis dahin, daß er von der Weisheit Gottes erfüllt war.

3. „Es gingen also seine Eltern gemäß dem Brauch zum Paschafest nach Jerusalem. Und als er zwölf Jahre alt war" (Lk 2,41 f). Halte sorgfältig fest, daß er vor seinem zwölften Lebensjahr von Gottes Weisheit und den übrigen Gaben, die ihm zugeschrieben werden, erfüllt wurde. Als also das Kind[5], wie wir sagten, zwölf Jahre alt war, gemäß dem Brauch die Festtage vollendet waren und seine Eltern zurückkehrten, „blieb es in Jerusalem zurück, und seine Eltern wußten es nicht" (Lk 2,43). Auch hier gilt es, etwas über die menschliche Natur Hinausgehendes zu begreifen. Denn er ist nicht einfach „zurückgeblieben", so daß seine Eltern nicht wußten, wo er war. Nein, ähnlich wie im Evangelium des Johannes geschrieben steht, daß er, als die Juden ihm nachstellten, aus ihrer Mitte entwich und nicht mehr zu sehen war (vgl. Joh 8,59; 10,39), so meine ich, sei auch der Knabe in Jerusalem zurückgeblieben und haben seine Eltern nicht gewußt, wo er sich aufhielt. Wundern wir uns (übrigens) nicht, daß sie Eltern genannt werden, denn sie verdienten die Bezeichnung Vater und Mutter, der eine Elternteil wegen der Geburt, der andere wegen der von ihm erwiesenen Dienste.

4. Dann folgt: „Unter Schmerzen haben wir dich gesucht" (Lk 2,48). Ich glaube nicht, daß sie deswegen von Schmerz erfüllt waren, weil sie fürchteten, der Knabe habe sich verirrt oder sei umgekommen. Maria, die doch wußte, daß sie vom Heiligen Geist empfangen hatte, und die Zeuge der Botschaft des Engels, der herbeigeeilten Hirten und der Weissagung Simeons gewesen war, konnte unmöglich fürchten, ihr Kind habe sich verirrt und ginge verloren.

xime de Ioseph, cui ab angelo praeceptum fuerat, ut tolleret puerum et Aegyptum pergeret, qui audierat: „ne timeas tollere Mariam uxorem tuam; quod enim in ea natum est, de Spiritu sancto est". Nunquam fieri poterat, ut perditum formidaret infantem, quem divinum esse cognoverat. Aliud quiddam dolor et quaestio parentum, quam simplex lector intellegit, sonat.

5. Quomodo tu, si quando scripturas legis, quaeris in eis sensum cum dolore quodam atque tormento, non quo scripturas errasse aut perperam quid | habere arbitreris, sed | 117 quod illae intrinsecus habeant veritatis sermonem atque rationem, et tu nequeas invenire, quod verum est: ita et illi quaerebant Iesum, ne forte recessisset ab eis, ne relinquens eos ad alia transmigrasset et, quod magis puto, ne revertisset ad caelos, cum illi placuisset, iterum descensurus. „Dolentes" ergo quaerebant Filium Dei. Et cum quaererent, non invenerunt „inter cognatos". Neque enim poterat humana cognatio Dei Filium continere. Non invenerunt „inter notos", quia divina virtus maior erat notitia scientiaque mortali. Ubi igitur inveniunt eum? „In templo"; ibi enim invenitur Filius Dei. Si quando et tu quaesieris Filium Dei, quaere primum templum, illuc propera, ibi Christum, sermonem atque sapientiam, id est Filium Dei, reperies.

6. Quoniam vero parvulus erat, invenitur | „in medio | 118
praeceptorum" sanctificans et erudiens eos. Quia parvulus

---

[6] Über Josef bei Origenes vgl. BERTRAND, *Saint Joseph* 64f. 105f. 168 bis 170 u.ö.

[7] Zur Auslegungsmethode vgl. *hom. in Luc.* 10,5 mit Anmerkung.

[8] Vgl. auch ORIGENES, *comm. in Cant.* 3 (GCS 33,202). Jesus suchen bedeutet also die Hl. Schrift erforschen, vgl. hierzu LUBAC, *Geist* 204: „Wenn die Schriften für ihn (*sc.* Origenes) voller Geheimnisse sind, so sind diese Geheimnisse zuletzt immer nur ein einziges. Das Geheimnis der Einigung beider Testamente, oder, was dasselbe ist, der Beziehung zwischen Buchstabe und Geist, ist das Geheimnis des verhüllten und enthüllten Christus." Zur Analogie zwischen Jesus und der Hl. Schrift vgl. BELLET, *Sentido*; CREHAN, *Analogy*; LUBAC, *Geist* 393–404.

[9] Mit Tempel ist hier die Kirche gemeint. Sie ist, nach der Schrift, der

Besonders von Josef[6] ist diese Vorstellung fernzuhalten; denn ihm war von einem Engel befohlen worden, das Kind zu nehmen und nach Ägypten zu gehen (Mt 2,13), und er hatte die Stimme vernommen: „Fürchte dich nicht, Maria zu deiner Frau zu nehmen. Denn was von ihr geboren wird, ist vom Heiligen Geist“ (Mt 1,20). Es war unmöglich, daß Josef um den Verlust eines Kindes bangte, von dem er wußte, daß es göttlich war. Etwas anderes also, als ein naiver Leser annimmt, ist mit dem Schmerz und dem Suchen der Eltern gemeint[7].

5. Wenn du die Heilige Schrift liest, dann suchst du unter Schmerz und Qual den Sinn, nicht weil du meinst, sie könnte Irrtümer oder irgend etwas Falsches enthalten, sondern weil die Heilige Schrift in der Tat das Wort und die Vernunft in ihrem Innern einschließt, du aber diese Wahrheit nicht zu finden vermagst. In diesem Sinn suchten Josef und Maria Jesus[8]; sie fürchteten, daß er sich von ihnen abgewendet, sie verlassen habe und woanders hingegangen und, was ich am ehesten glaube, in den Himmel zurückgekehrt sei, um von dort wieder zurückzukommen, wenn es ihm beliebte. Unter Schmerzen also suchten sie den Sohn Gottes. Und als sie ihn suchten, fanden sie ihn nicht unter den „Verwandten“. Und in der Tat, menschliche Verwandtschaft vermag den Sohn Gottes nicht festzuhalten. Sie fanden ihn nicht unter den „Bekannten“, denn die göttliche Kraft geht über Menschenkenntnis und -wissen hinaus. Wo also finden sie ihn? „Im Tempel“, hier wird der Sohn Gottes gefunden. Solltest auch du einmal den Sohn Gottes suchen, dann suche zuerst den Tempel auf[9], zu ihm eile hin, dort wirst du Christus, das Wort und die Weisheit, das heißt den Sohn Gottes, finden.

6. Weil er noch klein war, fand man ihn „inmitten der Lehrer“, sie heiligend und lehrend. Weil er noch klein war,

---

„Ort“, an dem Jesus gefunden wird, vgl. auch CROUZEL, *Connaissance* 116 Anm. 3.

erat, invenitur „in medio“ non eos docens, sed „interrogans“, et hoc pro aetatis officio, ut nos doceret, quid pueris, quamvis sapientes et eruditi sint, conveniret, ut audiant potius magistros, quam docere desiderent, et se vana ostentatione non iactent. Interrogabat, inquam, magistros, non ut aliquid disceret, sed ut interrogans erudiret. Ex uno quippe doctrinae fonte manant et interrogare et respondere sapienter; et eiusdem scientiae est scire, quid interroges quidve respondeas. Oportuit primum Salvatorem eruditae interrogationis magistrum fieri, ut postea interrogationibus responderet iuxta rationem Dei atque sermonem: „cui est gloria et imperium in saecula saeculorum. Amen.“

wurde er in ihrer Mitte gefunden, nicht sie belehrend, sondern ihnen Fragen stellend, wie es sich für sein Alter gebührte. Uns zeigte er damit, was sich für Kinder, und seien sie noch so weise und gelehrt, gebührt, nämlich daß sie eher auf ihre Lehrer hören sollen als danach zu verlangen, selber Lehrer zu sein, und daß sie nicht eitel und überheblich werden. Er stellte, sagte ich, seinen Lehrern Fragen, natürlich nicht, um selber etwas zu lernen, sondern um sie durch seine Fragen zu belehren. Denn aus einer und derselben Quelle des Lehrens stammen die weisen Fragen[10] und die weisen Antworten, und es ist dieselbe Kenntnis zu wissen, was man fragen soll und was man antworten soll. Zunächst mußte unser Heiland lehren, die richtigen Fragen zu stellen, um danach gemäß der Vernunft und dem Wort Gottes auf die Fragen zu antworten, er, „dem die Herrlichkeit und die Macht ist in alle Ewigkeit. Amen" (1 Petr 4,11).

---

[10] Anspielung auf die in der damaligen Wissenschaft verbreitete Behandlung eines Gegenstandes in Frage (ζήτημα) und Antwort (λύσις), die allmählich auch in die christliche Exegese übernommen wurde, und auf das *genus litterarium* der *quaestiones et responsiones*; vgl. BARDY, „*Quaestiones et responsiones*"; DÖRRIE/DÖRRIES, *Erotapokriseis*. Spuren dieser Methode finden sich auch sonst in den *hom. in Luc.*, vgl. 6,4; 14,3; 23,1.4; 39,1.2.4.

Homilia XX 119

De eo, quod scriptum est: „Quid quoniam quaerebatis me?“, usque ad eum locum, ubi ait: „conservabat Maria omnia verba in corde suo“.

1. Quaerebant Maria et Ioseph „inter affines“ Iesum et non inveniebant, quaerebant „in comitatu“ et invenire non poterant. Quaesierunt „in templo“ et non simpliciter „in templo“, sed apud magistros, et „in medio praeceptorum“ inveniunt eum. Ubicunque magistri fuerint, ibi „in medio magistrorum“ invenitur Iesus, si tantum magister sedeat „in templo“ et nunquam egrediatur ex eo.

Profuit Iesus magistris suis et eos, quos interrogare videbatur, docuit „in medio“ eorum loquens, et quodammodo concitabat eos ad quaerenda, quae ignorabant, et investiganda, quae usque ad id locorum, utrum scirent an ignorarent, nosse non poterant.

2. Invenitur ergo Iesus „in medio magistrorum“ et inventus dicit quaesitoribus suis: „Quid quoniam quaerebatis me? Nesciebatis, quia in patris mei oportet me esse?“ Primum simpliciter sentientes armemur adversus impios | 120 haereticos, qui dicunt non esse Conditorem patrem Christi Iesu neque Deum legis et prophetarum. Ecce pater Christi Deus templi asseritur. Erubescant Valentiniani audientes Iesum dicentem: „in patris mei oportet me esse“. Erubescant omnes haeretici, qui evangelium recipiunt secundum Lucam et, quae in eo sunt scripta, contemnunt. Haec, ut dixi, sint intellecta simplicius.

3. Quoniam vero infertur: „ipsi autem non intellexerunt sermonem“, sensum scripturae diligentius ventilemus. Sic

---

[1] Vgl. Schlier, *Valentinianer*.

HOMILIE 20

Über die Stelle: „Warum habt ihr mich gesucht" bis dorthin, wo es heißt: „Maria bewahrte alle diese Worte in ihrem Herzen" (Lk 2,49–51).

1. Maria und Josef suchten Jesus „bei Bekannten" und fanden ihn nicht; sie suchten ihn „in der Reisegesellschaft" und konnten ihn nicht finden. Sie haben ihn schließlich im Tempel gesucht, das heißt, nicht einfach im Tempel, sondern „bei den Lehrern", und tatsächlich „inmitten der Lehrer" fanden sie ihn. Wo immer es Lehrer gibt, dort ist Jesus in ihrer Mitte zu finden, vorausgesetzt, die Lehrer sitzen im Tempel und haben ihn niemals verlassen.

Jesus erwies sich seinen Lehrern als nützlich. Indem er ihnen anscheinend Fragen stellte, belehrte er sie in ihrer Mitte redend. Er brachte sie dazu, zu suchen, was sie nicht wußten, und zu erforschen, wovon sie bis dahin nicht wissen konnten, ob sie es wußten oder nicht wußten.

2. Jesus wurde also „inmitten der Lehrer" gefunden, und nachdem er gefunden worden war, sagte er zu denen, die ihn gesucht hatten: „Warum suchtet ihr mich? Wußtet ihr nicht, daß ich in dem sein muß, was meines Vaters ist?" (Lk 2,49). Halten wir uns zunächst an den einfachen Sinn der Stelle, dann wappnet sie uns gegen die gottlosen Häretiker, die da behaupten, der Vater Jesu Christi sei weder Schöpfer noch der Gott des Gesetzes und der Propheten. An unserer Stelle aber heißt es, der Vater Christi sei der Gott des Tempels. Vor Scham erröten sollen die Valentinianer[1], wenn sie Jesus sagen hören: „Ich muß in dem sein, was meines Vaters ist" (Lk 2,49). Vor Scham erröten sollen alle Häretiker, die das Lukasevangelium annehmen und trotzdem mißachten, was darin geschrieben steht. Das ist, wie gesagt, der einfache Sinn der Stelle.

3. Weil es aber weiter heißt: „Sie aber haben das Wort nicht verstanden" (Lk 2,50), wollen wir den Sinn dieser Schriftstelle noch genauer erforschen. Waren seine Eltern

erant stulti et insipientes, ut nescirent, quid diceret, quia hoc, quod ait: „in patris mei me esse oportet“, significaret „in templo“? An aliud quiddam altius significat, et quod magis aedificet audientes, unusquisque nostrum si bonus fuerit atque perfectus, possessio Dei Patris est? Generaliter igitur de omnibus Salvator docuit, quod non debeat | esse [121] alibi nisi in his, qui patris sunt. Si quis vestrum Dei Patris est, habet in medio sui Iesum. Credamus quippe dicenti: „quoniam in patris mei me oportet esse“. Et magis rationabile atque vivens et verum templum Dei hoc esse suspicor, quam illud, quod typice terreno opere constructum est. Unde in illo templo ut typice fuit, ita recessit et typice. „Egressus est“ enim „de templo“ terreno dicens: „ecce, relinquetur vobis domus vestra deserta“, et relinquens illam domum venit ad possessionem Dei Patris, ecclesias in toto orbe dispersas, et dicit: „in patris mei me oportet esse“. Tunc ergo „non intellexerunt verbum, quod locutus est eis“.

4. Simul et illud attendite, quod, quamdiu in possessione patris sui fuit, sursum erat. Et quia necdum plenam fidem Ioseph et Maria habebant, propterea sursum cum eo permanere non poterant, sed dicitur descendisse cum eis. Crebro Iesus descendit cum discipulis suis, nec semper versatur in monte nec absque fine sublimia tenet. In monte cum Petro est, cum Iacobo, cum Ioanne, et rursum in alio loco

[2] Die Lehre vom Menschen als Tempel Gottes gehört in den größeren Zusammenhang der Anschauung von der Gottesgeburt im Herzen des Menschen, vgl. hierzu RAHNER, *Gottesgeburt*, 351–359 über Origenes; HAUSSLEITER, *Deus internus*, 828–830 über Origenes.

[3] *Typice* ist ein Terminus technicus der geistlichen Schriftauslegung. Dem *typus*, dem „Vor-“ oder „Vorausbild“, entspricht die „Wahrheit“, die „Erfüllung“, hier das Weggehen Jesu von den Juden zu den Heiden.

[4] Vgl. hierzu MARIN, *Gerusalemme* 225 f.

[5] Auch Maria und Josef sind noch auf dem Wege zur vollen Erkenntnis Jesu Christi; vgl. PERETTO, *Lettura Origeniana* 351–359.

[6] Im Hintergrund steht die Verklärungsperikope und ihre spezielle Auslegung durch Origenes, vgl. EICHINGER, *Verklärung Christi* 26–47.

wirklich so dumm und töricht, daß sie nicht verstanden, was er sagte, nämlich daß er mit dem „Ich muß in dem sein, was meines Vaters ist" den Tempel bezeichnete? Oder meint er damit etwas Tieferes, das die Hörer mehr erbaut, nämlich daß ein jeder von uns, wenn er gut und vollkommen ist, Besitz Gottes des Vaters ist? Ganz allgemein also lehrte hier der Heiland, daß er in all denen sein muß, die des Vaters sind. Wenn also einer von euch Gott dem Vater gehört, dann hat er mitten in sich Jesus. Laßt uns also dem Glauben schenken, der da sagt: „Ich muß in dem sein, was meines Vaters ist". Und ich meine, daß dies ein vernünftigerer und lebendigerer und wahrerer Tempel Gottes[2] ist als jener als Vorausbild[3] von Menschenhand errichtete. So wie Jesu Verweilen in diesem sichtbaren Tempel ein Vorausbild war, war auch sein Verlassen desselben ein solches. Denn „er ging hinaus aus dem sichtbaren Tempel", indem er sagte: „Seht, es bleibt euch übrig euer verlassenes Haus" (Mt 23,38). Und indem er dieses Haus verließ, begab er sich zum Besitztum Gottes des Vaters, das heißt in die auf dem ganzen Erdenrund verstreuten Kirchen, und sagte: „Ich muß in dem sein, was meines Vaters ist". Damals also „haben sie das Wort nicht verstanden, das er zu ihnen gesprochen hatte" (Lk 2,50)[4].

4. Beachtet auch dies noch: Solange er sich im Besitztum seines Vaters befand, war er in der Höhe. Weil Josef und Maria aber noch keinen vollkommenen Glauben hatten[5], deswegen konnten sie nicht ständig mit ihm auf der Höhe bleiben, sondern es heißt, daß er mit ihnen hinabgestiegen ist[6]. Oft stieg Jesus zusammen mit seinen Jüngern herab, und er verweilt weder ständig auf dem Berg noch hält er sich endlos in der Höhe auf. Mit Petrus, Jakobus, Johannes ist er auf dem Berg, mit den übrigen Jüngern hingegen an einem anderen Ort. Ferner stieg er herab, weil die, die

---

Origenes versteht die Verklärung Christi als das sich im Gläubigen vollziehende Offenbarwerden der Gottesgestalt Christi, als Aufstieg also vom Sehen der Knechtsgestalt zur Schau der Gottheit.

cum ceteris discipulis. Porro quia non valebant hi, qui variis aegrotationibus laborabant, in montem conscendere, idcirco „descendit et venit“ ad eos, qui deorsum erant. Nunc quoque scribitur: | [122] „descendit cum eis et venit Nazareth et subiciebatur eis“.

5. Discamus, filii, subiecti esse parentibus nostris: maior minori subicitur, qui, quia maiorem Ioseph videbat aetate, propterea eum parentis honore coluit, omnibus filiis exemplum tribuens, ut subiciantur patribus et, si patres non fuerint, subiciantur his, qui patrum aetatem habent. Quid loquor de parentibus et filiis? Si Iesus Filius Dei subicitur Ioseph et Mariae, ego non subiciar episcopo, qui mihi a Deo constitutus est pater, non subiciar presbytero, qui mihi Domini dignatione praepositus est? Puto, quod intellegebat Ioseph, quia maior se erat Iesus, qui subiciebatur sibi, et sciens maiorem esse subiectum trepidus moderabatur imperium. Videat ergo unusquisque, quod saepe melioribus praepositus sit inferior et nonnunquam accidat, ut ille, qui subiectus est, melior sit eo, qui sibi videtur esse praepositus. Quod cum intellexerit dignitate sublimior, non elevabitur superbia ex eo, quod maior est, sed sciet ita sibi meliorem esse subiectum, quomodo et Iesus subiectus fuit Ioseph. | [123]

6. Deinde sequitur: „Maria autem conservabat omnia verba haec in corde suo“. Plus aliquid quam de homine suspicabatur; unde et „custodiebat omnia verba eius in corde suo“, non quasi pueri, qui duodecim esset annorum, sed eius, qui de Spiritu sancto conceptus fuerat, quem videbat „proficere sapientia et gratia apud Deum et homines“. Iesus „proficiebat sapientia“ et sapientior per singulas videbatur aetates. Nunquid sapiens non erat, ut sapien-

[7] Vgl. hierzu EICHINGER, *Verklärung Christi* 65–67.

verschiedene Krankheiten hatten, nicht auf den Berg steigen konnten, und kam zu denen, die unten waren. Und so steht jetzt geschrieben: „Er aber stieg mit ihnen herab und kam nach Nazaret, und er war ihnen untertan“ (Lk 2,51)[7].

5. Ihr Söhne, laßt uns lernen, unseren Eltern untertan zu sein! Der Größere unterstellt sich dem Geringeren. Weil Jesus Josef an Alter größer sieht, ehrt er ihn mit der Ehre des Vaters. Er gibt damit allen Söhnen ein Beispiel, den Eltern untertan zu sein, und wenn es sich nicht um Eltern handelt, dann lehrt er, denen untertan zu sein, die die elterliche Autorität innehaben. Doch was rede ich von Eltern und Kindern? Wenn Jesus, der Sohn Gottes, Josef und Maria untertan war, werde ich da nicht dem Bischof untertan sein, der mir von Gott zum Vater eingesetzt wurde, werde ich nicht dem Priester untertan sein, der mir durch den gnädigen Willen Gottes vorgesetzt wurde? Ich glaube übrigens, daß Josef sehr wohl begriffen hatte, daß Jesus, der ihm untertan war, größer als er selber war und daß er, weil er wußte, daß der größere untertan war, seine väterliche Gewalt behutsam und maßvoll ausübte. Wir sollen daraus lernen, daß oft ein Geringerer Besseren vorgesetzt wird und daß es bisweilen passiert, daß der, der untertan ist, besser ist als der, der ihm vorgesetzt erscheint. Wenn der an Amt und Würde Höhere dies erkannt hat, wird er sich nicht übermütig erheben, weil er größer ist, sondern er wird erkennen, daß der Bessere ihm untertan ist, wie auch Jesus dem Josef untertan war.

6. Weiter heißt es: „Maria aber bewahrte alle diese Worte in ihrem Herzen“ (Lk 2,51). Sie ahnte, daß hier mehr als ein bloßer Mensch war, daher „bewahrte sie alle seine Worte in ihrem Herzen“, Worte, nicht von einem Kinde von zwölf Jahren, sondern von jemand, der vom Heiligen Geist empfangen worden war und den sie zunehmen sah „an Weisheit und Gnade bei Gott und den Menschen“ (Lk 2,52). Jesus nahm in der Tat an Weisheit zu und schien Jahr um Jahr weiser zu werden. War er also nicht weise, so daß

tior fieret? An quoniam „evacuaverat se, formam servi accipiens“, id, quod amiserat, resumebat et replebatur virtutibus, quas paulo ante assumpto corpore visus fuerat relinquere? „Proficiebat“ ergo non solum „sapientia“, sed „aetate“. Est et aetatis profectus. Duae in scripturis feruntur aetates, altera corporis, quae non est in potestate nostra, sed in lege naturae; altera animae, quae proprie in nobis sita est, iuxta quam, si volumus, cotidie | crescimus | 124

7. et ad summitatem eius venimus, „ut non simus ultra parvuli et fluctuantes et qui circumferamur omni vento doctrinae“, sed esse „parvuli“ desinentes incipiamus esse „viri“ atque dicamus: „quando factus sum vir, destruxi ea, quae erant parvuli“. Huius, ut dixi, aetatis profectus, qui incrementum habet animae, in nostra est potestate. Si autem hoc non sufficit testimonium, etiam aliud de Paulo sumamus exemplum: „donec perveniamus“, inquit, „omnes in virum perfectum, in mensuram aetatis plenitudinis corporis Christi“. In nobis ergo est, ut „ad mensuram perveniamus aetatis corporis Christi“ et, si in nobis est, omni labore nitamur deponere parvulum et destruere illum et ad aetates reliquas pervenire, ut nos quoque audire possimus: „tu autem ibis ad patres tuos cum pace, nutritus in senectute bona“, utique spiritali, quae est vere senectus bona, canescens et ad finem usque perveniens in Christo Iesu: „cui est gloria et imperium in saecula saeculorum. Amen.“

---

[8] Die Stelle klingt pelagianisch, muß aber im größeren Zusammenhang der Lehre des Origenes über Gnade und Freiheit interpretiert werden; vgl. hierzu BOHLIN, *Theologie des Pelagius*.

er weiser werden konnte? Oder gewann er, weil er „sich entäußert und die Gestalt eines Sklaven angenommen hatte" (Phil 2,7), wieder zurück, was er verloren hatte, und wurde von Tugenden erfüllt, die er scheinbar durch die Annahme des Leibes aufgegeben hatte? „Er machte also Fortschritte" nicht nur „an Weisheit", sondern auch „an Alter". Es gibt also auch einen Fortschritt an Alter. In der Heiligen Schrift ist von zwei Sorten von Alter die Rede, vom Alter des Leibes, das nicht in unserer Gewalt liegt, sondern ein Naturgesetz darstellt, und vom Alter der Seele, das eigentlich von uns selbst bestimmt wird, in dem wir, wenn wir nur wollen, tagtäglich wachsen.

7. Bei diesem Alter gelangen wir zur Vollkommenheit, „so daß wir fernerhin nicht mehr kleine Kinder seien, die hin und her schwanken, von jedem Sturm der Lehre mitgerissen" (Eph 4,14). Laßt uns also aufhören, kleine Kinder zu sein, und anfangen, erwachsene Menschen zu werden, indem wir sagen: „Als ich ein Mann geworden war, habe ich abgelegt, was eines kleinen Kindes war" (1 Kor 13,11). In diesem Alter, das im Wachstum der Seele besteht, Fortschritte zu machen liegt in unserer Macht[8]. Wenn aber das Angeführte nicht ausreicht, dann wollen wir ein weiteres Zeugnis hierfür aus Paulus vorlegen, nämlich: „Bis wir alle zur vollen Mannesreife, zum Vollmaß des Alters der Fülle des Leibes Christi gelangen" (Eph 4,13). An uns also liegt es, daß wir „zum Vollmaß des Alters des Leibes Christi" gelangen, und an uns liegt es, daß wir uns mit allem Einsatz darum bemühen, das Kindsein abzulegen, es zum Verschwinden zu bringen, um zu den höheren Altersstufen zu gelangen, so daß auch wir einmal zu hören bekommen: „Du wirst zu deinen Vätern in Frieden scheiden, zu einem hohen Lebensalter herangewachsen" (Gen 15,15), geistlichem Lebensalter freilich, das wahrlich ein gutes Lebensalter ist, in dem du grau wirst und ans Ziel gelangst in Christus Jesus, „dem die Herrlichkeit und die Macht ist in alle Ewigkeit. Amen" (1 Petr 4,11).

Homilia XXI 125

De eo, quod scriptum est: „Quintodecimo anno imperii Tiberii Caesaris“, usque ad eum locum, ubi ait: „rectas facite semitas eius“.

1. Quando ad Iudaeos tantum sermo propheticus mittebatur, Iudaici reges ponebantur in titulo. Verbi gratia: „Visio, quam vidit Isaias filius Amos adversus Iudaeam et adversus Hierusalem, in regno Oziae et Ioatham et Achaz et Ezechiae“; nec alium quemquam, exceptis Iudaeae regibus, Isaiae video tempore designatum. In quibusdam prophetis et Israhel reges legimus, sicut ibi: „et in diebus Hieroboam filii Ioas regis Israhel“. Quando vero sacramentum evangelii praedicandum erat et in toto | orbe evan- 126 gelium disseminandum, cuius princeps Ioannes in eremo fuit, et orbem terrarum Tiberii regebat imperium, tunc „in quintodecimo“ eius „anno verbum Domini ad Ioannem factum“ esse describitur. Et si tantum his, qui de nationibus credituri erant, annuntianda salus fuisset et penitus excludendus Israhel, suffecerat dicere: „in quintodecimo anno Tiberii Caesaris, praeside Iudaeae Pontio Pilato“.

2. Quia vero et de Iudaea et de Galilaea multi credituri erant, idcirco et haec regna ponuntur in titulo diciturque: „tetrarcha Galilaeae Herode, et Philippo fratre eius tetrarcha Ituraeae et | Trachonitidis regionis, et Lysania tetrarcha 127 Abilenae, sub principibus sacerdotum Anna et Caipha, factum est verbum Domini ad Ioannem, filium Zachariae, in deserto“. Olim „verbum Dei fiebat ad Hieremiam, filium Chelciae, qui erat de sacerdotibus“ tempore illius vel illius regis Iudae; nunc „sermo Dei fit ad Ioannem, filium

Homilie 21

Über die Stelle: „Im fünfzehnten Jahr der Herrschaft des Kaisers Tiberius“ bis dorthin, wo es heißt: „Macht gerade meine Pfade“ (Lk 3,1–4).

1. Solange die prophetische Rede nur an die Juden gerichtet wurde, wurden die Namen der jüdischen Könige in die Überschrift gesetzt, zum Beispiel heißt es: „Vision, die Jesaja, der Sohn des Amoz, gegen Jerusalem und gegen Juda gesehen hat, unter der Königsherrschaft des Usija und Jotams und Ahas' und Hiskijas“ (Jes 1,1). Außer den Königen Judäas sehe ich niemanden sonst zur Zeit des Jesaja genannt. Bei einigen Propheten finden wir auch die Könige Israels angegeben, wie beim folgenden: „Und in den Tagen des Jerobeam, des Sohnes des Joasch, des Königs von Israel“ (Am 1,1). Als aber das Geheimnis des Evangeliums zu verkünden, die Frohbotschaft auf der ganzen Welt auszubreiten war, Johannes in der Wüste damit begann und die Herrschaft des Tiberius sich über den Erdkreis erstreckte, da heißt es, daß in dessen „fünfzehntem Jahr das Wort des Herrn an Johannes erging“ (Lk 3,1). Wenn das Heil nur denen, die aus den Heidenvölkern den Glauben annehmen sollten, zu verkünden gewesen wäre und Israel ganz und gar auszuschließen gewesen wäre, dann hätte es genügt zu sagen: „im fünfzehnten Jahr des Kaisers Tiberius, als Pontius Pilatus Statthalter von Judäa war“ (Lk 3,1).

2. Weil aber auch viele aus Judäa und Galiläa zum Glauben gelangen sollten, deswegen werden auch diese Reiche in die Überschrift gesetzt, und es heißt: „Als Herodes Tetrarch von Galiläa und Philippus, sein Bruder, Tetrarch von Ituräa und der Gegend von Trachonitis und Lysanias Tetrarch von Abilene war, unter den Hohepriestern Hannas und Kajafas, erging das Wort des Herrn an Johannes, den Sohn des Zacharias, in der Wüste“ (Lk 3,1). Einst „erging das Wort an Jeremia, den Sohn des Hilkija, der zu den Priestern jener Zeit oder jenes Königs von Juda gehör-

Zachariae", qui nunquam factus est ad prophetas „in deserto". Sed quia „plures filii" credituri erant „desertae quam eius, quae habet virum", idcirco „factum est verbum Dei ad Ioannem, filium Zachariae, in deserto".

3. Simulque considera, quod magis rationem habeat, si mystice intellegatur desertum et non secundum simplicem literam. Qui enim „in deserto" praedicat, superflue facit ibi vociferari, ubi se loquentem | nullus exaudiat. Praecursor | 128
ergo Christi et „vox clamantis in deserto" praedicat „in deserto" animae, quae (non) habet pacem. Non solum autem tunc, sed etiam in praesenti primum „lucerna ardens et lucens" venit et „praedicat baptisma paenitentiae in remissionem peccatorum"; deinde „lux vera" subsequitur, quando „lucerna" ipsa loquitur: „illum oportet crescere, me autem minui". Fit verbum Dei „in deserto", et „venit ad omnem circaregionem Iordanis". Quae enim alia loca debuit circuire Baptista, nisi vicina Iordani, ut quicunque voluisset agere paenitentiam, praesto esset ad lavacrum aquae?

4. Porro Iordanis „descendens" interpretatur. „Descendens" autem et largo impetu currens fluvius Dei Salvator noster Dominus est, in quem baptizamur aqua vera, aqua salutari. „In remissionem" quoque „peccatorum" baptisma praedicatur: Venite catechumeni, agite paenitentiam, ut „in remissionem" peccatorum baptisma consequa|mini. „In re- | 129
missionem peccatorum" ille accipit baptisma, qui peccare desistit. Si quis enim peccans ad lavacrum venit, ei non fit remissio peccatorum. Propterea obsecro vos, ne absque

---

[1] Vgl. *hom. in Luc.* 11,4 mit Anmerkungen.

[2] Vgl. *hom. in Luc.* 4,6, wo vom „Geheimnis des Johannes" die Rede ist.

[3] Vgl. auch ORIGENES, *comm. in Io.* 6,42 (GCS 10, 151). Diese Auslegung (*Iordanus* = κατάβασις) geht auf PHILO zurück, vgl. WUTZ, *Onomastica sacra* 432.745.

te" (Jer 1,1). Jetzt aber „ergeht das Wort Gottes an Johannes, den Sohn des Zacharias", jenes Wort, das niemals an die Propheten „in der Wüste" erging. Aber weil „mehr Söhne" der „Verlassenen" *(deserta)* zum Glauben kommen sollten als „derer, die einen Mann hat" (Gal 4,27; Jes 54,1), deshalb „erging das Wort Gottes an Johannes, den Sohn des Zacharias, in der Wüste *(desertum)*".

3. Beachte auch, daß man zu einer tieferen Auslegung kommt, wenn man „Wüste" nicht im buchstäblichen, sondern im geistlichen Sinn versteht[1]. In der Tat, es hat wenig Sinn, in der Wüste zu verkündigen und dort seine Stimme erschallen zu lassen, wo einen niemand hört. Dem Vorläufer Christi, „der Stimme eines Rufenden in der Wüste", obliegt die Verkündigung also in der Wüste der Seele, die keinen Frieden hat. Aber nicht nur damals tat er das, auch heute[2] ist zunächst Johannes eine „brennende und helle Leuchte" (Joh 5,35) und „verkündigt eine Taufe der Buße zur Vergebung der Sünden" (Lk 3,3). Erst danach folgt „das wahre Licht" (Joh 1,9), während die „Leuchte" bekennt: „Jener muß wachsen, ich aber abnehmen" (Joh 3,30). Das Wort Gottes ergeht „in der Wüste" und kommt „zu der gesamten Umgebung des Jordan" (Lk 3,3). Denn welche anderen Orte sollte der Täufer aufsuchen als solche in der Nähe des Jordan, damit alle, die Buße tun wollten, beim Wasser sind, das zum Taufbad dient?

4. Weiter: Jordan heißt soviel wie „absteigend"[3]. Ein „absteigender" und in breiter Strömung dahineilender Fluß Gottes ist unser Heiland und Herr, auf den wir mit dem wahren Wasser, dem Heilswasser, getauft werden. Auch „zur Vergebung der Sünden" verkündigt Johannes die Taufe. Kommt, ihr Katechumenen, tut Buße, damit ihr „zur Vergebung" der Sünden die Taufe erlangt! „Zur Vergebung der Sünden" empfängt die Taufe, wer zu sündigen aufhört. Wenn nämlich jemand zum Taufbad kommt und weiter sündigt, dann erlangt er keinen Nachlaß der Sün-

cautela et diligenti circumspectione veniatis ad baptismum, sed ostendatis primum „fructus dignos paenitentiae"! Facite aliquid temporis in conversatione bona, mundos vos a cunctis sordibus vitiisque servate, et tunc vobis remissio peccatorum fiet, quando coeperitis et ipsi propria peccata contemnere. Dimittite delicta vestra, et dimittentur vobis.

5. Hoc autem ipsum, quod nunc de veteri instrumento ponitur, in Isaia propheta scriptum legimus. Ibi enim dicitur: „Vox clamantis in deserto: parate viam Domino, rectas facite semitas eius". Vult Dominus in vobis reperire viam, qui ut possit in vestris animabus ingredi et iter suum facere, praeparate ei semitam, de qua dicitur: „rectas facite semitas eius". „Vox clamantis in deserto". „Vox" | clamat: „praepa- | 130
rate viam"; prima enim „vox" ad aures pervenit, deinde post vocem, immo cum voce, auditum sermo penetrat. Iuxta hunc sensum a Ioanne annuntiatus est Christus.

Videamus ergo, quid „vox" de verbo annuntiet. „Praeparate", inquit, „viam Domino". Quam „viam Domino" praeparemus? Numquid corpoream? Aut potest sermo Dei tali itinere pergere? An intrinsecus via praeparanda est Domino, et in corde nostro rectae et aequales semitae componendae? Haec est via, per quam ingressus est sermo Dei, qui in humani cordis capacitate consistit.

6. Magnum est cor hominis et spatiosum et capax, si tamen mundum fuerit. Vis eius magnitudinem latitudinemque cognoscere: vide, quantam divinorum sensuum magnitudinem capiat. Ipse ait: „Dedit mihi eorum, quae sunt,

[4] Origenes betont die Notwendigkeit der Abkehr von der Sünde, um den Unterschied zwischen der Taufe und heidnischen Initiationsriten deutlich herauszustellen. Vgl. ORIGENES, *hom. in Ezech.* 6,5 (GCS 33,383); *hom. in Num.* 3,1 (GCS 30,13f); *hom. in Lev.* 6,2 (GCS 29, 360f). Vgl. auch RAHNER, *Taufe*; BALTHASAR, *Mysterion* 55–58.

[5] Zur Bußlehre des Origenes vgl. RAHNER, *Doctrine* 438f; VOGT, *Kirchenverständnis* 179–187.

[6] Lateinisches Wortspiel: *dimittere peccata*.

[7] Zur Unterscheidung von „Stimme" und „Wort" vgl. *hom. in Luc.* 1,4.

den[4]. Deswegen beschwöre ich euch, nicht leichtfertig und ohne gründliche Vorbereitung zur Taufe zu kommen, sondern zunächst „würdige Früchte der Buße" (Lk 3,8) vorzuweisen. Befleißigt euch eine genügend lange Zeit eines rechten Lebenswandels, bewahrt euch rein von allem Schmutz und allen Lastern; dann wird euch Nachlaß der Sünden werden, wenn ihr wirklich damit begonnen habt, eure Sünden zu verachten[5]. Entlaßt eure bösen Taten, dann werden sie euch erlassen![6]

5. Das jetzt folgende Zitat aus dem Alten Testament stammt aus dem Propheten Jesaja. Es lautet: „Stimme eines Rufenden in der Wüste: Bereitet den Weg für den Herrn, macht gerade seine Pfade!" (Jes 40,3–5). Der Herr will in euch einen Weg finden, um in eure Seelen gelangen zu können und dort voranzuschreiten. Bereitet ihm den Pfad, von dem es heißt: „Macht gerade seine Pfade!" Die Stimme ruft: „Bereitet den Weg!" Als erstes erreicht nämlich die Stimme[7] das Ohr, dann nach der Stimme, ja zusammen mit der Stimme, dringt das Wort ins Ohr ein. In diesem Sinne wurde Christus von Johannes angekündigt.

Schauen wir uns also an, was die Stimme über das Wort verkündigt! „Bereitet dem Herrn den Weg!" sagt sie. Was für einen Weg sollen wir dem Herrn bereiten? Etwa einen sichtbaren? Könnte das Wort Gottes auf einem solchen Weg voranschreiten? Ist nicht vielmehr im Innern des Menschen dem Herrn ein Weg zu bereiten, und sind nicht vielmehr in unserem Herzen gerade und ebene Wege anzulegen? Ja, dies ist der Weg, auf dem das Wort Gottes seinen Einzug gehalten hat, das sich im Herzen eines Menschen niederläßt, wenn es Raum darin findet.

6. Denn groß ist des Menschen Herz, geräumig und viel fassend, wenn es nur rein ist. Willst du seine Größe und Weite kennenlernen, dann schau, welche Fülle an göttlichen Kenntnissen in ihm Platz hat. Jemand hat gesagt: „Er

notitiam veram: scire rationem mundi et opera elementorum, principium et finem et medietatem saeculorum, temporum varietates et translationes mensium, annorum circulos et siderum sedes, naturas animalium et furores bestiarum, spirituum violentias et cogitationes hominum, diversitates arborum et vim | radicum“. Vides non parvum 131 esse cor hominis, quod tanta capiat. Neque in corporis quantitate, sed in fortitudine sensus magnitudinem eius intellege, quae tantam scientiam capiat veritatis.

7. Ut autem et simplices quosque cotidianis exemplis ad credendum adducam, quod grande sit cor hominis, videamus sequentia. Quascunque urbes transivimus, habemus illas in animo, et qualitates et situs platearum murorumque et aedificiorum in corde nostro versantur. Viam, quam ingressi sumus, in memoriae pictura ac descriptione retinemus; mare, quod navigavimus, tacita cogitatione amplectimur. Non est parvum, ut dixi, cor hominis, quod potest tanta capere. Si autem non est parvum tanta capiens, consequenter in illo via Domini praeparatur et recta fit semita, ut ambulet in illa sermo Dei atque sapientia. Praepara viam Domino per conversationem bonam, et egregiis operibus tere semitam, ut absque offensa ulla deambulet in te Verbum Dei et donet tibi mysteriorum suorum adventusque notitiam: „cui est gloria et imperium in saecula saeculorum. Amen.“

---

[8] Die Stelle kündigt von ferne AUGUSTINS Ausführungen über das Gedächtnis an, vgl. AUGUSTINUS, *conf.* 10,8,12–26,37.

[9] Gemeint ist Christus. Über Christus als Weisheit vgl. ORIGENES, *princ.* 1,2,1–4 (123–131 GÖRGEMANNS/KARPP).

gab mir die wahre Erkenntnis der Dinge, die da sind: zu verstehen den Grund der Welt und die Werke der Elemente, den Anfang und das Ende und die Mitte der Zeitalter, die Wechsel der Zeiten und die Übergänge der Monate, die Kreise der Jahre und die Orte der Gestirne, die Naturen der Lebewesen und das Toben der wilden Tiere, die Gewalt der Geister und die Gedanken der Menschen, die Verschiedenheit der Bäume und die Stärke der Wurzeln" (Weish 7,17–20). Siehst du, das Herz des Menschen, das so Großes aufzunehmen vermag, ist nicht klein. Begreife, daß Größe nicht im Umfang des Leibes besteht, sondern in der Kraft des Geistes, mit der er so viele Wahrheiten zu umfassen vermag.

7. Damit ich aber auch einfache Leute durch mehr alltägliche Beispiele davon überzeuge, daß das Herz des Menschen groß ist, wollen wir folgendes bedenken: Wie viele Städte wir auch durchquert und gesehen haben, wir tragen sie alle in unserem Geist. Ihr Aussehen, die Anordnung der Plätze und Mauern und Gebäude, alles befindet sich in unserem Herzen. Den Weg, den wir gegangen sind, bewahren wir im Bild und in der Beschreibung unseres Gedächtnisses[8]. Das Meer, das wir befahren haben, umfassen wir in der Stille unserer Gedanken. Nein, wie ich schon sagte, das Herz des Menschen, das so viele Dinge aufnehmen kann, ist nicht klein. Wenn es aber, so viele Dinge in sich aufnehmend, nicht klein ist, dann kann man in ihm den Weg des Herrn bereiten und den Pfad eben machen, damit das Wort und die Weisheit[9] Gottes in ihm wandeln. Bereite dem Herrn den Weg durch einen guten Lebenswandel, ebne den Pfad durch ausgezeichnete Werke, damit das Wort Gottes ohne anzustoßen in dir wandeln kann und dir die Kenntnis seiner Geheimnisse und seines Kommens schenke, „dem die Herrlichkeit und die Macht ist in alle Ewigkeit. Amen" (1 Petr 4,11).

Homilia XXII 132

De eo, quod scriptum est: „Omnis vallis implebitur“, usque ad eum locum, ubi ait: „potens est Deus de lapidibus istis suscitare filios Abraham“.

1. Videamus, quae in Christi praedicentur adventu, inter quae primum de Ioanne scribitur: „Vox clamantis in deserto: parate viam Domini, rectas facite semitas eius“. Et quod sequitur, proprie de Domino Salvatore est. Neque enim a Ioanne „omnis vallis impleta“ est, sed a Domino Salvatore. Se ipsum unusquisque consideret, quis erat, antequam crederet, et tunc animadvertet vallem humilem, vallem se fuisse praecipitem et in ima demersam. Quando vero venit dominus Iesus et misit Spiritum sanctum vicarium suum, „vallis omnis expleta“ est. „Expleta“ est autem operibus bonis et fructibus Spiritus sancti. Caritas non sinit permanere in te vallem, quod, si pa|cem habueris et patientiam | 133
et bonitatem, non solum „vallis“ esse desistes, sed etiam „mons“ esse incipies Dei.

2. Tam de gentibus cotidie fieri videmus atque compleri: „omnis vallis implebitur“, quam de populo Israhel, qui de excelso depositus est: „omnis mons et collis humiliabitur“. „Mons“ erat quondam ille populus et „collis“, qui depositus est atque destructus. „Illorum delicto salus gentibus data est, ad aemulandum eos“. Quod si et contrarias fortitudines, quae adversus mortales erigebantur, dixeris montes et colles esse depositos, non peccabis. Ut enim impleantur huiuscemodi valles, contrariae fortitudines, montes et colles, humiliandae sunt.

---

[1] Origenes kommt oft auf die ἐναντίαι δυνάμεις, die *contrariae virtutes*, zu sprechen; vgl. u.a. Origenes, *princ.* 3, 2f (561–603 Görgemanns/Karpp). Vgl. Trevijano Etcheverria, *Lucha contra las Potestades*, ebd. 151–373 über Origenes.

Homilie 22

Über die Stelle: „Jedes Tal wird ausgefüllt" bis dorthin, wo es heißt: „Gott hat die Kraft, Abraham aus diesen Steinen Kinder zu erwecken" (Lk 3,5–8).

1. Laßt uns jetzt näher anschauen, was bei der Ankunft Christi verkündet wird. Zunächst heißt es hier über Johannes: „Stimme eines Rufenden in der Wüste: Bereitet den Weg des Herrn, macht eben seine Pfade" (Lk 3,4). Was dann folgt, bezieht sich unmittelbar auf unseren Herrn und Heiland. Denn nicht von Johannes wurde „jedes Tal ausgefüllt", sondern von unserem Herrn und Heiland. Betrachten wir uns doch selbst, wer wir waren, bevor wir zum Glauben kamen, und wir werden feststellen, daß wir ein tiefes, steil abfallendes, in einen Abgrund stürzendes Tal gewesen waren. Als aber unser Herr Jesus kam und uns seinen Stellvertreter, den Heiligen Geist, sandte, da „wurde jedes Tal ausgefüllt". Es wurde ausgefüllt mit guten Werken und mit Früchten des Heiligen Geistes. Die Liebe läßt nicht zu, daß in dir ein Tal bestehenbleibe, ja, wenn Friede, Geduld und Güte hinzukommen, dann bist du nicht nur kein Tal mehr, sondern fängst an, „ein Berg" Gottes zu werden.

2. Wir stellen fest: tagtäglich geschieht und geht in Erfüllung sowohl hinsichtlich der Heidenvölker das „jedes Tal wird aufgefüllt" als auch hinsichtlich des Volkes Israel, das von der Höhe herabgesetzt ist, das „jeder Berg und jeder Hügel wird abgetragen werden" (Lk 3,5). Ja, ein „Berg" war einst jenes Volk und ein „Hügel", das jetzt abgesetzt und zerstört ist. „Durch ihr Versagen ist den Heiden das Heil zuteil geworden, um sie zum Eifer zu bringen" (Röm 11,11). Du gehst kaum fehl, wenn du in diesen niedergelegten Bergen und Hügeln außerdem die feindlichen Mächte siehst, die sich gegen die sterblichen Menschen erheben. Um die genannten Täler aufzufüllen, müssen die feindlichen Mächte[1], die Berge und Hügel, niedrig gemacht werden.

3. Sed et hoc, quod in adventu Christi prophetatum est, | 134 utrum expletum sit, contemplemur. Sequitur enim: „et omnia prava erunt in directa“. Unusquisque nostrum pravus erat, si tamen erat et non usque hodie perseverat, et per adventum Christi, qui factus est ad animam nostram, „prava“ quaeque „directa“ sunt. Quid enim tibi prodest, si Christus quondam venit in carne, nisi ad tuam quoque animam venerit? Oremus, ut illius cotidie nobis adventus fiat et possimus dicere: „Vivo autem, iam non ego, vivit autem in me Christus“. Si enim Christus vivit in Paulo et non vivit in me, quid mihi proderit? Cum autem et ad me venerit et fruitus illo fuero, sicut fruitus est Paulus, tunc et ego possum Paulo similiter loqui: „Vivo, iam non ego, vivit autem in me Christus“.

4. Consideremus ergo et cetera, quae in Christi praedicentur adventu. Nihil te asperius erat: vide pristinos motus tuos, vide iram et cetera vitia, si tamen cessaverunt esse, quae fuerant, et intelleges nihil te asperius et, ut significantius loquar, nihil fuisse inaequalius. Conversatio tua inaequalis erat et sermo, et opera inaequalia. Venit ergo Dominus meus Iesus et exaequavit asperitates tuas et incomposita quaeque vertit „in vias planas“, ut fieret in te iter sine offensione et leve atque purissimum gradereturque in te Deus | Pater, et Christus Dominus mansionem apud te | 135 faceret diceretque: „ego et pater meus veniemus et mansionem apud eum faciemus“.

5. Sequitur: „et videbit omnis caro salutare Dei“. Tu quondam „caro“ eras, et qui quondam „caro“ eras immo, ut mirabilius loquar, cum adhuc in carne sis, vides „salutare

[2] Zur antiken Affektenlehre vgl. VÖGTLE, *Affekt* 160–173.

„Heil Gottes". Was es aber bedeutet, daß es dann heißt: „alles Fleisch", daß also keines davon ausgenommen ist[3], „das Heil Gottes" zu sehen, das zu begreifen überlasse ich denen, die die Geheimnisse der Heiligen Schrift und ihre Tiefen zu durchdringen vermögen. Zu beachten aber haben wir auch, daß Johannes zu den „Volksscharen" spricht, die zur Taufe „herauskommen"[4]. Will jemand getauft werden, dann muß er „herauskommen". Wer nämlich in seinem ursprünglichen Zustand bleibt und seine Gebräuche und Gewohnheiten nicht ablegt, der schreitet keineswegs in rechter Weise zur Taufe. Damit du aber verstehst, was das heißt, „zur Taufe herauskommen", vernimm das Zeugnis und die Worte, die Gott zu Abraham spricht: „Geh aus deinem Land" und so weiter (Gen 12,1).

6. Zu den Scharen also, die dabei sind, zum Taufbad „herauszukommen", die also noch nicht „herausgekommen" sind, sondern sich erst noch darum bemühen, sagt Johannes, was folgt. Wenn sie nämlich schon „herausgekommen" wären, dann würde er sie niemals mit „ihr Schlangenbrut" anreden. Was er ihnen sagt, ihr Katechumenen und Katechumeninnen, das sagt er auch euch, die ihr euch anschickt, zur Taufe zu kommen. Seht zu, daß man nicht auch zu euch sagen kann „ihr Schlangenbrut"! Wenn ihr nämlich Ähnlichkeit habt mit Nattern im wörtlichen und Schlangen im übertragenen Sinn, dann wird man auch zu euch „ihr Schlangenbrut" sagen. Wenn ihr nicht die Bosheit und das Gift der Schlangen aus eurem Herzen vertreibt, wird man zu euch auch das folgende sagen: „Wer hat euch angeleitet, daß ihr dem kommenden Zorn entkommen werdet?" (Lk 3,7).

7. Gottes gewaltiger Zorn steht drohend über dieser Weltzeit, die ganze Welt wird Gottes Zorn an sich erfahren. Unter Gottes Zorn werden einstürzen die unendlichen Räume des Himmels, die Weite der Erde, die Schar der Sterne, der Glanz der Sonne und der in der Nacht Trost spendende Mond. All dies nämlich wird wegen der Sünden

nocturna solatia Dei „ira“ subvertet; haec enim omnia propter hominum peccata transibunt. Et olim quidem super unam tantum terram venit „ira“ Dei, „quia omnis caro reliquerat viam suam super terram“; nunc autem et super caelum et super terram ventura est „ira“ Dei: „caeli pertransibunt, tu autem permanebis“, ad Deum dicitur, „et omnes sicut vestimentum veterascent“. Videte, qualis et quanta „ira“ sit, quae mundum omnem consumptura est et puniet eos, qui poena digni sunt, invenietque materiam, in qua se exerceat. Unusquisque nostrum ex eo, quod gessit, irae materiam praeparavit: „secundum duritiam enim tuam et impaenitens cor thesaurizas tibi iram in die irae et revelationis iusti iudicii Dei“, dicitur ad Romanos.

8. Deinde sequitur: „Quis ostendit vobis fugere ab ira ventura? Facite ergo fructus dignos paenitentiae“. Et vobis, qui venitis | ad baptismum, dicitur: „facite fructus dignos | 137 paenitentiae“. Vultis scire, qui sint fructus digni paenitentiae? „Caritas fructus est spiritus, gaudium fructus est spiritus, pax, patientia, benignitas, bonitas, fides, mansuetudo, continentia“ et reliqua huiuscemodi. Si haec omnia habuerimus, fecimus „fructus dignos paenitentiae“. Rursum dicitur ad eos, qui ad Ioannis baptismum veniebant: „et ne incipiatis dicere intra vosmetipsos: patrem habemus Abraham; dico enim vobis, quia potest Deus de lapidibus istis suscitare filios Abraham“. Prophetat Ioannes novissimus prophetarum expulsionem prioris populi et vocationem gentium. Illis enim, qui de Abraham gloriabantur, dicit: „et ne incipiatis dicere in vobismetipsis: patrem habemus Abraham“. Et de gentibus rursum loquitur: „dico enim vobis, quia potest Deus de lapidibus | istis suscitare filios | 138 Abraham“.

der Menschen vergehen. Einstmals kam der Zorn Gottes allein auf die Erde, „weil alles Fleisch auf der Erde seinen Weg verlassen hatte“ (Gen 6,12), jetzt aber wird der Zorn Gottes auf Himmel und Erde kommen: „Die Himmel werden vergehen, du aber wirst bleiben“, wird Gott angeredet, „und alle werden zerfallen wie ein Kleid“ (Ps 102,27). Schaut, welcher Art und wie groß dieser Zorn ist, der alle Welt vernichten und die strafen wird, die strafwürdig sind, und der Anlaß finden wird, sich auszuwirken. Wir alle haben durch unsere Taten Gott Anlaß zum Zorn gegeben. „Denn durch deine Verhärtung und dein unbußfertiges Herz häufst du Zorn auf dich für den Tag des Zornes und der Offenbarung des gerechten Gerichts Gottes“, heißt es im Brief an die Römer (Röm 2,5).

8. Dann folgt: „Wer hat euch dem kommenden Zorn zu entkommen gezeigt? Bringt Frucht, die der Umkehr entspricht!“ (Lk 3,7f). Auch zu euch, die ihr zur Taufe kommt, wird gesagt: „Bringt Frucht, die der Umkehr entspricht!“ Wollt ihr wissen, was das für Früchte sind, die der Umkehr entsprechen? „Liebe ist eine Frucht des Geistes, Freude ist eine Frucht des Geistes, ebenso Frieden, Geduld, Freigebigkeit, Güte, Treue, Sanftmut, Selbstbeherrschung“ und so weiter (Gal 5,22f). Wenn wir mit dem allem ausgestattet sind, dann haben wir „Frucht, die der Umkehr entspricht“, gebracht. Andererseits wird zu denen, die zur Taufe des Johannes kamen, gesagt: „Meint nicht, ihr könntet euch einreden: wir haben Abraham zum Vater; denn ich sage euch, daß Gott aus diesen Steinen hier dem Abraham Kinder hervorrufen kann“ (Lk 3,8). Johannes, der letzte unter den Propheten, verkündet damit die Vertreibung des ursprünglichen Volkes und die Berufung der Heiden. Ihnen, die sich Abrahams rühmten, sagt er: „Meint nicht, ihr könntet euch einreden: wir haben Abraham zum Vater“. Und im Hinblick auf die Heiden sagt er: „Denn ich sage euch, daß Gott aus diesen Steinen dem Abraham Kinder hervorrufen kann“.

9. De quibus lapidibus? Non utique lapides irrationabiles corporeosque monstrabat, sed homines insensibiles et quondam duros, qui quia lapides aut ligna adorabant, impletum est illud, quod in psalmo de talibus cantabatur: „similes illis fiant, qui faciunt ea, et omnes, qui confidunt in eis". Vere qui faciunt idola et confidunt in eis, similes diis suis sunt: absque sensu, sine ulla ratione in lapides lignaque conversi sunt. Cum enim tantum videant creaturarum ordinem, decorem, officium, tantam mundi pulchritudinem, nolunt de creaturis intellegere creatorem neque considerant tantae dispensationis aliquam providentiam, aliquem esse rectorem; sed sunt caeci his tantum oculis mundum videntes, quibus irrationabilia iumenta et bestiae vident.

10. Non enim animadvertunt in his, quae vident ratione regi, aliquam inesse rationem. Haec propterea, quia Ioannes dixerat: „potest Deus de lapidibus istis suscitare filios Abraham".

Et nos igitur obsecremus Deum, ut etiam, si quando fuimus lapides, vertamur in „filios Abrahae" pro his filiis, qui eiecti sunt et repromissionem adoptionemque | suo vitio perdiderunt. Unum testimonium adhuc de lapidibus ponam, si quidem in cantico Exodi scribitur: „Vertantur in lapides, donec pertranseat populus tuus, Domine, donec pertranseat populus tuus iste, quem possedisti". Rogatur itaque Deus, ut paulisper gentes convertantur in lapides — hoc enim graecus sermo significantius sonat „ἀπολιθοόντωσαν" — „donec pertranseat populus" Iudaeorum.

---

[5] Die anvisierten Gegner sind die Epikureer, die eine Erkenntnis Gottes aus der Ordnung der Welt leugnen. Zum Verhältnis des Origenes zu EPIKUR vgl. H. CROUZEL, *Origène et la philosophie* 27–31. Zu den Gottesbeweisen allgemein vgl. HORN, *Gottesbeweis*.

[6] *Ratio* steht hier für das griechische λόγος. Zum λόγος als Exemplarursache der Welt vgl. ORIGENES, *princ.* 1,2 (123–157 GÖRGEMANNS/KARPP); vgl. auch CROUZEL, *Origène* 247–250. Zur Erkenntnis Gottes auf Grund der Schöpfung vgl. u. a. SPANNEUT, *Stoïcisme* 280–285;

9. Was für Steine meint er? Er deutet bei seiner Rede nicht auf leblose, sichtbare Steine, sondern auf Menschen, die deswegen vordem gefühllos und hart waren, weil sie Steine und Holz anbeteten und an denen sich erfüllte, was im Psalm von ihnen gesungen wird, nämlich: „Ihnen werden gleich sein, die sie herstellen, und alle, die auf sie vertrauen" (Ps 115,8). In der Tat, die da Götzenbilder herstellen und auf sie vertrauen, die sind ihren Göttern ähnlich: Gefühl- und vernunftlos verwandeln sie sich in Stein und Holz. Obwohl sie all die Ordnung, Zierde, Planmäßigkeit und gewaltige Schönheit der Welt wahrnehmen, wollen sie den Schöpfer nicht aus den Geschöpfen erkennen und nicht zugeben, daß zu soviel Ordnung eine Vorsehung, ein Lenker gehört[5]. Nein, sie sind blind und sehen die Welt mit keinen anderen Augen als denen, mit denen vernunftlose Zugtiere und sonstiges Vieh sie sieht.

10. Sie merken nicht, daß dem, was offensichtlich von einer Vernunft[6] gelenkt wird, eine Vernunft innewohnt. Hierauf kamen wir, weil Johannes gesagt hatte: „Gott kann aus diesen Steinen dem Abraham Kinder hervorbringen" (Lk 3,8).

Laßt uns also Gott anflehen, daß auch wir, wenn wir vordem Steine waren, uns in Söhne Abrahams verwandeln an Stelle der Söhne, die herausgeworfen wurden und die Verheißung und die Sohnesannahme wegen ihrer Sünde verloren haben. Noch ein letztes Zeugnis bezüglich der Auslegung von „Steine" führe ich an; in der Tat, im Siegeslied des Buches Exodus lesen wir: „Sie mögen in Steine verwandelt werden, bis dein Volk, o Herr, vorüberzieht, dein Volk vorüberzieht, das du zu deinem Besitz gemacht hast" (Ex 15,16). Hier wird Gott angefleht, daß die Heidenvölker für eine Zeit in Steine verwandelt werden — auf Griechisch heißt es deutlicher ἀπολιθοόντωσαν —, „bis

---

BASILE, *Conoscenza naturale*; VANDERMARCK, *Natural knowledge*; LACKMANN, *Geheimnis der Schöpfung*.

Haud dubium, quin postquam illi transierint, gentes lapideae esse cessabunt et pro duro corde recipient humanam in Christo rationabilemque naturam: „cui est gloria et imperium in saecula saeculorum. Amen.“

das Volk der Juden vorüberzieht". Kein Zweifel, wenn jene vorübergezogen sind, hören die Heidenvölker auf, Steine zu sein, und erhalten statt eines harten Herzens eine in Christus menschliche und vernünftige Natur, „dem die Herrlichkeit und die Macht ist in alle Ewigkeit. Amen" (1 Petr 4,11).

HOMILIA XXIII 140

De eo, quod scriptum est: „Ecce, securis ad radicem arborum posita est", usque ad eum locum, ubi ait: „venerunt autem et publicani, ut baptizarentur ab eo".

1. Ioannes illo iam tempore loquebatur: „ecce, securis ad radicem arborum posita est". Et si quidem iam ingrueret consummatio et temporum finis instaret, nulla mihi quaestio nasceretur. Dicerem enim hoc, quod ait: „ecce, securis ad radicem arborum posita est", et illud: „omnis ergo arbor, quae non facit fructum bonum, praecidetur et in ignem mittetur", propterea prophetatum, quia illo tempore complebatur. Cum autem tanta post saecula fluxerint et tam innumerabiles anni ab illo tempore usque ad praesentem diem transierint, quomodo Spiritus sanctus in propheta dicat: „ecce, securis ad radicem arborum posita est", debemus inquirere. Ego puto Israhelitico populo prophetari, quod praecisio eius vicina sit. „His" enim, „qui egrediebantur" ad eum, „ut baptizarentur", inter cetera loquebatur: „facite fructus dignos paenitentiae", et quasi Iudaeis dicebat: „ne incipiatis dicere in vobismetipsis: patrem habemus Abraham. Dico enim vobis, quia potest Deus de lapidibus istis suscitare filios Abraham". Hoc ergo, quod ait: „ecce, securis ad radicem arborum posita est", Iudaeis loquitur.

2. Cui sensui et Apostolicum illud congruit fractos esse ab hac | securi infidelitatis ramos atque succisos, ut ampu- | 141 taret ex arbore non radicem, sed ea, quae de radice pullulaverant, ut in radicem pristinae arboris rami possint oleastri

Homilie 23

Über die Stelle: „Seht, die Axt ist schon an die Wurzel der Bäume gelegt“ bis dorthin, wo es heißt: „Es kamen aber auch Zöllner, um sich von ihm taufen zu lassen“ (Lk 3,9–12).

1. Von dieser Zeit an sagte Johannes: „Seht, die Axt ist schon an die Wurzel der Bäume gelegt“ (Lk 3,9). Wenn die Vollendung damals unmittelbar bevorgestanden hätte und das Ende der Zeit nahe gewesen wäre, dann gäbe es für mich hier gar keine Frage. Ich würde dann nämlich sagen, daß diese Sätze: „Seht, die Axt ist schon an die Wurzel der Bäume gelegt“ und: „Jeder Baum, der keine gute Frucht bringt, wird ausgehauen und ins Feuer geworfen“ (Lk 3,9), Prophezeiungen sind, die damals in Erfüllung gingen. Da aber inzwischen soviel Zeit vergangen ist und so zahllose Jahre von jener Zeit damals bis zum heutigen Tag vorübergegangen sind, stellt sich die Frage, wie der Heilige Geist durch den Propheten sagen kann: „Siehe, die Axt ist schon an die Wurzel der Bäume gelegt“. Ich für meinen Teil glaube, daß hiermit dem Volk Israel vorausgesagt wird, daß seine Abtrennung nahe bevorsteht. Denen nämlich, die zu Johannes „herauskamen“, um sich taufen zu lassen, sagte er unter anderem: „Bringt Frucht, die der Buße entspricht“, und gerade in ihrer Eigenschaft als Juden: „Meint nicht, ihr könnt euch einreden: wir haben Abraham zum Vater. Denn ich sage euch: Gott kann aus diesen Steinen hier dem Abraham Kinder hervorbringen“ (Lk 3,8). Die Worte „Seht, die Axt ist schon an die Wurzel der Bäume gelegt“ sind also an die Juden gerichtet.

2. Zu dieser Auslegung paßt auch, was der Apostel ausführt, nämlich die Axt habe die Zweige zerschmettert und die abgetrennt, die ungläubig geworden waren, vom Baum sei nicht die Wurzel abgetrennt worden, sondern was aus der Wurzel herausgewachsen war, so daß in die Wurzel des ursprünglichen Baumes wilde Ölzweige eingepflanzt werden konnten. „Jeder Baum also, der keine

inseri. „Omnis ergo arbor, quae non facit fructum bonum, praecidetur et in ignem mittetur“. Hunc enim finem habet, ut incendio concremetur.

Deinde tres ordines inducuntur sciscitantium Ioannem super salute sua: unus, quem scriptura appellavit „populos exeuntes ad baptisma“, alius, quem „publicanos“ nominat, tertius, qui „militum“ appellatione censetur. „Interrogabant eum turbae dicentes: Quid faciemus? Qui respondens ait eis: Qui habet duas tunicas, det ei, qui non habet, et qui habet cibos, similiter faciat“, quod quidem nescio, si turbae conveniat praecipi.

3. Magis enim apostolis quam vulgo congruit, ut qui duas tunicas habet, unam tribuat non habenti. Et ut scias magis hoc apostolis convenire quam populis, audi, quid a Sal|va- | 142
tore dicatur ad eos: „neque duas tunicas tollatis in via“.

Duplex itaque vestimentum, quo unusquisque vestitur et praecipitur, ut alterum tribuat „non habenti“, aliam intellegentiam sonat. Vult enim nos Salvator, quomodo non debemus „duobus dominis servire“, sic nec duas habere tunicas nec duplici veste circumdari, ne sit unum indumentum veteris hominis et alterum novi. E contrario autem cupit, ut „exspoliemus nos veterem hominem et induamus novum“. Hucusque facilis expositio est.

4. Porro quaeritur, quomodo iuxta hanc interpretationem iubeatur nobis „non habenti“ tribuere vestimentum. Quisnam est ille, qui ne unum quidem super carnem suam indumentum habet, qui nudus est, qui omnino nulla veste coopertus? Neque vero hoc dico, quo non praecipiatur

gute Frucht bringt, wird ausgehauen und ins Feuer geworfen" (Lk 3,9). Er endet damit, daß er im Feuer verbrannt wird.

Dann ist die Rede von drei Gruppen von Menschen, die Johannes nach ihrem Seelenheil fragen, einer ersten, die die Heilige Schrift „Scharen, die zur Taufe herausgehen" nennt, einer zweiten, die sie als „Zöllner" bezeichnet, und einer dritten, die den Namen „Soldaten" trägt. „Die Scharen fragten ihn: Was sollen wir tun? Er gab ihnen zur Antwort und sagte: Wer zwei Röcke hat, gebe einen dem, der keinen hat, und wer zu essen hat, tue ebenso" (Lk 3,10f), wobei ich mich frage, ob es angemessen ist, der Masse der Menschen solche Vorschriften zu geben.

3. Es paßt nämlich eher zu den Aposteln als zur Menge, wenn man zwei Röcke hat, einen dem zu geben, der keinen hat. Und damit du siehst, daß es in der Tat mehr zu den Aposteln als zu den „Scharen" paßt, vernimm, was der Heiland jenen sagt: „Nehmt keine zwei Röcke mit auf den Weg!" (Mt 10,10).

Die Rede vom doppelten Gewand, das ein jeder anhat und von dem es heißt, daß man das zweite dem geben soll, der keines hat, ist also anders zu verstehen. So wie wir nicht „zwei Herren dienen dürfen" (Lk 16,13), so sollen wir nach dem Willen unseres Herrn auch keine zwei Röcke haben und nicht mit einem doppelten Gewand bekleidet sein, das heißt zugleich mit dem alten und dem neuen Menschen. Vielmehr wünscht er, daß „wir den alten Menschen ausziehen und den neuen anziehen" (Kol 3,9f). Bis hier ist die Auslegung einfach.

4. Jetzt aber stellt sich die Frage, in welchem Sinn uns nach dieser Auslegung befohlen wird, dem ein Kleid zu geben, der keines hat. Wer ist das, der sein Fleisch nicht einmal mit einem einzigen Gewand bedeckt, der also nackt ist und mit keinem Kleid umhüllt? Fern liegt mir der Gedanke, hier werde nicht Freigebigkeit und Barmherzig-

liberalitas et | in pauperes misericordia et hyperbolica clementia, ut etiam nudos altera tunica protegamus. | 143

Sed hoc aio, quod et profundiorem locus iste recipiat intellectum et oporteat nos dare ei tunicam, qui omnino non habeat. Quis est ergo iste, qui tunicam non habet? Nempe ille, qui penitus Deum non habet. Debemus igitur exuere nos et ei dare, qui nudus est. Alius habet Deum, alius omnino non habet, contraria videlicet fortitudo. Et quomodo scriptum est, ut „in profundo maris praecipitemus delicta nostra", sic proici oportet a nobis vitia atque peccata et iacere super eum, qui eorum nobis causa exstitit. „Et qui habet", inquit, „cibum, similiter faciat". Qui habet cibos, tribuat non habenti, ut non solum ei vestimentum, sed etiam id, quod possit comedere, largiatur. | | 144

5. „Venerunt autem et publicani baptizari ab eo". Hoc et iuxta simplicem intellegentiam doceat publicanos „nihil amplius" quaerere, quam in lege praeceptum est; qui enim plus exegerint, non Ioannis mandatum praevaricantur, sed Spiritus sancti, qui locutus est in Ioanne. Nescio autem, utrum et secundum ἀναγωγὴν aliud quiddam excellentius sermo significet, et an debeamus in tali auditorio res tam mysticas prodere, maxime inter eos, qui scripturarum medullas non introspiciunt, sed tantum superficie delectantur. Periculosum quidem est, sed tamen strictim breviterque tangendum.

Cum exierimus e saeculo et haec vita nostra fuerit commutata, erunt quidam in finibus mundi sedentes, velut

---

[1] Vgl. *hom. in Luc.* 22,2 mit Anmerkung.

[2] Origenes stellt sich auch sonst die Frage, ob es angebracht ist, vor einfachen Gläubigen den tieferen Sinn der Schrift zu erörtern; vgl. ORIGENES, *hom. in Num.* 13,7 (GCS 30,116f). Vgl. auch CROUZEL, *Connaissance* 155–166.

keit gegenüber den Armen und Milde, die kein Maß kennt, eingeschärft, daß wir also mit unserem zweiten Rock die Nackten bekleiden sollen.

Doch dies behaupte ich, daß die Stelle auch noch einen tieferen Sinn hat und daß wir dem einen Rock geben müssen, der überhaupt keinen hat. Wer aber ist das, der da keinen Rock hat? Es ist jemand, der überhaupt keinen Gott hat. Wir müssen uns also des Rocks entledigen und ihn dem geben, der nackt ist. Die einen haben Gott, die anderen haben ihn überhaupt nicht, gemeint sind hier die feindlichen Mächte[1]. Und so wie geschrieben steht, daß „wir unsere Fehler in die Tiefe des Meeres versenken" (Mi 7,19), so müssen wir auch unsere Fehler und Sünden auf den werfen, der uns dazu veranlaßt hat. „Und wer zu essen hat", heißt es, „der tue desgleichen" (Lk 3,11). Wer zu essen hat, der gebe dem, der nichts hat, damit ihm nicht nur ein Kleid geschenkt wird, sondern auch etwas zum Essen.

5. „Es kamen auch Zöllner, sich taufen zu lassen" (Lk 3,12). In einfacher Auslegung werden hier die Zöllner angehalten, nicht mehr von den Leuten zu verlangen, als was im Gesetz vorgeschrieben ist. Wer aber mehr verlangt, der vergeht sich nicht gegen das Gebot des Johannes, sondern des Heiligen Geistes, der in Johannes gesprochen hat. Aber ich frage mich, ob die Stelle, geistlich ausgelegt, nicht noch eine tiefere Bedeutung hat und ob ich vor den hier anwesenden Zuhörern auf solche Geheimnisse zu sprechen kommen soll[2]. Denn es ist wahr, sie sind noch nicht bis zum Mark der Schrift vorgedrungen und ergötzen sich noch an ihrer Oberfläche. Nun, wenn es auch nicht ohne Gefahr ist, so wollen wir doch kurz und bündig auch auf diesen tieferen Sinn zu sprechen kommen.

Wenn wir aus dieser Welt scheiden und unser irdisches Leben umgewandelt wird, dann werden wir an den Grenzen der Welt von Zöllnern, die da sitzen, aufs sorgfältigste

publicanorum officio diligentissime perscrutantes, ne quid sui in nobis reperiant.

6. Videtur mihi „princeps saeculi huius“ quasi publicanus esse, unde scriptum est de eo: „venit princeps mundi istius, et in me habet nihil“. Illud quoque, quod in | 145 Apostolo legimus: „reddite omnibus debita; cui tributum, tributum; cui vectigal, vectigal; cui honorem, honorem; nemini quid debeatis, nisi ut invicem diligatis“, sacrate intellegendum est. Quamobrem consideremus, quantis periculis subiaceamus, ne forte, cum non habuerimus, quod pro vectigali queamus reddere, ipsi trahamur ob debitum, ut solet apud saeculi quoque fieri vectigales, quando quis pro debito ipse rei publicae serviturus includitur. Quamplures e nobis ab istiusmodi publicanis tenendi sunt, quos Iacob ille vir sanctus non magnopere formidabat nec verebatur, ut de publicanorum vectigalibus in eo aliquid reperiretur.

7. Unde audacter ad publicanum illum loquebatur Laban: „cognosce, si quid tuarum rerum est apud me“. Super quod agit testimonium scriptura dicens: „et non cognovit Laban apud Iacob quidquam“. Docet igitur Salvator noster et Spiritus sanctus, | 146 qui locutus est in prophetis, non solum homines, sed etiam angelos et virtutes invisibiles. Quid loquar de Salvatore? Prophetae quoque ipsi et apostoli omne, quod resonant, non solum hominibus, sed et angelis praedicant. Quod ut scias verum, „attende“, inquit, „caelum, et loquar“, et: „in conspectu angelorum psallam tibi“, et: „laudate Dominum, caeli caelorum, et aquae, quae super

---

[3] Himmlische Zöllner spielten sowohl in östlichen Religionen als auch in der valentinianischen Gnosis eine Rolle. Zu unserer Stelle vgl. ORBE, *Primeros herejes*, der den religionsgeschichtlichen und gnostischen Hintergrund herausarbeitet, und RIVIÈRE, *Rôle du démon* 44–49, der die Stelle inhaltlich untersucht.

[4] Im Hintergrund steht die frühpatristische Lehre von den Rechten Satans auf den Menschen und von der Erlösung als Loskauf des Men-

untersucht werden, ob sie in uns etwas finden, was ihnen gehört[3].

6. Mir scheint der „Fürst dieser Welt" eine Art Zöllner zu sein, daher heißt es von ihm: „Es kommt der Fürst dieser Welt, er hat an mir keinen Anteil" (Joh 14,30). Auch was wir beim Apostel lesen: „Gebt allen, was ihr ihnen schuldig seid, wem Steuer, dem Steuer, wem Ehre, dem Ehre, bleibt niemand etwas schuldig, außer daß ihr einander liebt" (Röm 13,7f), hat eine tiefere Bedeutung. Halten wir uns deswegen vor Augen, welchen Gefahren wir ausgesetzt sind, damit wir nicht, wenn wir unsere Steuern nicht bezahlen können, wegen der Schuld[4] festgehalten werden, wie das auch bei den irdischen Steuern zu geschehen pflegt. Für das, was man schuldig geblieben ist, wird man eingesperrt, um dem Gemeinwohl (als Sklave) zu dienen. Viele von uns müssen von derartigen Zöllnern festgehalten werden, vor denen Jakob, dieser heilige Mann, keine große Angst hatte. Denn er brauchte nicht zu fürchten, daß man bei ihm Steuern fände, die diesen Zöllnern gehörten.

7. Deswegen sagte er mutig zu Laban, einem solchen Zöllner: „Schau nach, ob sich etwas von deinem Besitz bei mir befindet" (Gen 31,32). Darüber legt die Schrift Zeugnis ab, indem sie sagt: „Laban fand aber bei Jakob nichts" (Gen 31,33). Es erteilten also unser Heiland und der Heilige Geist, der in den Propheten gesprochen hat, nicht nur den Menschen ihre Lehren, sondern auch den Engeln und den unsichtbaren Kräften. Was nenne ich bloß unseren Heiland? Auch die Propheten und die Apostel verkünden, was sie zur Sprache bringen, nicht nur den Menschen, sondern auch den Engeln. Daß dem so ist, zeigen folgende Schriftstellen: „Gib acht, du Himmel, ich will reden" (Dtn 32,1), „im Angesichte der Engel will ich dir singen" (Ps 138,1), „lobet den Herrn, ihr Himmel der Himmel, ihr Wasser, die

schen aus der Macht Satans; vgl. hierzu *hom. in Luc.* 6,4 mit Anmerkung.

caelos sunt, laudent nomen Domini", et: „laudent eum angeli", et: „in omni loco potestatis eius benedic, anima mea, Domino". Invenies pluribus in locis, et maxime in Psalmis, et ad angelos sermonem fieri, data homini potestate, ei tamen, qui Spiritum sanctum habet, ut et angelos alloquatur. E quibus unum exemplum ponam, ut sciamus angelos quoque humanis vocibus erudiri. Scriptum est in Apocalypsi Ioannis: „Angelo Ephesiorum ecclesiae scribe: habeo aliquid contra te". Et rursum: „Angelo ecclesiae Pergami scribe: habeo quidpiam contra te". Certe homo est, qui scribit angelis et aliquid praecipit.

8. Ego non ambigo et in coetu nostro adesse angelos, non solum generaliter omni ecclesiae, sed etiam singillatim, de quibus Salvator ait: „angeli eorum semper vident faciem Patris mei, qui in caelis est". Duplex hic adest ecclesia, una hominum, altera angelorum. Si quid iuxta rationem et iuxta scripturarum dicimus voluntatem, laetantur angeli et orant nobiscum. Et quia praesentes angeli sunt in ecclesia, in illa dumtaxat, quae meretur et Christi est, propterea orantibus feminis praecipitur, ut habeant „super caput velamen propter angelos". Quosnam angelos? Utique illos, qui assistunt sanctis et laetantur in ecclesia, quos quidem nos, quia peccatorum sordibus oculi nostri obliti sunt, non videmus, sed vident apostoli Iesu, ad quos loquitur: „Amen, amen dico vobis, videbitis caelum apertum et angelos Dei adscendentes et descendentes | super filium hominis". | 147

[5] Vgl. *hom. in Luc.* 12 und 13 mit Anmerkungen.

über den Himmeln sind, lobet den Namen des Herrn“ (Ps 148,4f), „lobet ihn, ihr Engel“ (Ps 148,2), „an jedem Ort seiner Macht preise, meine Seele, den Herrn“ (Ps 103,22). An verschiedenen Stellen der Heiligen Schrift, besonders in den Psalmen, wird das Wort auch an die Engel gerichtet, wie du siehst, und wird einem Menschen, vorausgesetzt, er hat den Heiligen Geist, die Vollmacht gegeben, die Engel anzusprechen. Nur ein Beispiel will ich dafür nennen, damit wir sehen, daß Engel auch mit menschlichen Worten belehrt werden. In der Tat, in der Geheimen Offenbarung des Johannes heißt es: „Dem Engel der Kirche der Epheser schreibe: ich habe etwas gegen dich“ (Offb 2,1–4), und: „Dem Engel der Kirche von Pergamon schreibe: Ich habe etwas gegen dich“ (Offb 2,12–14). Es handelt sich hier gewiß um einen Menschen, der Engeln schreibt und ihnen einen Befehl erteilt.

8. Ich habe keinen Zweifel, daß auch in unserer Versammlung Engel anwesend sind, nicht nur allgemein für die ganze Kirche, sondern auch für jeden einzelnen Gläubigen[5]. Von ihnen sagt der Heiland: „Ihre Engel schauen allezeit das Antlitz meines Vaters, der im Himmel ist“ (Mt 18,10). Eine zweifache Kirche ist hier, eine von Menschen, eine andere von Engeln. Wenn wir etwas sagen, was vernünftig und schriftgemäß ist, dann freuen sich die Engel und beten mit uns zusammen. Und weil Engel in der Kirche anwesend sind, in der wenigstens, die es verdient und die Christus gehört, wird den betenden Frauen vorgeschrieben, „wegen der Engel auf ihr Haupt einen Schleier zu legen“ (1 Kor 11,10). Wegen welcher Engel? Wegen solcher, die den Heiligen beistehen und ihre Freude in der Kirche haben. Wir sehen diese Engel freilich nicht, weil unsere Augen vom Schmutz der Sünde verunreinigt sind. Aber es sehen sie die Apostel, zu denen Jesus sagt: „Amen, amen, ich sage euch, ihr werdet den Himmel offen und die Engel Gottes über dem Menschensohn auf- und absteigen sehen“ (Joh 1,51).

9. Quod si haberem hanc gratiam, ut quomodo apostoli sic viderem et sicut Paulus adspexit intuerer, cernerem nunc multitudinem angelorum, quos videbat Helisaeus, et Giezi, qui cum eo steterat, non videbat. In metu erat Giezi, ne ab hostibus caperetur, solum Helisaeum videns. Sed Helisaeus ut propheta Domini deprecatur et dicit: „o Domine, aperi oculos pueri istius, et videat, quoniam multo plures nobiscum sunt quam cum illis". Et statim ad preces sancti viri angelos, quos Giezi prius non videbat, intuitus est.

Haec idcirco diximus, ut ostenderemus publicanos doceri a Ioanne, non solum eos, qui rei publicae vectigalibus serviunt, sed etiam illos, qui veniebant ad paenitentiam et alii erant a corporalibus publicani, sicut et alii milites, qui egrediebantur ad baptismum paenitentiae. Venit enim non Ioannes et prophetae tantum, sed etiam ipse Salvator et hominibus et angelis et virtutibus ceteris salutarem paenitentiam praedicare, ut „in nomine Iesu omne genu flectatur, caelestium, terrestrium et infernorum, et omnis lingua confiteatur, quia Dominus Iesus Christus in gloria est Dei Patris": „cui est gloria et imperium in saecula saeculorum. Amen."

9. Wenn ich diese Gnade hätte, die Engel zu sehen, so wie die Apostel und wie Paulus sie sahen, dann würde ich jetzt eine große Schar von ihnen schauen, die Elischa zwar wahrnahm, Gehasi, der neben ihm stand, aber nicht. Gehasi fürchtete, von den Feinden ergriffen zu werden, weil er nur Elischa sah. Aber Elischa, als Prophet des Herrn, betete und sprach: „O Herr, öffne doch die Augen dieses Knaben, damit er sehe, daß mit uns viel mehr sind als mit jenen" (2 Kön 6,16f). Auf das Gebet des heiligen Mannes hin erblickte Gehasi die Engel, die er vorher nicht wahrgenommen hatte.

Diese Ausführungen über die Engel haben wir deswegen gemacht, um zu zeigen, daß von Johannes nicht nur Zöllner unterwiesen wurden, die die staatlichen Steuern eintreiben, sondern auch andere, nämlich solche, die der Buße wegen kamen und keine leibhaftigen Zöllner waren. Ebenso war es ja auch mit den Soldaten, die zur Bußtaufe „herausgingen": es waren darunter solche im übertragenen Sinne des Wortes. Denn nicht nur Johannes und die Propheten, auch unser Heiland selber kam, den Menschen, den Engeln und den übrigen Mächten heilsame Buße zu verkündigen, so daß „im Namen Jesu jedes Knie sich beuge, im Himmel, auf Erden und in der Unterwelt, und damit jede Zunge bekennt, daß Jesus Christus der Herr ist zur Ehre Gottes des Vaters" (Phil 2,10f), „dem die Herrlichkeit und die Macht ist in alle Ewigkeit. Amen" (1 Petr 4,11).

Homilia XXIV 148

De eo, quod scriptum est: „Ego quidem baptizo vos aqua“, usque ad eum locum, ubi ait: „ipse vos baptizabit in Spiritu sancto et igni“.

1. Ioannem, qui minor erat Christo, suscepit populus, reputans et cogitans, „ne forte ipse esset Christus“; eum vero, qui „maior“ illo venerat, non suscepit. Vis causam scire? Cognosce: Ioannis baptisma videbatur, Christi baptismus invisibilis erat. „Ego enim“, inquit, „baptizo vos in aqua; qui autem post me venit, maior me est, ipse vos baptizabit in Spiritu sancto et igni“. Quando baptizat Iesus „Spiritu sancto“, et rursum, quando „igni“ baptizat? Numquid uno atque eodem tempore et „Spiritu et igni“ baptizat, an vario atque diverso? „Vos autem“, ait, „baptizabimini Spiritu sancto non post multos hos dies“. Baptizati sunt apostoli post adscensionem eius ad caelos „Spiritu sancto“; quod autem „igni“ fuerint baptizati, scriptura non memorat.

2. Sed quomodo Ioannes iuxta Iordanem fluvium venientes ad baptismum praestolabatur et alios abigebat dicens: „generatio viperarum“ et reliqua, porro eos, qui confitebantur vitia sua atque peccata, suscipiebat, sic stabit in igneo flumine Dominus Iesus Christus iuxta „flammeam romphaeam“, ut quicunque post exitum vitae huius ad paradisum transire desiderat et purgatione indiget, hoc eum amne baptizet et ad cupita transmittat, eum vero, qui

---

1 Zur Unterscheidung zwischen Taufe mit Wasser und Taufe mit Heiligem Geist vgl. auch Origenes, *hom. in Num.* 3,1 (GCS 30,13f). Vgl. Imschoot, *Baptème*.

2 Gemeint ist Pfingsten nach Apg 2.

3 Nach gewissen gnostischen und judaistischen Vorstellungen (vgl. Dan 7,10) ist die Heilige Stadt bzw. das Paradies von einem Feuerfluß umgeben; vgl. Edsman, *Baptême de feu* 2.

4 Zu jüdischen Spekulationen über das „flammende Schwert“ von Gen

Homilie 24

Über die Stelle: „Ich taufe euch mit Wasser“ bis dorthin, wo es heißt: „Er selbst wird euch im Heiligen Geist und mit Feuer taufen“ (Lk 3,16).

1. Das Volk nahm Johannes, der geringer als Christus war, auf, weil es meinte und damit rechnete, daß er vielleicht der Christus sei; ihn selbst aber, der größer als Johannes war, nahm es, als er kam, nicht auf. Willst du wissen, warum? Hier ist meine Antwort: Weil die Taufe des Johannes sichtbar war, die Taufe Christi aber nicht. „Ich nämlich“, heißt es, „taufe euch mit Wasser, der aber nach mir kommt und größer ist als ich, er wird euch im Heiligen Geist[1] und mit Feuer taufen“ (Lk 3,16). Wann aber tauft Jesus mit dem Heiligen Geist, und wann tauft er mit Feuer? Finden beide Taufen, die mit Heiligem Geist und die mit Feuer, zur selben oder zu verschiedenen Zeiten statt? „Ihr werdet nicht lange nach diesen Tagen mit Heiligem Geist getauft werden“, sagt er selbst (Apg 1,5). In der Tat wurden die Apostel nach Jesu Himmelfahrt mit Heiligem Geist getauft[2]; daß sie auch mit Feuer getauft wurden, erwähnt die Heilige Schrift nicht.

2. Aber ähnlich wie Johannes am Jordan die zur Taufe Kommenden erwartete und die einen mit den Worten „ihr Schlangenbrut“ und so weiter abwies, andere, die ihre Fehler und Sünden bekannten, annahm, so wird auch unser Herr Jesus Christus bei dem Feuerfluß[3] stehen in der Nähe des „funkelnden Schwertes“ (Gen 3,24)[4], um einen jeden, der nach dem Ausgang dieses Lebens ins Paradies einzugehen verlangt und der Läuterung bedarf, in diesem Fluß zu taufen und ihn dorthin zu führen, wohin er strebt. Wer aber

---

3,24 vgl. Wünsche, *Aus Israels Lehrhallen* 3,49. Weitere Stellen zum Flammenschwert hat Edsman, *Baptême de feu* 6–8, zusammengestellt und im Zusammenhang interpretiert, ebd. umfassende religionsgeschichtliche Untersuchung der Feuertaufe.

non habet signum priorum baptismatum, lavacro igneo non baptizet. Oportet enim prius aliquem baptizari „aqua et Spiritu“, ut, cum ad igneum fluvium venerit, ostendat se et aquae et Spiritus lavacra servasse et tunc mereatur etiam ignis accipere baptismum in Christo Iesu: „cui est gloria et imperium in saecula saeculorum. Amen.“

hier das Zeichen der ersten Taufe nicht hat, den tauft er auch nicht mit der Feuertaufe[5]; denn man muß zunächst mit dem Wasser und dem Geiste getauft werden, damit man, wenn man zum Feuerfluß kommt, vorweisen kann, daß man die Wasser- und Geisttaufe bewahrt hat und so verdient, auch die Feuertaufe in Christus Jesus zu empfangen, „dem die Herrlichkeit und die Macht ist in alle Ewigkeit. Amen“ (1 Petr 4,11).

---

[5] Vgl. zusammenfassend über die Taufe bei Origenes BLANC, *Baptême* 113–124.

Homilia XXV 149

De suspicione, quam habebat populus de Ioanne, „ne forte ipse esset Christus".

1. Habet periculum et dilectio, si modum transeat. Debet enim, qui aliquem diligit, naturam et causas considerare diligendi et non eum plus diligere, quam meretur. Nam si mensuram caritatis modumque transcenderit, et qui diligit et qui diligitur in peccato erunt. Quod ut manifestius fiat, ponamus exemplum Ioannem.

Populus mirabatur et diligebat eum, et revera erat dignum miraculum, ut plus ei quam ceteris hominibus deferretur, qui aliter quam cuncti mortales vixerat. Nos omnes non sumus simplici contenti cibo, sed varietate delectamur escarum, unum nobis ad potandum vinum non sufficit, varii gustus vina mercamur;

2. Ioannes vero semper „locustis", semper vescebatur „melle silvestri" et contentus erat simplici et tenui cibo, ne corpus illius crassioribus pulmentis pinguesceret et exquisitis dapibus gravaretur. Huiuscemodi quippe naturae corpora nostra sunt, ut escis superfluis aggraventur et, cum corpus fuerit aggravatum, anima quoque oneretur, quae per totum diffusa corpus passionibus illius subiacet. Quamobrem recte praecipitur eis, qui observare possunt: „Bonum est non manducare carnem neque bibere vinum, neque in quo frater tuus scandalizatur". Erat igitur Ioannis vita mirabilis et multum ab aliorum hominum conversatione

---

[1] Hieronymus verwendet *dilectio* und *caritas* offensichtlich als Synonyme, vgl. zu beiden Begriffen Pétré, *Caritas* 62–100.

[2] Zum Thema der *ordinata caritas* vgl. Pétré, *Ordinata caritas.*

[3] Vgl. Andrews/Klauser, *Ernährung.*

[4] Vgl. Gross, *Wein* 1360: „Die Zahl der Weinsorten war beträchtlich, die Namen nach Herkunft und Lagen fast unübersehbar. Unter den griechischen Weinen sind die aus Thasos, Chios und Lesbos in der Kai-

Homilie 25

Über die Mutmaßungen des Volkes, „ob nicht vielleicht Johannes der Christus ist“ (Lk 3,15).

1. Selbst Liebe ist nicht ohne Gefahr: sie kann maßlos werden. Wer jemanden liebt, darf die Natur und die Motive der Liebe nicht aus den Augen verlieren und sollte den Partner nicht mehr lieben, als er verdient. Denn wo das Maß und die Grenze der Liebe[1] überschritten werden, dort sündigt sowohl derjenige, der liebt, als auch derjenige, der geliebt wird[2]. Laßt uns dies am Beispiel des Johannes deutlich machen.

Das Volk bewunderte und liebte ihn, und er war in der Tat bewunderungswürdig, mehr als die anderen Menschen, hatte er doch anders als alle anderen Sterblichen gelebt. So ist keiner von uns allen mit einfacher Speise zufrieden, sondern wir genießen mannigfaltige Gerichte[3]. Eine einzige Weinsorte genügt uns nicht zum Trinken, wir kaufen vielmehr Weine verschiedenster Geschmacksrichtung[4].

2. Johannes hingegen ernährte sich immer nur von „Heuschrecken“, immer nur von „wildem Honig“ (Mt 3,4) und war mit einfacher und schlichter Nahrung zufrieden, damit der Leib nicht durch üppige Zukost fett und durch ausgewählte Speisen belastet werde. Unser Leib ist nämlich von Natur aus so beschaffen, daß er durch überflüssiges Essen schwerfällig wird. Ist der Leib einmal schwerfällig geworden, wird auch die Seele belastet; denn da sie sich über den ganzen Leib hin ausbreitet, unterliegt sie auch seinen Unpäßlichkeiten. Richtig wird deswegen denen, die es auch beobachten können, gesagt: „Es ist gut, kein Fleisch zu essen und keinen Wein zu trinken und nichts zu tun, was deinem Bruder Ärgernis bereitet“ (Röm 14,21). Johannes also führte ein bewundernswertes, vom Wandel der übrigen Menschen sehr verschiedenes Leben. Er besaß weder

---

serzeit besonders bekannt.“

diversa. Non habebat sacculum, non famulum, non saltem vile tugurium.

3. Mora|batur in deserto, non solum usque „ad diem I 150 ostensionis suae ad Israhel“, verum et eo tempore, quo paenitentiam populo praedicabat; erat in solitudine Iudaeae et aqua simplici irrigabatur, ut et in potu esset diversus a ceteris. Nos qui versamur in urbibus, qui in medio populorum sumus, vestes quaerimus lautiores et cibos et habitacula; ille vero, qui in eremo morabatur, videte quali vestimento indutus fuerit: „de pilis camelorum“ sibi tunicam fecerat et „zona pellicea“ cingebatur. Omnia ergo in illo nova erant, et propter dissimilitudinem vitae universi, qui videbant, admirabantur eum et mirantes studiosissime colebant super omnia, quod paenitentes „in remissionem peccatorum“ baptizabat.

4. Quas ob causas diligebant quidem eum iustissime, sed non servabant in caritate modum: cogitabant enim, „ne forte ipse esset Christus“. Quam inordinatam et irrationabilem caritatem cavens apostolus Paulus de semetipso loquebatur: „Timeo autem, ne quis de me cogitet supra id, quod videt aut audit ex me; et ne magnitudo revelationum extollat me“ et cetera. Quod metuens, ne etiam ipse incurrat, nolebat omnia de se indicare, quae noverat, ne quis de eo plus arbitraretur esse, quam cerneret, et mensuram honoris excedens diceret, quod dictum fuerat de Ioanne, quia „ipse esset Christus“. Quod quidem nonnulli etiam de Dositheo Samaritanorum haeresiarcha dixerunt, alii vero etiam de Iuda Galilaeo. Denique in tantam quidam dilectionis audaciam proruperunt, ut nova quaedam et inaudita super Paulo monstra confingerent.

---

5 DOSITHEOS VON SAMARIA war der Gründer einer samaritanischen Sekte des 1. Jahrhunderts. Origenes erwähnt ihn mehrmals; vgl. SCHUBERT, *Dositheos*.

6 Über den durch Apg 5,37 bekannten JUDAS DEN GALILÄER vgl. WIKENHAUSER, *Judas der Galiläer*. Er war wie sein Vater EZECHIAS messianischer Kronprätendent.

einen Bettelsack noch einen Diener und hatte nicht einmal eine bescheidene Hütte.

3. Er verweilte in der Wüste nicht nur bis zu „dem Tage seines Erscheinens vor dem Volke Israel“ (Lk 1,80), sondern auch in der Zeit, in der er dem Volk Buße predigte. Er lebte in der Einöde Judäas und erquickte sich an einfachem Wasser, um sich auch im Trinken von den übrigen Menschen zu unterscheiden. Wir, die wir in Städten wohnen, die wir inmitten des Volkes leben, suchen Wohlstand in Kleidung, im Essen und im Wohnen. Schaut aber, welche Kleidung Johannes trägt, der in der Wüste lebt. Er hat sich ein Gewand aus „Kamelhaar“ gemacht und trägt einen „Gürtel aus Leder“. Alles an ihm war ungewöhnlich; alle, die ihn sahen, bewunderten ihn, weil sein ganzes Leben so völlig verschieden war. Staunend verehrten sie ihn in grenzenloser Hingabe, weil er die Büßer zur „Vergebung der Sünden“ taufte.

4. Aus den genannten Gründen liebten sie ihn völlig zu Recht, aber sie wahrten in ihrer Liebe nicht das rechte Maß. Sie spielten nämlich mit dem Gedanken, „daß er vielleicht der Christus ist“ (Lk 3,15). Paulus jedenfalls hütete sich vor einer ungeordneten und unvernünftigen Liebe und sagt deshalb von sich selbst: „Ich fürchte, daß jemand höher von mir denken könnte, als was er an mir sieht oder von mir hört, und daß mich die Größe der Offenbarung überhebe“ und so weiter (2 Kor 12,6f). Aus Furcht, selber in diesen Fehler zu fallen, wollte er nicht alles über sich offenbaren, was er wußte, damit niemand von ihm mehr halte, als offensichtlich war, und in maßloser Verehrung sage, was man von Johannes gesagt hatte, nämlich, daß „er selbst der Christus sei“. Das haben einige auch von Dositheus[5], dem Gründer der Häresie der Samariter, gesagt, andere von dem Galiläer Judas[6]. Schließlich haben sich einige zu einer solchen Übertreibung der Liebe hinreißen lassen, daß sie sich über Paulus neue, unerhörte und unglaubliche Dinge ausgedacht haben.

5. Alii enim aiunt hoc, quod scriptum | est „sedere a dextris Salvatoris et sinistris“, de Paulo et de Marcione dici, quod Paulus sedeat „a dextris“, Marcion sedeat „a sinistris“. Porro alii, legentes: „mittam vobis advocatum, Spiritum veritatis“, nolunt intellegere tertiam personam a Patre et Filio et divinam sublimemque naturam, sed apostolum Paulum. Nonne tibi hi omnes videntur plus amasse, quam expedit, et dum virtutem uniuscuiusque mirantur, dilectionis perdidisse mensuram? | 151

6. Quod quidem et nos in ecclesia patimur; plerique enim, dum plus nos diligunt, quam meremur, haec iactitant et loquuntur sermones nostros doctrinamque laudantes, quae conscientia nostra non recipit. Alii vero tractatus nostros calumniantes ea sentire nos criminantur, quae nunquam sensisse nos novimus. Sed neque hi, qui plus diligunt, neque illi, qui oderunt, veritatis regulam tenent, et alii per dilectionem, alii per odium mentiuntur. Unde oportet caritati quoque frena imponere et tantum ei vagandi permittere libertatem, quantum in praerupta non corruat. Scriptum est in Ecclesiaste: „ne sis iustus multum neque ampliora te cogites, ne forte obstupescas“. Quod exemplum sequens possum simile quid dicere, ne diligas hominem „ex toto corde tuo et ex tota anima tua et ex tota virtute tua“, ne ames angelum „ex toto corde, ex tota anima, ex tota virtute“, sed praeceptum hoc iuxta eloquium Salvatoris soli serva Deo. „Diliges“ enim, inquit, „Dominum | Deum tuum ex toto corde tuo et ex tota anima tua et ex tota virtute tua“. | 152

7. Respondeat mihi aliquis et dicat: Salvator praecepit: „Diliges Dominum Deum tuum ex toto corde tuo et ex tota

[7] Vgl. ORIGENES, *hom. in Gen.* 13,3 (GCS 29,116). Zur Kritik an Origenes vgl. LUBAC, *Geist* 31–42; VOGT, *Vergangenheits-Bewältigung*.

5. So kann man hören, das „Sitzen zur Rechten und Linken des Heilandes“ (Mt 20,21) beziehe sich auf Paulus und Markion, Paulus sitze „zur Rechten“ und Markion „zur Linken“. Andere wiederum verstehen unter den Worten „Ich sende euch einen Beistand, den Geist der Wahrheit“ (Joh 14,16f) nicht die dritte Person neben dem Vater und dem Sohn und eine göttliche und höchste Natur, sondern den Apostel Paulus. Meinst du nicht, daß hier mehr geliebt wird, als recht ist, und daß bei aller Bewunderung für die Tugenden das Maß der Liebe verloren wurde?

6. Wir machen auch selber diese Erfahrung in der Kirche. Weil viele uns mehr lieben, als wir es verdienen, spenden sie überall laut herumposaunend unseren Predigten und unserer Lehre ein solches Lob, wie es unser Gewissen nicht annimmt. Andere wiederum beklagen sich zu Unrecht über unsere Predigten und werfen uns Ansichten vor, von denen wir wissen, daß wir sie niemals vertreten haben[7]. Aber weder die, die über das Maß lieben, noch die, die hassen, halten sich an den Maßstab der Wahrheit. Die einen sagen die Unwahrheit aus Liebe, die anderen aus Haß. Ja, man muß auch der Liebe Zügel anlegen und darf ihr nicht erlauben, so frei auszuschweifen, daß sie schließlich in einen jähen Abgrund stürzt. Beim Prediger heißt es: „Sei weder sehr gerecht, noch denke zu klug von dir, damit du dich nicht zugrunde richtest“ (Koh 7,16). Mich an dieses Wort haltend, kann ich ähnlich sagen: Liebe keinen Menschen „aus deinem ganzen Herzen, aus deiner ganzen Seele, aus deiner ganzen Kraft“, keinen Engel „aus deinem ganzen Herzen, aus deiner ganzen Seele, aus deiner ganzen Kraft“, sondern halte dieses Gebot nach dem Wort des Heilandes in bezug auf Gott allein. Denn er sagt: „Du sollst den Herrn, deinen Gott, aus deinem ganzen Herzen, aus deiner ganzen Seele, aus deiner ganzen Kraft lieben“ (Lk 10,27).

7. Vielleicht wendet jemand ein und sagt: Der Heiland schreibt folgendes vor: „Du sollst den Herrn, deinen Gott,

anima tua et ex tota virtute tua, et proximum tuum tanquam te ipsum". Volo diligere et Christum: doce ergo me, quomodo eum diligam. Si enim dilexero eum „ex toto corde meo et ex tota anima mea et ex tota virtute mea", contra praeceptum facio, ut alterum absque uno Deo sic diligam. Sin autem minus eum dilexero quam omnipotentem Patrem, timeo, ne in „primogenitum universae creaturae" impius et profanus inveniar. Doce me et ostende rationem, quomodo inter utrumque medius incedens diligere debeam Christum. Vis scire, qua caritate Christus diligendus sit?

8. Breviter ausculta! „Dilige Dominum Deum tuum" in Christo nec te putes diversam habere posse in Patre et Filio caritatem. Simul dilige Deum et Christum; dilige Patrem in Filio, Filium in Patre „ex toto corde et ex tota anima et ex tota virtute". Quod si aliquis sciscitatur et dicit: hoc, quod asseris, de scripturis proba, audiat apostolum Paulum, qui habebat rationabilem caritatem, loquentem: „Certus enim sum, quia neque mors, neque vita, neque angeli, neque potestates, nec praesentia, nec futura, nec fortitudo, nec altitudo, nec profundum, neque alia creatura poterit nos separare a caritate Dei, quae est in Christo Iesu Domino et Salvatore nostro": „cui est gloria et imperium in saecula saeculorum. Amen."

aus deinem ganzen Herzen, aus deiner ganzen Seele, aus deiner ganzen Kraft lieben und deinen Nächsten wie dich selbst“ (Lk 10,27). Ich will aber auch Christus lieben, lehre mich, wie ich ihn lieben soll! Wenn ich ihn nämlich „aus ganzem Herzen, aus meiner ganzen Seele, aus meiner ganzen Kraft“ liebe, dann handle ich gegen das Gebot, jemanden anderen als Gott allein so zu lieben. Wenn ich ihn aber weniger liebe als den allmächtigen Vater, dann fürchte ich, gegenüber dem „Erstgeborenen der ganzen Schöpfung“ (Kol 1,15) gottlos zu sein und ihn schändlich zu behandeln. Lehre mich und zeige mir die Weise, wie ich, die rechte Mitte haltend, Christus lieben soll. Du willst wissen, mit welcher Liebe Christus zu lieben ist?[8]

8. Hör kurz zu! „Liebe den Herrn, deinen Gott“, in Christus, und glaube ja nicht, daß du eine andere Liebe zum Sohn als zum Vater haben dürftest. Du mußt zugleich Gott und Christus lieben; liebe den Vater im Sohn und den Sohn im Vater „aus deinem ganzen Herzen, aus deiner ganzen Seele und aus deiner ganzen Kraft“. Wenn einer weiter fragt und sagt: Beweise, was du sagst, aus der Schrift!, dann soll er den Apostel Paulus hören, der auf vernünftige Weise liebte und sagte: „Denn ich bin dessen gewiß, daß weder Tod noch Leben, weder Engel noch Gewalten, weder Gegenwärtiges noch Zukünftiges, noch Kräfte, weder Hohes noch Tiefes, noch irgendein anderes Geschöpf uns trennen kann von der Liebe Gottes, die in Jesus Christus ist, unserem Herrn und Heiland“ (Röm 8,38f), „dem die Herrlichkeit und die Macht ist in alle Ewigkeit. Amen“ (1 Petr 4,11).

---

[8] Vgl. ORIGENES, *comm. in Cant.* 3 (GCS 33,186).